忻州师范学院专题研究项目成果

五台山旅游生态环境研究

冯文勇 著

山西出版传媒集团
山西人民出版社

图书在版编目（CIP）数据

五台山旅游生态环境研究／冯文勇著.-- 太原：山西人民出版社，2015.9
ISBN 978-7-203-09237-7

Ⅰ.①五… Ⅱ.①冯… Ⅲ.①五台山—旅游环境—生态环境建设—研究 Ⅳ.①F592.725.3

中国版本图书馆CIP数据核字（2015）第203762号

五台山旅游生态环境研究

著　　者：	冯文勇
责任编辑：	何赵云
助理编辑：	刘彦杰
出 版 者：	山西出版传媒集团·山西人民出版社
地　　址：	太原市建设南路21号
邮　　编：	030012
发行营销：	0351-4922220　4955996　4956039　4922127（传真）
天猫官网：	http://sxrmcbs.tmall.com　电话：0351-4922159
E－mail：	sxskcb@163.com　　发行部
	sxskcb@126.com　　总编室
网　　址：	www.sxskcb.com
经 销 者：	山西出版传媒集团·山西人民出版社
承 印 厂：	山西臣功印刷包装有限公司
开　　本：	890mm×1240mm　1/32
印　　张：	8.25
字　　数：	250千字
印　　数：	1—1000册
版　　次：	2015年9月　第1版
印　　次：	2015年9月　第1次印刷
书　　号：	ISBN 978-7-203-09237-7
定　　价：	28.00元

如有印装质量问题请与本社联系调换

总　序

经历了约一千年的发展嬗变，现代大学逐步形成了集人才培养、科学研究和社会服务三大基本功能于一身的发展模式。中国的现代大学虽然只有百余年历史，但发展迅速，已经成为实施科教兴国和人才强国战略的主力军。在新的历史时期，大学主动融入社会主义现代化建设事业中，努力实现与经济社会发展的良性互动是中国高等院校的必然选择和神圣使命。

基于这样的背景，忻州师范学院积极探索深度融入地方经济社会发展、不断增强服务社会能力的转型发展之路。作为一个地方性本科院校，我院选择了以"相互作用大学"为代表的地方大学与地方经济共生模式，改变大学以自我需求与利益考虑为中心的思想，树立以社区公众、企业和政府的需要与利益为导向的价值理念，努力在服务地方上下功夫。以此为基础，我院明确提出了科研工作的重大战略转向，即"三个面向"：面向地方经济社会文化发展、面向基础教育教学改革、面向高等师范院校教学改革。

作为落实"三个面向"战略的一部分，2012年我院设立了"专题研究项目"，每年遴选资助20项针对忻州地方经济社会文化发展的研究课题，每项课题的研究成果为专著和咨询报告，这就是本系列专著的由来。希望通过这一系列的研究成果，能够促进忻州经济社会发展,促进忻州文化传承创新,促进忻州师范学院与忻州地方的共同发展。

忻州师范学院
2015.6.26

前　言

2012年，忻州师范学院五台山文化研究中心成为山西省普通高等学校人文社科重点研究基地之一。这标志着我院五台山研究进入一个新的阶段。我院从2012年初启动了以五台山研究为内容的专题研究项目（每年立项数量约20项，投入项目科研经费约100万元），大大鼓舞和激励了许多教师加入到五台山研究队伍中来。2013年，在我院东综楼学术报告厅召开的"五台山文化研究基地建设与发展"研讨会上，王志连院长首先对五台山文化研究基地经历的三个阶段——起步阶段、爬坡阶段、快速发展阶段进行了概括和总结。然后对五台山文化研究基地面临的形势作了精辟分析，充分说明开展五台山文化研究的重要性与必要性，指出开展五台山文化研究既是高等教育发展面临新形势的要求，又是地方经济文化发展的需要，同时也是我院提升办学层次、增强服务能力、扩大学院影响需要借助的特色学科。最后王志连院长安排部署了当前五台山文化研究基地的五项主要任务：一是夯实建设基础。二是加快发展步伐。力争将宗教学学科建设成为山西省重点学科；将五台山文化研究建设成为山西省创新基地建设项目；进一步扩大我院五台山文化研究在五台山旅游内涵提升中的地位和影响。三是提升学术水平。要同时重视量的积累与质的提升。四是增强服务能力。开展具有前瞻性、科学性和可操作性的研究工作,为地方决策提供智力支撑。五是发挥引领作用。五台山文化研究要从学科建设、科学研究、人才培养等方面发挥示范引领作用。这为我院五台山研究的目标、方向、路径都做出了高屋建瓴的指引。

正是在这样的背景下,由我承担的"五台山旅游生态环境研究"专项课题(项目编号 ZT201208)在学院支持下,申请立项为山西省高等学校人文社会科学重点研究基地项目(项目编号:2013336,见晋教科[2013]9 号文)。项目立项是令人欣喜的,但是陡然给我增加了许多压力。我很清楚,五台山佛教历史悠久,文化积淀深厚,文物遗迹众多,寺庙数量庞大,佛教艺术精深,自然地理要素复杂多样,生态环境丰富多彩,自然风光令人流连忘返。因此,我们课题组成的一个小团队要完成这项课题研究任务,实在是感到压力空前。

于是,我们认真修改研究计划,制定研究方案和步骤,并分组完成实地考察等前期的准备工作。实地考察表明,五台山旅游生态环境的问题主要不在于自然生态方面,而在于人文环境方面。于是,请教校外专家的基础上,我们课题组共同认为应该重新定义旅游生态环境这个概念,并由此通过大量的实地考察和问卷调查获取有关数据资料,以期对五台山旅游生态环境的研究有厚实的基础。

实际上,工作是干得越多,越发现有许多问题需要解决,越明白自己有许多知识方面的不足,越是感到战战兢兢,唯恐做出的东西留人笑柄。好在有课题组几位老师的互相砥砺,工作得以继续。

经过近 3 年时间的努力,现在这项工作基本结束了。我们也终于可以松一口气了。我们深知我们的能力非常有限,但是,我们在努力,在为五台山旅游业发展努力,在为我院五台山学研究努力,在为我们自己努力。

用五台山上的话来说,能够为五台山这座历史深厚、闻名遐迩的名山做点事情,尽绵薄之力,是一种缘分。所以,如果有所不足,读者就用佛一样博大胸怀包容我们吧。

最后,要感谢院领导的信任,感谢旅游管理系 0902 班张弯弯、景蓉、荆雪婷同学,0901 班许瑞青、赖观林、徐健程同学,1003 班于向荣、刘洋、刘佳敏、叶宏、张丽苗、杨虹、张茜同学,1004 班王丛丹、曹亚茹同学,1006 班上官晨鑫、程啸乾同学的辛勤劳动,他们帮助我们共同完成实地考察和问卷调查,收集和处理大量基础数据,制作大量的图表,对本课题研究付出很多。感谢任瑞萍老师帮我们校对稿件。感谢所有帮助过我们的人们!

冯文勇

2013 年 3 月 12 日

目 录

第一章 国内旅游生态环境研究进展 …………………… 1
第二章 五台山旅游生态环境评价指标体系构建 ………… 23
第三章 五台山旅游生态环境综合评价 …………………… 35
第四章 五台山旅游生态环境影响因素分析
        ——内部交通 …………………………………… 74
第五章 五台山旅游生态环境影响因素分析
        ——收费模式 …………………………………… 89
第六章 五台山旅游生态环境影响因素分析
        ——游客环境意识 ……………………………… 100
第七章 五台山旅游生态环境影响因素分析
        ——居民环境意识 ……………………………… 112
第八章 五台山旅游生态环境影响因素分析
        ——垃圾问题 …………………………………… 126
第九章 五台山旅游生态环境建设
        ——绿化景观带塑造 …………………………… 140
第十章 五台山旅游生态环境建设
        ——小动物景观塑造 …………………………… 156

第十一章　五台山旅游生态环境建设
　　——水体景观建设 …………………………… 168
第十二章　五台山旅游生态环境建设
　　——公共厕所整治 …………………………… 187
第十三章　五台山旅游生态环境建设
　　——旅游网站建设 …………………………… 203

附录一　五台山旅游经济发展评价 ………………… 214
附录二　五台山风景区旅游生态环境调查表 ……… 235

第一章 国内旅游生态环境研究进展

旅游生态环境是旅游业发展的重要载体,旅游生态环境自身的优劣关系到旅游产品的质量、旅游市场的开拓及旅游地的可持续发展。随着20世纪80年代中国旅游业的迅速兴起以来,国内旅游生态环境研究渐成热点。90年代中期以来,有关旅游生态环境的研究呈现出加速的趋势。《中国期刊网》收录的涉及旅游生态环境类的学术论文1994年还只有2篇,2005年相关研究成果达到68篇,11年内增长了近33倍;2011年达到141篇,2012年达到300篇。在学位论文方面,20世纪90年代以前,国内还没有出现此方面的学位论文。2000年以后,该方面的学位论文逐渐增多,至

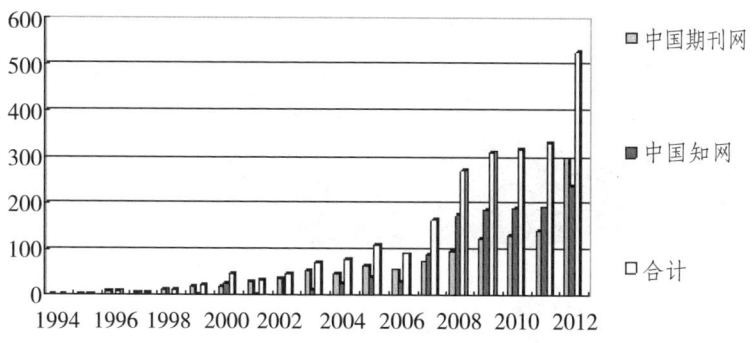

图1-1 旅游生态环境类文献检索结果(篇)

2005年以"旅游生态环境"为主题的学位论文达42篇,是2000年的21倍。以"旅游生态环境"为主题在"中国知网"检索到的各类文献(包括期刊、学位和会议论文)数量呈迅速上升趋势:1999年22篇,2000年29篇,2001年47篇,2002年48篇,2003年37篇,2004年81篇,2005年61篇,2006年85篇,2007年91篇,2008年176篇,2009年186篇,2010年188篇,2011年191篇,2012年235篇。

国内生态旅游环境的研究大致分为三类:

(1)新闻报道类:这些文章以其敏锐的洞察性和时效性介绍旅游生态环境的概念体系和相关知识,同时宣传目前已经建成或正在建设中的旅游生态环境区的建设情况,倡导旅游者保护生态环境。

(2)实例分析类:此类文章初步阐述了旅游生态环境的相关知识,重点介绍了保护旅游生态环境的成功案例,并且从中总结经验,提出旅游生态环境保护的建议和对策。

(3)理论研究类:这类文章初步阐述了旅游生态环境的概念、内涵及发展生态旅游的对策等。

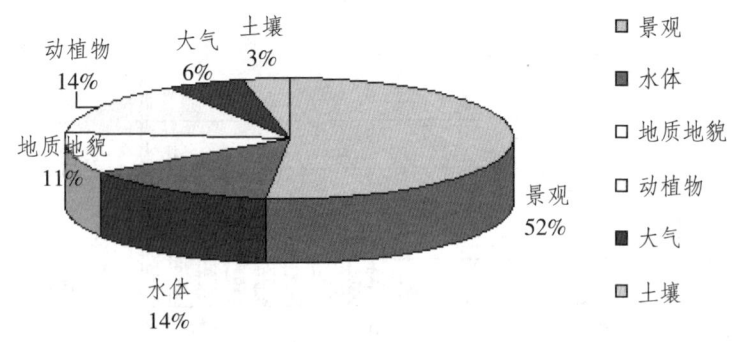

图1-2 旅游生态环境类论文研究领域分布

一、国内旅游生态环境研究的几个问题

(一)旅游生态环境的概念探讨

旅游生态环境是自然生态环境和人文生态环境组成的综合体,是维系社会生态旅游发展的基础,人类每一次的进步和发展都离不开生态环境各要素的综合支持。旅游生态环境在国内学术界还没有一个可以广泛接受的概念。目前,旅游生态环境的内涵还在探讨之中。

张育绚在题为《我国旅游生态环境保护法律问题研究》中认为旅游生态环境是指在旅游活动特定的区域或范围内,各种生物群落及分生物因素的存在状况和综合作用的结果。就范围而言,它主要包括旅游目的地和相关的旅游依托地;就内容而言,则主要包括旅游资源状况以及旅游活动有关的自然和社会文化两方面的因素[1]。

赵红认为,旅游生态环境是旅游区地貌、空气、水和动植物等生态因子的总称,这些生态的有机结合形成了旅游区环境的优美与愉悦;从人类审美的心理需求来看,自然景观美是基础。[2]

李健等人提出旅游生态环境构成图如下[3]:

综上所述,目前旅游生态环境的概念主要有三种观点:第一种是抓住"环境"这一核心,认为自然环境和人文环境就是旅游生态环境的研究重点。第二种是从旅游者的主体角度出发,认为旅游生态环境是旅游者在旅游活动过程中,树立"环境保护"意识,将各种可能引起破坏环境的行为扼杀在萌芽中,从思想上和行动上保护旅游生态环境。第三种是借生态旅游环境来促进经济的长足发展,是经济、社会、生态、文明有机统一,这也是中国共产党在十八大会议中极力倡导的"五位一体"总体布局中的生态文明理念。

实际上,旅游生态环境就是游客感知的环境,即为游客在旅游

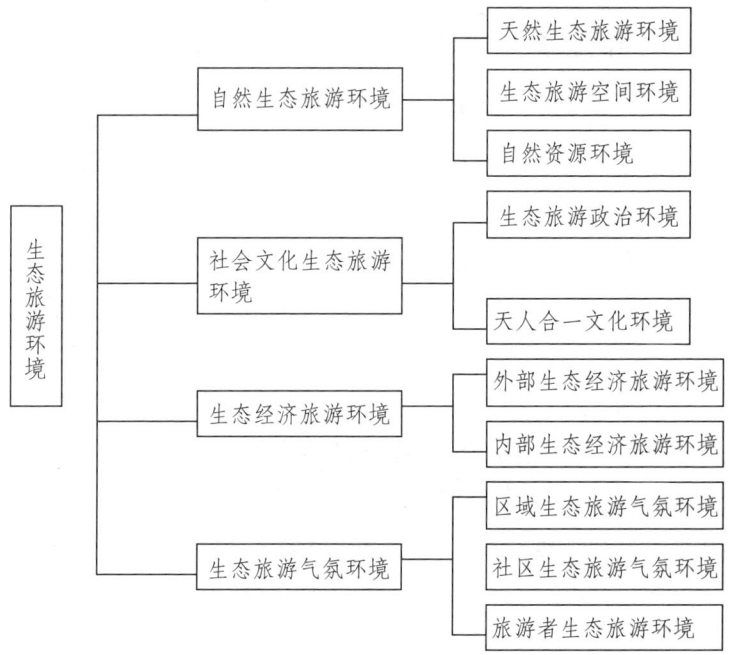

图 1-3 旅游生态环境构成图

过程中感知的旅游区环境质量的优劣,这种环境感知往往会给游客留下很深的第一印象。

(二)旅游生态环境评价方法的研究

旅游生态环境健康界定:一个健康的旅游生态环境将不受"旅游生态系统胁迫综合症"的影响能够自我维持,提供一系列相关服务,或者说当一个旅游生态环境的内在潜力能够实现,它的状态稳定、遇到干扰时有自我修复能力以及以最少的外界支持来维持其自身管理时,这个环境可以认为是健康的。旅游生态环境健康不仅包括自然和生态环境方面的要素,还包括人类需求和经济发展的要求。

段浩、苏智先、胥晓、冉琼等人基于"3S"技术及其有关理论,构建了生态农业旅游环境质量综合评价体系,以南充市木老乡为例,采用主成分分析法对木老乡生态农业旅游环境质量进行综合评价。他们对生态农业旅游环境质量评价标准的确定主要来源于：(1)国家、行业和地方规定的标准,包括《国家环境空气质量标准》(GB3095-1996),《地表水环境质量标准》(GH3838-2022),《景观娱乐用水水质标准》(GB12941-1991);(2)类比标准,如年平均气温、年平均相对湿度、植被覆盖度、降水量、坡度、地表清洁度等[4]。

丁陈娟、苏振、杨莲莲从旅游地自身面临的生态环境问题出发,构建了旅游地生态风险评价双层分析模型,从方法论上为该理论在旅游功能区域中的研究提供一种探索性模式。他们对桂林漓江风景名胜区的应用分析与评价,证实了模型构建的合理性,其评价结论也带给人们新的思考。以贝克与吉登斯为代表的风险社会理论认为,风险在人类社会中一直存在,但它在现代社会中的表现与过去已经有本质的不同。吉登斯指出,现代社会的风险是"人为制造的不确定性"。风险社会理论对"风险"赋予的深刻内涵给旅游地生态风险的认知以极大启示,为旅游地以风险的视角重新审视各种性质的生态压力提供了依据。旅游地面临的"风险"已不完全等同于传统认识中的自然灾害或突发事件。社会经济发展的过程对旅游地生态环境所产生的各种压力具有很大的不确定性,这已然构成了多种不可忽视的风险源[5]。

庄大春、邓祥征、战金艳构建了武陵源旅游区生态环境质量评价模型,对旅游区的旅游环境质量做出了评判,生态环境质量多层次评价指标体系的选择依据主导性、代表性、针对性的原则。通过征询专家意见,建立旅游环境质量综合评价指标体系,共划分为2级,一级因子3个,二级因子14个[6]。

尽管国内很多学者对生态旅游环境评价进行了研究,但基本上都是简单的定性分析,研究深度不够,研究内容和方法有一定的不足,主要表现为:(1)缺乏对评价指标体系的理论基础研究;(2)对评价体系的细分程度不够;(3)可操作性较差,缺乏具体的运用步骤、评价方法、评价模型;(4)没有相关的实证研究。这些都影响研究成果的参考意义。

(三)旅游生态环境容量的研究

旅游生态环境容量是影响旅游生态环境的关键因素。国内学者关于旅游生态环境容量的研究较多,但存在很多争议,目前尚未有定论。

吴志才、彭华运用经济学的理论和方法从组成旅游环境容量的5个限制性因子进行分析,表明为了扩大旅游生态环境容量,达到旅游区的可持续发展,经营者应主动采取人工污染治理,从而实现旅游景区在旅游生态环境不被破坏的条件下取得最大经济效益[7]。吴志才在《旅游生态环境问题的经济学分析和对策初探》一文中明确提出了影响生态环境容量的大小主要有两方面:①靠大自然的自净能力;②靠人的有效管理和污染物的人工处理能力。比较切实可行的方法有:①景区内主动采取污染治理措施,通过人为扩大旅游生态环境容量,从而保证景区的可持续性;②可以采取黄山的模式,利用票价浮动的方式有效达到相对平衡,从而有效减轻旺季对景区的压力[8]。王家强从旅游生态环境容量和经济收益的角度深入分析,认为旅游生态环境容量是对一个旅游点或旅游区生态不产生永久性破坏的前提下,其环境空间所能接纳的旅游者数量。旅游经济收入与旅游区生态环境容量之间有着直接联系。如果旅游生态容量超载,旅游环境将遭到破坏,同时经济收入将呈相应的抛物线状发展,最终导致旅游生态环境的彻底破坏[9]。郭华、郭彩霞在题为《生态旅游环境容量的测算与调控》一文中提出了生态旅游环境容量的经验量测方法是通过大量的实地调查研究,得出其经验值或经验公式。对生态旅游环境容量的测度需要从两个方面考虑：其一是人们在旅游地点的活动对环境所产生的负面影响是否在旅游地的生态系统所能承受的范围内；其二是自然环境对于旅游者在游览过程中产生的污染物能否被吸收和净化，生态旅游目的地都会建立污染处理厂进行人工处理，以解决后一个因素对环境容量的制约[10]。

(四)旅游生态环境问题成因探讨

旅游生态环境问题是指旅游活动及旅游区周边的一些经济活动给旅游的相关区域造成明显或潜在的生态环境破坏而引发的一系列问题。比如生态系统的破坏，主要表现为生态旅游区内植物、动物的种群数量、结构和生长方式发生不利的变化，生物多样性减少，生态系统功能失调。良好的资源环境、生态环境、社会环境是旅游业得以发展的重要前提，所以研究旅游生态环境问题势在必行。分析造成旅游生态环境破坏的原因，并努力加以克服，是生态旅游事业发展需要使然。

旅游生态环境问题按其成因可分为三类：

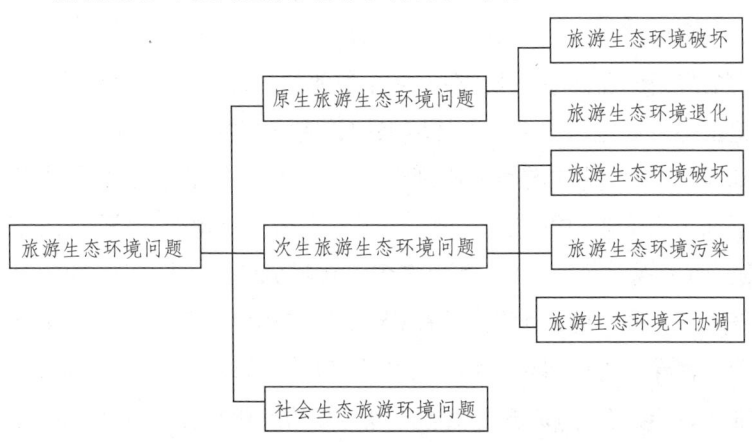

图 1-4　旅游生态环境问题构成图

骆培聪针对福建省森林公园旅游生态环境进行分析认为,产生旅游生态环境的主要问题与原因有:轻视森林风景资源建设,开发力度低、森林旅游资源浪费现象严重,森林旅游资源随意开发,森林公园环境遭到破坏,森林旅游资源与环境保育压力大[11]。

王国生认为造成常见的旅游生态环境破坏的主要原因是欠缺和疏于管理。其一,当地主管人员对于生态旅游环境演化规律的不熟悉,片面的经济需求渴望让他们只要求索取,忘记了永续;其二,对于属地生态环境的构成要素不了解;其三,保护措施的欠缺或不完善。改革开放以来,在生态环境保护方面,我们国家既有成熟经验,也有深刻教训,生态环境素质的恶化导致的传染病灾(infectious disease disaster)的发生就是因为对工业污染侵蚀的忽视。据研究,2006 年珠三角地区排放的二氧化硫为 1.12×10^5t,氮氧化物为 5.25×10^4t,PM10 为 1.6×10^5t,VOC 为 3.14×10^5t。另外,其他地区的大气污染对于区域酸雨贡献也很大[12]。

吴志才、彭华从经济学的角度认为,旅游业是一项以市场为导向,经济效益为目的的产业。因此,旅游活动在很大程度上说到底是一项经济活动,旅游生态环境的产生无不与旅游经营商和旅游者的经济利益息息相关。在发展旅游业的过程中,由于经营商过分追求经济效益而忽视生态环境保护,造成许多接待地生态环境受到破坏,从而造成游客的心理严重损伤,旅游地的形象大大受损,不利于旅游业的可持续发展。旅游经营者只重视对经济增长的激励,而忽视对经济、社会和生态多元化目标的有效协调;只重视经济人自身利益的最大化,而忽视对资源和环境的合理保护。旅游经营商舍弃治理而将污染物直接排入环境,即将污染治理所需的成本转嫁给社会,造成旅游生态环境污染的恶化。为从经济学角度分析目前旅游景区生态环境问题的原因,他们从环境经济学中的两个基本概念公共物品和外部效应对旅游生态环境问题进行了深入的剖析[13]。

赵红和赵敬明从旅游生态环境质量和可持续发展的角度分析了影响旅游地生态及环境质量的原因。指出:①区域性工业生产的快速发展与环境治理的相对滞后是造成环境恶化的主要原因。它对区域性环境及旅游环境造成直接或间接的影响。改革开放以来,工业生产迅猛发展,但工艺技术设备落后的局面一直未能得到根本改观,使污染物的排放量不断增加。再加上政策不完善,环境保护意识淡薄,深度治理的技术和经济承载力水平低,致使环境污染已到恶化的程度,生态平衡遭到严重破坏。②旅游活动本身的影响、旅游发展过程中"三废"的排放、旅游资源的不合理开发等因素对旅游生态环境有直接的影响。③由于气候异常等自然灾害原因造成的生态破坏,如泥石流、山体崩塌、大风、暴雨、冰雹等,会对旅游区的生态环境带来很大的破坏。另外,防御自然灾害的设施不完善,抵御灾害的能力低,对生态环境的危害将更大[14]。

刘晓军以陕西省为例的研究认为,造成旅游生态环境破坏的主要原因有:(1)人们传统的观念里缺乏对旅游资源的保护意识。这种传统的资源无价的观念导致了人们对旅游资源无偿地占有以及无限制的开发和利用,造成旅游资源的大量损毁,生态平衡受到破坏。同时,在人们传统的观念里把旅游作为一种无烟工业,认为旅游产业不排放有害物质,不会对环境造成污染,在这种观念的影响下各地大肆地开发旅游景点,但是却没有一套相应的资源配置的控制和保护措施,这种开发反而加速了旅游资源的退化。还有一部分人认为旅游产业是一种低投入、高效益的产业,认为旅游产业投资小、风险小,却忽略了旅游资源的消耗是旅游产业最大的成本投入这一现象,歪曲了旅游产业的成本构成,虚增了旅游产业创造的价值。旅游资源并不是可再生资源,由于旅游资源的破坏甚至会造成环境资源的恶化和毁灭。(2)人类不当的经济行为对旅游环境的破坏。具体有三个方面:第一,经济发展过程中,工业生产排放的废弃物对旅游区的生态环境造成了一定的影响,一方面是旅游景区的空气环境和水环境受到污染,另一方面恶劣的环境也影响了游客的旅游兴致;第二,农业生产中不合理的资源占用对旅游区的生态平衡造成了影响,比如森林的过度砍伐造成水土流失,开山取石使原本优美的自然风景遭到破坏;第三,经济结构的变化和城市规划过程中忽略了对旅游资源的合理规划,使区域经济机构以及生产力布局与旅游资源可持续发展的要求无法相适应。(3)旅游活动的开发对旅游生态环境的影响。旅游活动的开发对旅游生态环境造成的影响主要表现为旅游过程中产生的垃圾以及其他废物对旅游景点环境以及游客兴致的影响[15]。

谢朝武、郑向敏从假日旅游高峰的角度对旅游生态环境的破坏进行的探讨分析指出:第一,假日旅游高峰破坏了区内的旅游生态环境。假日旅游高峰带来大量的客流,客流的增加意味着交通运输的增加,由此带来的大量废气排放,给景区和景区所在地造成严重的空气污染,游客在承载力有限的景区内游玩娱乐,大量消耗区内的能源和水,产生了形形色色的垃圾和污水,并伴随着噪音的大量释放,对区内的土地、水流、森林和其他资源都造成了超长的损耗。这种以牺牲自然环境为代价的索取式的旅游发展方式与生态旅游所倡导的保持环境、珍视环境和可持续发展的方式是对立和排斥的。第二,假日高峰旅游破坏了区内的文化民俗传统,影响了区内的旅游文化环境[16]。

陈妹妹、王方刃等从具体区域的角度对旅游生态环境影响因素进行调查和分析,认为旅游生态环境问题的主要原因有:管理体制不健全;基础设施有待完善;旅游资源盲目开发,不合理利用的现象较为严重;垃圾污染问题较为突出等[17]。

王艳、张建新、章锦河和宋松从原生旅游生态环境问题和次生旅游生态环境问题两个方面区分析了三峡库旅游生态环境破坏的原因。原生旅游生态环境问题主要是指水土流失严重和自然灾害频繁;次生旅游生态环境问题是指由于不合理的旅游活动、生产、生活等引起的生态旅游资源和环境的破坏、污染和价值的降低等问题,包括因旅游经营者、管理者和旅游者不合理的活动造成的生态旅游资源和环境的破坏、生态旅游活动及其他人类活动所产生的"三废"(废物、废水、废气)等而造成的生态旅游资源和环境质量下降(退化)以及建筑或其他景观与生态环境不和谐等[18]。

张育绚则认为引起旅游生态环境问题主要原因是:(1)"内源性"破坏,指旅游活动本身对生态环境的破坏。(2)"外源性"破坏,指旅游资源被周边区域的经济活动所污染和破坏[19]。

尽管国内很多学者对引发旅游生态环境问题的进行了研究,但是基本上都是简单的定性分析,研究深度不够,研究内容和方法有一定的不足。

(五)生态旅游环境的保护对策研究

旅游生态环境保护和建设的对策研究是学者们的研究重点。国内学者大致从三方面进行了研究,即旅游企业、旅游者和旅游行政管理部门在保护旅游生态环境方面的作用。

骆培聪提出的八个对策分别是:提高认识、坚持原则、加快法制建设与宣传、加强环境意识教育、加强管理力度、提高管理水平、设立专项资金、建设森林公园、防止对动植物资源的破坏、加强旅游资源和旅游生态环境的保护、控制游客数量,提高旅游环境质量[20]。

田喜洲借鉴美国旅游生态环境保护经验,认为国内的旅游生态环境保护主要是:环境保护教育与宣传、法律保障措施、规划保护措施、生态环境保护的技术手段。强调健全的法律体系、先进的科技手段、未雨绸缪的规划、公民良好的生态环保意识是美国环境保护成功的关键[21]。

孙艳红在对洛阳市旅游生态环境建设的研究中提出了一些具有普遍意义的措施。她根据洛阳市既有一批自然旅游资源,又有分布广泛的人文旅游资源的特点,提出生态环境建设既要重视景区景点生态环境建设,又要重视市区旅游环境建设,形成一个点面结合、中心环境与周围环境结合的综合建设系统。主要措施有:大气污染综合防治;噪声污染综合防治工程;城市森林生态保护。配套措施有:产业布局的协调;适应性旅游项目的开发;加强环境管理。还重点强调了加强环境监理,健全旅游区环境保护制度,强化执法监督检查,加强生态环境的综合治理与保护等[22]。

王国生认为要实现旅游生态环境的可持续发展,亟待改进生态旅游地对生态环境管理的几个方面是:首先,加强对当地居民和管理者的业务教育与培训。其次,认真分析并掌握当地生态资源的家底(也就是构成生态资源的基本要素),一个区域的生态环境资源具有自己独特的素质,比如自然的差异、人文因素的差异,以及这些差异的维护要点和特有技术等。第三,完善管理制度。正如一切运行中的事物的秩序维护一样,生态旅游环境的管理也需要制度,那些靠拍脑袋、人治和临时动议是无法有序管理好生态旅游环境的[23]。

胡北明、王挺之在对九寨沟风景区生态旅游环境可持续发展的认知研究基础之上从三个角度对旅游生态环境提出了建议:①政府应进行科学的规划,推行严格的生态环境承载力制度。②旅游企业经营者不仅应成为生态经营行为的遵守者,同时也应成为环境教育的宣传者和生态保护的贡献者。③生态旅游业的开发,需要的不仅仅是旅游者、开发者、政府对景区生态保护做出贡献,也需要当地居民参与到生态保护中来,自觉的成为环境教育的宣传者[24]。

吴志才、彭华从经济学的角度对旅游生态环境进行了探讨,提出了解决旅游生态环境问题的对策。从根本上解决旅游生态环境问题,促进旅游区的可持续发展必须降低社会成本,使私人外部成本内部化。就全社会而言,可用较少的投入减少较大的损失,有利于社会和人民。其中一个主要途径是可通过政策性收税,对产生的社会成本进行经济补偿。为了实现旅游区持续、健康、稳定的发展,建议应采取以下措施:科学调节旅游生态环境容量、外部效应内部化、环境资源产业化、景区环境法规化[25]。

赵红、赵敬民对旅游生态环境质量与旅游的可持续发展研究中,以山东省几个主要旅游城市为例,分析了旅游生态环境的现状,并提出了改善旅游生态环境的对策:①从战略的高度看,加强旅游地生态环境保护是实现旅游可持续发展的重要途径。为此,必须强化环保意识、加强宣传工作;②建立环境法规,强化环境管理。加快对原有法律法规的修改完善和新法规的制定,形成一套完整的法规体系。同时要进一步提高执法人员的素质,加大执法力度,完善监督机制,使生态环境保护真正纳入法制化的轨道;③深入搞好以旅游城市及风景区为中心的环保综合治理工作科学考核方法的综合运用,不仅保障了考核结果的客观准确性,而且现代人事考核的管理功能和依据作用、评价功能和导向作用、区分功能和激励作用、反馈功能和诊断作用、开发功能和指导作用,都得到了有效发挥[26]。

胡水景调查了千岛湖景区的旅游生态环境现状,分析了旅游开发对生态环境的影响,提出了旅游生态环境的保护措施。从旅游业可持续发展的目的出发,从维护生态系统完整性、持续性的角度,科学管理,合理开发,使旅游经济与生态保护协调发展。保护措施主要有:理顺关系、依法管理、综合规划、合理开发、加强对游船的管理、加强对游客的管理、加强环境卫生管理[27]。

刘晓军以陕西旅游生态环境为主要研究对象,对其发展现状以及原因进行了分析,并提出改善的建议:①大力发展旅游产业集群,形成明显的旅游集群优势。利用现有资源,整合现有的旅游项目和旅游产品,集中规划、统一部署,科学的、合理的布局旅游产业,形成具有明显区域优势的旅游产业集群,提升旅游产业的核心竞争力和突破能力。②发展循环旅游业,建立可持续发展的旅游产业。要尽量使用原有资源,减少重复建设,维持原有自然景观和人文景观的状况。在保证旅游安全和正常功用的情况下,尽量减少不必要的重复建设和二次建设。③发展多种旅游,丰富旅游内容。近年来,乡村游、体验游不断升温,这在一个侧面体现了旅游业方向发展的趋势[28]。

杜挺对兴文县旅游生态环境影响因素及对策进行了探讨,并提出对景区资源保护与发展的策略建议:①由于区内地质灾害比较频繁,造成较大破坏,对环境的影响比较明显,因此,应加强工程建设;②景区的采矿工业对景区生态破坏和游客的视觉效果有着严重影响,因此,依法整顿全县矿业秩序,规范景区的采矿业,全面清理无证非法采矿行为;③坚持环境容量的适度原则,在保护方面,努力做到在开发中求发展,在发展中谋保护的思想;④加强对旅游者的环保宣传,重点是纠正景区内外人员功利思想,增强环保意识,着眼于景区的长远发展[29]。

章家恩、徐琪认为保护旅游资源和生态环境是旅游地发展的永恒主题,生态环境保护应贯穿于旅游建设、生产、消费各个环节。首先,保护旅游资源和生态环境;其次,加强旅游地的生态建设和管理;再次,突出旅游特色、兼顾多样性开发[30]。

邓清南分析了四川西部旅游资源现状,提出了川西旅游生态环境对策:①严格保护,在开发之初划定严格保护区域,这些区域严禁游人进入,对开发区也必须保护优先。②科学开发,必须作好总体规划与区域规划,求得科学与协调发展。③进行环境容量评估和控制游人流量,生态环境学有关环境容量的理论研究已经表明,一个旅游区的游人增加或超量进入,必然导致旅游服务设施超载、废弃物污染物以及对旅游区生物种群干扰现象的增加,而造成生态环境质量的下降乃至恶化[31]。

谢朝武、郑向敏对解决假日旅游高峰问题提出建议和措施。针对假日旅游高峰的不同形成原因,可以通过时间分流、客源分流、信息分流、价格分流和景区分流等途径来减弱假日旅游客流高峰的形成,以此避免对旅游生态环境的破坏。具体措施有:改革休假制度,实现时间分流;加强产业结构调整,促进客源分流;加快信息流通,实现信息分流;利用价格杠杆,促进价格分流;搞好规划建设,实现景区分流[32]。

何彤慧、黄婧分析了宁夏旅游生态环境的特征和存在的问题,探讨了进行旅游生态环境保护和建设的必要性,并提出了相应的措施,主要有:发展生态旅游、严格控制游客流量在旅游环境容量之内、树立生态环境意识和可持续发展思想、建立健全旅游生态环境管理体制、加强区域旅游科学研究[33]。

陈妹妹、王方刃、康冬燕等研究了平潭综合实验区的基本旅游资源及平潭居民对平潭综合实验区发展的旅游生态环境影响感知,分析了平潭综合实验区生态旅游环境保护存在的问题并提出了旅游生态环境保护对策:①各方积极协调配合,形成完善的旅游生态环境保护网络。②逐步完善基础设施建设,凸显良好旅游生态环境。③加大政府支持力度,实施科学开发,保护良好的旅游生态环境。④加强环境保护的法制建设,严格执法。⑤建立旅游生态环境监测与旅游信息监测系统[34]。

张育绚认为要实现旅游生态环境的可持续发展,在客观上要求我国建立一部完善的旅游生态环境保护法。为了更好地保护旅游生态环境,需要制定一部统一的、全面的旅游生态环境保护法。该法应当贯彻和体现可持续发展的指导思想、确立和完善新的法律原则和法律制度,以最终能实现旅游生态环境的健康发展和对其进行有效的保护。2005年6月,国家旅游局、国家环保总局联合发出《关于进一步加强旅游生态环境保护工作的通知》,通知强调,要进一步加快有关旅游环境保护及生态旅游标准和规范的制定工作,建立旅游区生态环境质量评价指标体系,规范和指导各类旅游区、旅游项目建设和经营,积极引导旅游企业参与ISO14000国际环境管理体系认证,会同有关部门开展生态旅游的试点示范工作,积极探索建立旅游生态环境保护工作与国际接轨的步伐[35]。

(六)国内生态旅游环境的个案研究

随着人们对旅游生态环境的要求越来越高,一些学者们从对旅游生态环境的理论研究转向了旅游生态环境的个案研究,并提出了发展对策。旅游生态环境的个案研究可分为旅游区域和旅游景区两大部分。

1.以旅游区域为研究对象,学者们研究了区域生态旅游环境的现状和条件,提出了针对性的对策,以实现旅游景区生态环境的良性循环,使生态旅游得到长足的发展。例如刘强、毕华、张洪溢对海南岛的旅游生态环境进行了研究,并提出了海南省发展生态旅游的对策[36]。汪顺刚、黄家祥、查良松对巢湖地区旅游生态环境进行了定量分析[37]。侯锋在河西走廊生态环境保护调研中分析了要加强道路、景点、设施建设,县有特色、乡有特点、村有看点、市成规模,区域联网,打造精品景区景点和线路,建设"生态旅游强市、文化旅游名市、旅游产业大市",以短养长,以旅游业带动服务业,促进生态建设和环境保护[38]。黄发平在西部地区的旅游业发展与生态环境建设研究中以生态环境——西部地区旅游业发展的依托阐述了生态环境都对西部地区旅游业的持续健康发展有着决定性的影响,旅游生态环境是当地旅游业赖以存在和发展的基础[39]。

2.以具体旅游景区为研究对象,探讨生态旅游环境的区域发展对策。杜挺通过分析四川兴文县石林地质公园和苗族、彝族文化的概况和特色,从环境影响角度分析了景区环境的潜在问题,并提出对景区生态环境保护与发展的策略[40]。岳晓娜、王金叶分析了内蒙古克旗生态环境现状,提出了具有针对性的旅游生态环境保护措施,为克旗的发展奠定了良好的自然环境基础[41]。刘红刚、李耀初对珠海市旅游生态环境建设进行了研究,根据国家对生态示范区建设的要求和珠海市发展现代旅游城市的战略目标,并结合珠海市的实际情况,认为珠海市在生态示范区规划中,旅游生态环境建设应注意三个方面的内容:旅游生态环境工程建设,旅游生态环境与产业布局的协调,适应性旅游开发项目的布局[42]。

二、国内生态旅游环境研究展望

根据前述分析,国内生态旅游环境研究依然存在许多问题。

(一)存在争议的问题

目前旅游生态环境影响是争议较多的问题:①有关旅游生态环境概念的界定尚不十分明确,还没有一个可以广泛接受的概念,较权威、系统而全面的研究很少。②有关旅游环境评价的方法不确定,较为单一,以定性分析为主,宏观研究为主,注重理论研究,实践性不足。研究方法亟待实现多元化,即在今后的研究中应将定性和定量结合,采用问卷调查、统计分析、比较分析、构造模型等方法。从宏观化和微观化两个范畴研究旅游生态环境,在关注旅游生态环境应用研究的基础上更加注重研究的具体化和实用化。③国内旅游生态环境的研究评价体系有待于进一步完善。旅游生态环境的影响评价体系指标极不统一,目前还没有形成一个学术界公认的统一的评价指标体系。④全面系统地研究旅游地的环境影响还较少,学科之间的交叉性综合研究较少。目前国内的研究大多着眼于影响生态环境的子系统或是某一要素,难以综合形成整体环境效应。⑤从研究手段来看,目前研究的新技术含量较低,可以引进红外航片、3S、遥感等先进科技手段。区域旅游生态环境研究还可以利用网络的实时性和交互性,广泛吸收全国乃至世界专家的建议,更加重要的是吸取公众的建议,让全民参与旅游生态环保。⑥对国内旅游生态环境的变迁趋势研究较少,这项研究将对旅游区的可持续发展提供重要的意义。

(二)研究热点

旅游生态环境研究的热点问题:①影响旅游生态环境的要素的确定;②LAC理论在旅游生态环境研究当中的应用;③生态旅游环境承载力指标体系;④生态旅游地区的可持续发展模式;⑤旅游生态环境容量的测算方法研究;⑥旅游生态环境变化的基本态势;⑦旅游生态环境的质量评价;⑧旅游生态环境管理对策研究;⑨生态旅游环境保护法律问题研究;⑩高新技术在旅游环境管理与治理中的应用。

三、本书中的旅游生态环境概念、研究方法

本书研究认为：旅游生态环境是指自然环境和人文环境中影响消费者旅游体验各要素的总和。它除了包括生态环境的各组成要素之外还包括影响游客实际体验的人文环境。当地风俗民情、旅游服务设施、景区管理等都是旅游生态环境的构成要素。旅游生态环境的价值在于消费者的感知。

根据上述定义，我们认为，既然旅游生态环境概念已经突破了传统的生态环境，或生态旅游环境，或生态旅游环境容量的概念，那么，其研究方法就应该由原来的关注自然生态环境本身，转向旅游活动、旅游者的感知、旅游活动与自然生态环境之间的关系，同时也应当针对性地提出五台山旅游生态环境建设的对策或建议。这些也正是本书研究的内容。

参考文献

[1] 张育绚：《我国旅游生态环境保护法律问题研究》，山西财经大学 2006 年硕士学位论文，第 1—2 页。

[2] 赵红、赵敬民：《旅游生态环境质量与旅游的可持续发展》，《山东科技大学学报》，2000，(12)，第 60—61 页。

[3] 李健、钟永德、孙雪：《国内旅游生态环境承载力研究进展》，《浙江旅游职业学院学报》，2006，(09)，第 49—50 页。

[4] 段浩、苏智先、胥晓、冉琼：《基于 GIS 与 RS 的生态农业旅游环境质量评价——以南充市木老乡为例》，《云南地理环境研究》，2008，(09)：第 7—8 页。

[5] 丁陈娟、苏振、杨莲：《旅游地生态风险评价双层分析模型的构建与应用——以漓江风景名胜区为例》，《桂林旅游高等专科

学校学报》,2007,(08),第554—556页。

[6]庄大春、邓祥征、战金艳:《武陵源风景区环境质量评估》,《地理研究》,2004,(04),第195—196页。

[7]吴志才、彭华、:《旅游生态环境容量的经济学探讨》,《经济地理》,2003,(01),第70—71页。

[8]吴志才:《旅游生态环境问题的经济学分析和对策初探》,《经济地理》,2005,(05),第412—413页。

[9]王家强:《云南省旅游生态环境存在的问题及其保护对策》,《玉溪师专学报》,1994,(04),第114—115页。

[10]郭华、郭彩霞:《生态旅游环境容量的测算与调控》,《技术与市场》,2008,(01)。

[11]骆培聪:《福建省森林公园旅游生态环境问题与对策》,《福建地理》,2002,(12),第48—49页。

[12]王国生:《旅游生态环境管理探析》,《山西财经大学学报》,2010,(11),第1—2页。

[13]吴志才、彭华:《旅游生态环境容量的经济学探讨》,《经济地理》,2003,(01),第73—74页。

[14]赵红、赵敬民:《旅游生态环境质量与旅游的可持续发展》,《山东科技大学学报》,2000,(12),第62—66页。

[15]刘晓军:《陕西旅游生态环境的现状分析及其发展建议》,《旅游经济研究》,2011,(08),第163—165页。

[16]谢朝武、郑向敏:《假日旅游高峰对旅游生态妹境的破杯众对策分析》,《旅游科学》,2001,(09),第33—34页。

[17]陈妹妹、王方刃、康冬燕、李小姜、翁峰、张帅:《平潭综合实验区的发展对旅游生态环境影响的调查》,《情报探索》,2012,(06),第48—49页。

[18]王艳、张建新、章锦河、宋松:《三峡库区旅游生态环境问题及可持续旅游对策》,《重庆师范大学学报》,2010,(11),第28—30页。

[19]张育绚:《我国旅游生态环境保护法律问题研究》,《山西财经大学2006年硕士学位论文,第2—3页。

[20]骆培聪:《福建省森林公园旅游生态环境问题与对策》,《福建地理》,2002,(12),第48—49页。

[21]田喜洲:《论美国旅游生态环境保护的措施》,《生态经济(学术版)》,2007,(10),第314—315页。

[22]孙艳红:《洛阳市旅游生态环境建设》,《洛阳师专学报》,1999,(2),第55—56页。

[23]王国生:《旅游生态环境管理探析》,《山西财经大学学报》,2010,(11),第2—3页。

[24]胡北明、王挺之:《旅游生态环境可持续发展与不同利益群体认知研究》,《西南民族大学学报》,2010,(05),第157—158页。

[25]吴志才、彭华:《旅游生态环境容量的经济学探讨》,《经济地理》,2003,(01),第73—74页。

[26]赵红、赵敬民:《旅游生态环境质量与旅游的可持续发展》,《山东科技大学学报》,2000,(12),第62—66页。

[27]胡水景:《千岛湖旅游生态环境现状及保护措施》,《甘肃环境研究与监测》,1999,(09),第157—158页。

[28]刘晓军:《陕西旅游生态环境的现状分析及发展建议》,《旅游经济研究》,2011,(08),第163—165页。

[29]杜挺:《兴文县旅游生态环境影响因素及对策探讨》,《咸宁学院学报》,2010,(02),第152—153页。

[30]章家恩、徐琪:《自然旅游地的生态环境问题及其持续发

展探讨》,《环境导报》,1996,(04),24—25。

[31]邓清南:《川西旅游生态环境保护与建设》,《山地学报》,2002,(12),第154—155页。

[32]谢朝武、郑向敏:《假日旅游高峰对旅游生态环境的破坏与对策分析》,《旅游科学》,2001,(09),第34—35页。

[33]何彤慧、黄婧:《宁夏旅游生态环境的保护与建设》,《宁夏大学学报》,2000,(10),第366—367页。

[34]陈妹妹、王方刃、康冬燕、李小姜、翁峰、张帅:《平潭综合实验区的发展对旅游生态环境影响的调查》,《情报探索》,2012,(06),第48—49页。

[35]张育绚:《我国旅游生态环境保护法律问题研究》,山西财经大学2006年硕士学位论文,第20—22页。

[36]刘强、毕华、张洪溢:《海南发展旅游业对生态环境的影响及对策》,《海南师范学院学报》,2005,(03),第77—80页。

[37]汪顺刚、黄家祥、查良松:《巢湖流域生态环境质量定量分析》,《资源开发与市场》,2007,(11),第987—988页。

[38]侯锋:《河西走廊生态环境保护调研》,《农业科技与信息》,2011,(02),第13—14页。

[39]黄发平:《西部地区的旅游业发展与生态环境建设》,《干旱区资源与环境》,2000,(06),第8—9页。

[40]杜挺:《兴文县旅游生态环境影响因素及对策探讨》,《咸宁学院学报》,2010,(02),第152—153页。

[41]岳晓娜、王金叶:《内蒙古克什克腾旗旅游生态环境评价与保护》,《商丘职业技术学院学报》,2007,(12),第34—35页。

[42]刘红刚、李耀初:《珠海市旅游生态环境建设研究》,《旅游学刊》,1997,(11),第39—40页。

第二章　五台山旅游生态环境评价指标体系构建

本书中的五台山是指五台山风景区,或称五台山风景名胜区。五台山居中国四大佛教名山之首,是国务院首批公布的国家重点风景名胜区,同时又集世界佛教圣地、五台山国家森林公园、五台山国家地质公园、国家 5A 级旅游景区、世界文化景观遗产于一体。五台山有 13 处全国重点文物保护单位,是国家旅游局向海外推出的 35 张王牌景区之一,2005 年被评为中华十大名山之一。五台山的美是灿烂佛香和如意清凉融二为一的美,在中国成百上千座名山中,五台山气魄之雄、规模之大、内涵之丰无与伦比。早在唐代的《敦煌石室遗书》中,古人就由衷赞道:"昔人谓宇内灵奇之境,恒言五岳之外,复有三山,盖为五台、峨眉、普陀也,而五台尤以山辟最早,灵贶最赫,境地最幽,故得名独胜。"五台山不仅以佛教文化闻名于世,而且以"华北屋脊"和"清凉胜境"神奇秀美的自然风光声名远播。

五台山风光不仅具有雄伟秀丽、气势磅礴的北国高山特点,而且因为降水丰富,也有江南青山绿水、风景如画的秀丽之美,是镶嵌在黄土高原上的一颗绿色明珠。山上山下佛寺名刹鳞次栉比,舍利佛塔林立高耸,历史文物丰富多彩,名胜古迹星罗棋布。五台山以它独特的自然景观及璀璨的人文景观,吸引着无数文人墨客、高僧名师及中外游客前来朝圣观光。

五台山所处区域属于忻州市东北部。从经济总量和人均水平看,忻州市管辖的14个县市区,除忻府区、原平市、定襄县之外,五台、代县、繁峙、宁武、静乐、神池、五寨、岢岚、河曲、保德、偏关等11个县均属于国家级扶贫开发重点县,占山西省国家级扶贫开发重点县总数的31%,因此,忻州市是全国贫困县集中连片的典型贫困地区之一,贫困面比较大。从工业化水平看,忻州市工业化过程还处于工业化初期的中间阶段,经济发展正处于资源驱动阶段,以矿产资源为轴心的矿产品开采和加工的产业结构特征明显。从资源储量和开发状况看,忻州市各类资源储量较大,尤其是矿产资源、旅游资源和风能资源极为丰富、极具开发价值,但是没有得到有效的综合开发利用,没有将资源优势转变为经济优势,经济发展缓慢,经济发展总体水平较低。五台山境内名胜古迹众多,自然旅游资源得天独厚,发展潜力大,市场广阔,因此,如何深入研究五台山旅游生态环境影响因素,对促进五台山旅游资源的合理开发与科学保护具有重要的价值,对于以旅游产业带动忻州市经济发展具有深远意义。

一、用层次分析法确定评价五台山旅游生态环境的主要因子

旅游生态环境评价因子主要包括大气、水体、土壤、地质地貌、植物、动物、微生物、景观以及旅游环境容量等,旅游活动对生态环境的影响也主要通过这些因子的变化体现出来。在以往的研究中,有的研究人员主要研究旅游活动对某一个或两个环境因子的影响效应,但是,更多的研究是进行多因子影响分析[1]。这里主要对五台山风景区旅游生态环境评价因素用定量与定性的方法相结合进

行分析,最终确定主要影响五台山旅游生态环境的因子,并为其分析奠定基础。

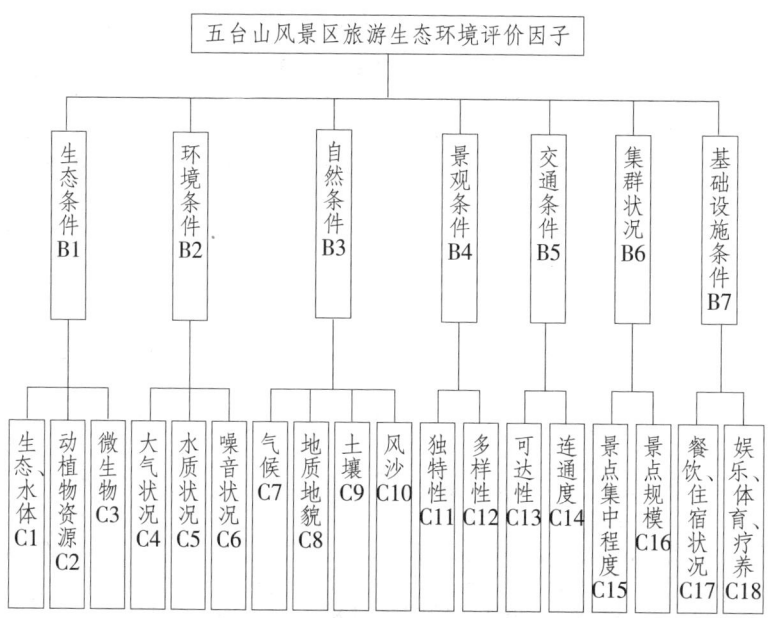

图 2-1 五台山旅游生态环境评价指标体系构建

(一)构造判断矩阵

通过相互比较确定各准则对于目标的权重,即构造判断矩阵。在层次分析法中,为使矩阵中的各要素的重要性能够进行定量显示,引进了矩阵判断标度(1~9标度法)。

表 2-1 比例标度含义[2]

比例标度	含义
1	表示两个元素相比,具有同等重要性
3	表示两个元素相比,一个元素比另一个元素稍微重要
5	表示两个元素相比,一个元素比另一个元素明显重要
7	表示两个元素相比,一个元素比另一个元素强烈重要
9	表示两个元素相比,一个元素比另一个元素极端重要
2、4、6、8 为上述相邻判断的中值	

通过对山西高校旅游管理专业和地理专业的教师、旅游行政管理部门的管理人员、忻州市旅游方面的专家发放和回收调查表。综合92份有效咨询表，经适当归纳调整，得到判断矩阵如下：

表2-2 B层判断矩阵

旅游生态环境影响因素	生态条件	环境条件	自然条件	景观条件	交通条件	集群状况	基础设施条件
生态条件	1	0.7755	0.6582	1.0408	0.8571	0.6122	0.5510
环境条件	1.2895	1	0.9085	1.3421	1.1053	0.7895	0.7105
自然条件	1.5194	1.1783	1	1.5814	1.3023	0.9302	0.8372
景观条件	0.9608	0.7451	0.6324	1	0.8235	0.5882	0.5294
交通条件	1.6667	0.9048	0.7679	1.2143	1	0.7143	0.6429
集群状况	1.6333	1.2667	1.0750	1.7	1.4	1	0.9
基础设施条件	1.8145	1.4074	1.1944	1.8889	1.5556	1.1111	1

通过表2-2可以看出在五台山风景区生态环境评价指标体系中景观条件、生态条件很重要，交通条件、环境条件较重要，自然条件一般重要，集群状况、基础设施状况较不重要。

表2-3 C层(C1-C3)判断矩阵

生态条件	山体、水体	动植物资源	微生物
山体、水体	1	1.1176	0.7647
动植物资源	0.8947	1	0.6842
微生物	1.3077	1.4615	1

通过表2-3可以看出在生态条件中动植物资源因子最重要，微生物因子最不重要，山体、水体因子较重要。

表2-4 C层(C4-C6)判断矩阵

环境条件	大气状况	水质状况	噪音状况
大气状况	1	0.9412	0.2941
水质状况	1.6025	1	0.3125
噪音状况	3.4	3.2	1

通过表2-4可以看出环境条件中大气状况因子最重要,噪音状况因子最不重要,水质状况因子较重要。

表2-5 C层(C7-C10)判断矩阵

自然条件	气候	地质地貌	土壤	风沙
气候	1	0.6932	1.0769	0.5385
地质地貌	1.4444	1	1.5556	0.7778
土壤	0.9286	0.6429	1	0.5
风沙	1.8571	1.2857	2	1

通过表2-5可以看出在自然条件中气候、土壤因子最重要,风沙因子最不重要,地质地貌因子较重要。

表2-6 C层(C11-C12)判断矩阵

景观条件	独特性	多样性
独特性	1	0.7895
多样性	1.2667	1

通过表2-6可以看出在景观条件中独特性因子最重要,多样性因子较重要。

表2-7 C层(C13-C14)判断矩阵

交通条件	可达性	连通度
可达性	1	0.75
连通度	1.3333	1

通过表2-7可以看出在交通条件中可达性因子最重要,连通度因子较重要。

表 2-8　C 层（C15-C16）判断矩阵

集群状况	景点集中程度	景点规模
景点集中程度	1	1
景点规模	1	1

通过表 2-8 可以看出在集群状况条件中景点集中程度因子与景点规模因子同等重要。

表 2-9　C 层（C17-C18）判断矩阵

基础设施条件	餐饮、住宿状况	娱乐、体育、疗养状况
餐饮、住宿状况	1	0.8
娱乐、体育、疗养状况	1.25	1

通过表 2-9 可以看出在景观条件中餐饮、住宿状况因子最重要，娱乐、体育、疗养因子较重要。

(二)小结

通过分析表 2-2(B1-B7)可以得出，五台山风景区生态环境评价指标体系的七大因素排序如下(从高到低)：景观条件、生态条件、交通条件、环境条件、自然条件、集群状况、基础设施条件。

综合分析表 2-2—表 2-9 得出：在五台山风景区旅游生态环境的评价因子中动植物资源因子，景观独特性因子，山体、水体因子、大气状况、水质状况、交通可达性因子很重要；气候因子、土壤因子、景观多样性因子、交通连通度因子、微生物因子较重要；景点集中程度因子、景点规模因子、餐饮住宿情况因子一般重要；地质地貌因子、噪音状况因子、娱乐、体育、疗养状况，风沙因子较不重要。

二、五台山风景区旅游生态环境评价因子的状况

这里对五台山风景区的旅游生态环境将采取系统化与层次化相结合的方法进行粗略的综合分析。在很重要因子中以大气状况、

动植物因子为代表进行分析；在较重要因子中以气候因子为代表进行分析；在一般重要因子中以餐饮住宿情况因子为代表进行分析；在较不重要因子中以噪音状况因子为代表进行分析。

(一)五台山大气状况

五台山的空气、环境特别适合开展康体度假、养生旅游。五台山地区大气环境多次监测结果见表2-10。

表2-10 五台山的大气环境监测结果

空气中的主要污染物	二氧化硫	二氧化氮	臭氧
含量 mg/m³	0.0005~0.0418	0.0002~0.0054	0.0002~0.06
均值 mg/m³	0.0062	0.0013	0.0436

注：数据来源2011年忻州市环保局

五台山风景区除菩萨顶曾在80年代中期个别时间超标外，其余地区污染物浓度均很低，远未超过标准，空气质量良好。除菩萨顶外，五台山其他区域的环境质量山西第一，全国名列前茅。五台山全年降水量大于800mm，全年平均相对湿度在68%左右，大气无污染，透明清洁，富含氧离子，湿度大、山清水秀、风清气爽。

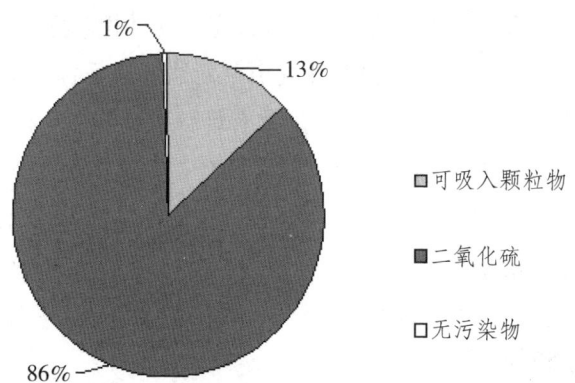

图2-2 五台山首要污染物所占全年比重

注：数据来源2013年忻州市环保局

但是,据忻州市环保局发布的 2012 年 5 月 1 日至 2013 年 5 月 1 日间的数据,见图 2.2,可以看出五台山空气污染以可吸入颗粒物和二氧化硫为主要污染物。空气质量为优的天数为 356 天,为良的天数为 8 天,2012 年 6 月 20 日为轻微污染。首要污染物为可吸入颗粒物的天数有 49 天,占全年的 13.42%;首要污染物为二氧化硫的天数有 314 天,占 86.03%;无污染物天数为 2 天,占 0.55%。说明五台山空气污染需要给予关注和重视。

(二)五台山动植物资源

五台山生态独特,生物多样,是著名的国家森林公园。据统计,五台山高等植物包括 99 科,351 属,595 种;乔灌木 113 种,占总数的 18.7%,草本植物 482 种,占总数的 81.3%。五台山森林面积 383.7 万多亩,主要分布在海拔 1700~2700 米之间,在这个林线内,上部主要有云杉、落叶松、油松等针叶树种,下部主要是针阔混交林,阔叶树种主要有白桦、红桦、山杨、山槐、山柳等,内部混杂野刺梅、丁香、六道木、虎榛子等灌丛。

五台山草地面积广阔,草场质量优良,总面积 8.4 万公顷的山地草甸生态系统是华北地区保存最为完好并且相对稳定的典型地区,加之水源充足,水质纯净,亚高山草甸地带是著名的夏季牧场,草被覆盖率达 80% 以上。五台山共有维管束植物 103 科、459 属、1019 种。其中有金莲花、迎红杜鹃,被有关专家认定为国内独有;有垂头蒲公英、兴安牛防风、具刺马先蒿、堇色早熟禾、五台锦鸡儿等五个特有植物种类;有苓苓香、铃兰、兰花棘豆、北方嵩草、小嵩草、大花杓兰、鸟巢兰、手参、臭冷杉、刺五加、野大豆、蒙古黄芪、黄芪等保护植物种类。

五台山草木繁盛,森林密布,是野生动物栖息繁殖的天然场所,是野生动物的天然乐园。现有野生兽类 19 科,6 目,41 种。其中主要有石貂、金钱豹、狐狸、獾、狍子、山羊、青羊、野猪、刺猬、黄鼠、麝鼹、草兔、蝙蝠等。五台山有鸟类16目、36科、142种,其中金雕、白鹳、黑鹳、白肩雕、白尾海雕、虎头海雕、白头鹤、丹顶鹤、大鸨等属国家一级保护动物。五台山有9种鸟类为山西罕见,即黄斑苇鸡、栗苇鸡、红胸田鸡、凤头麦鸡、赭红尾鸲、白项溪鸲、黑眉苇莺、棕扇尾莺、黑尾蜡嘴鸡。此外,五台山鸟类中有春候鸟30多种,夏候鸟70多种,冬候鸟20多种,比较珍贵的有鸢、金雕、啄木鸟、红嘴山鸭、喜鹊、凤头百灵、云雀、杜鹃、蓝翡翠、柳莺、太平鸟等。五台山海拔1000~3061米的山地昆虫共有2000多种,目前资料记载的486种,包括20多个昆虫新种。因此,五台山是北方高寒地区极为罕见的动植物宝库。

每种野生动植物都有他们天然的栖息环境,保证着它们的生息繁衍,如果这种栖息环境遭到破坏,动物的自然存续就面临危机,即使没有人捕食,也难以生存。保护野生动物,归根结底还是要保护它们的栖息地。近年来,随着五台山旅游活动、开矿、私自捕猎等人类活动,五台山的动植物生态环境遭到破坏。大量游人将景区土地踏实,从而导致土壤板结,树木死亡;大量游人在山地爬山登踏,破坏了自然条件下长期形成的稳定落叶层和腐殖层,造成水土流失和土壤质量的变化,进一步破坏了植被的覆盖度,同时地质灾害发生的概率也在增加;景区内大量垃圾随意抛洒堆积,垃圾遗弃量日益增加,破坏了景区的生态环境,污染了景点水体,使旅游景区水体富营养化[2]。

(三)五台山气候资源

五台山地处温带,因地势高,山体高大,从南北坡的盆地到山顶相对高度达2000米左右,气温随海拔升高而下降,多年平均气温只有-4.2℃,最热的7月平均气温只有12℃,台怀腹地的最高气温也只有27~28℃。中台顶背阴山凹里的冰终年不化,号称"万年冰"。有些年份五六月间台怀早已浓荫蔽日,台顶却依然白雪皑皑。五台山全年降水达800~900毫米,6月解冻9月飞雪,气候清凉湿润,全年平均相对湿度在68%左右。五台山地势高亢,因而风力强劲,年平均风速达9.5米/秒,冬季最大风速可达40米/秒。所以,五台山又被称作"冷(寒)岛"、"湿(雨)岛"、"风岛",是一处"三伏已如秋"、"清意共云浮"的清凉避暑胜地。在《2008中国避暑名山榜》上,五台山位列中国十大避暑名山之榜首。康熙皇帝为五台山御题的"清凉胜境"匾额至今仍然刻在五台山入山口的山门之上。夏季来临之后,五台山降雨增多,清泉遍地,空中云层很低,湿度很大,常常是云雾弥漫,云来雨过,晴雨变化无常,山上日出山下雨,真是"道是无晴却有晴"。

五台山因其独特的地理位置、大气环境和高山地形等因素相互作用,还形成了众多奇特壮观的天景天象。五台山山上山下气象条件完全不同,气候瞬息万变。有时台顶峰巅,阳光灿烂,底下却乌云滚动,雷雨阵阵。有时山头黑云压顶,而下面却分外晴朗。因此,五台山天气,像猴子的脸,说变就变,在夏季,有时一日经历晴、阴、雨、雷、雾、风、雹等,这种瞬息万变的气候,是高山气候的显著特点,为五台山平添了神秘而梦幻的色彩。

五台山夏季凉爽湿润,冬季寒冷,冬季最低气温可达-30℃左右,台顶极端气温可达-40℃,大风天气也经常出现。由于海拔高,寒冷期长,台顶一年中有11个月有降雪,有"六月冰方融,七月雪又至"之说。同时,五台山属于我国内陆地区,大陆性气候强,气温日变化大,观光旅游活动主要在白天进行,夜晚则休息。每年5到9月是旅游的理想季节,其中6、7、8三个月是旅游的黄金季节,而每年11月到次年4月寒冷而多大风,同时白昼时间短,不适合以

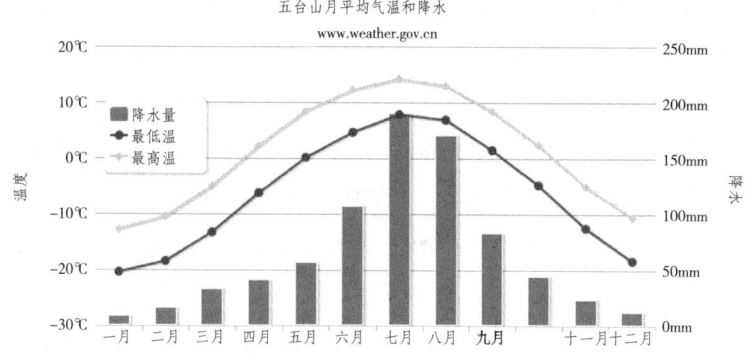

图 2-3　五台山月平均气温和降水

注:数据来源中国气象局

观光为主要目的旅游活动[3]。因此,五台山观光旅游活动具有淡季长、旺季短的特点,淡季长达7到8个月,在此期间游客很少,旅游设施大量闲置,旅游旺季时,游客人满为患,服务设施严重短缺,交通运输高度紧张。

(四)五台山餐饮住宿情况

五台山内有饭店1000余家,有接待能力的客房数约为17 420间,床位45 120张,其中星级宾馆14家(1家五星级、2家四星级、6家三星级、5家二星级)。在五台山风景区旅游旺季时供不应求,但在淡季时大多数处于歇业状态。

餐饮、住宿接待业是旅游业发展的配套设施。近年来,随着五台山旅游业发展越来越快,在市场经济的作用下,五台山餐饮、住宿行业在没有合理计划和规划下开始盲目扩张,造成了土地利用方式的改变和土地资源的浪费。五台山在无规划指导下盲目建设了许多年,给风景区的整治管理带来一定的难度。加之法律法规尚不健全,风景区相关政策、规定未得到落实,管理市场混乱。根据对风景区内游客的调查发现,游客对景区内食宿服务市场的混乱反映最为强烈,极为不满[4]。

(五)五台山噪音状况

五台山整体环境清幽、静谧、空阔、原始、自然;五台山寺庙庄严肃穆,树木葱郁,空气清新,气候凉爽,环境幽雅静谧。

但是在台怀镇核心区旅游旺季游客过多时,也会产生一定的噪声,影响旅游生态环境。每年五台山风景区旅游旺季,游人如云,充斥着导游的高音喇叭声和游客的吆喝声。每到夜晚,站在寺庙高处往下看,五台山亮如白昼,俨然是个不夜城。这个历代佛门高僧修炼的佛教清净之地,在旅游旺季已被城市的喧嚣所取代,和其他的公园旅游风景区几乎没有什么区别[5]。

综上所述,在确定五台山旅游生态环境评价因子的基础上,依然需要对其影响因素的情况进行深入分析,才能对五台山旅游生态环境的保护和建设提供有价值的科学依据。

参考文献:

[1]石强、高文举:《国内旅游生态环境研究进展及趋势》,《旅游学刊》,2008,06(08),第86—91页。

[2]杜挺:《兴文县旅游生态环境影响因素及对策探讨》,《咸宁学院学报》,2010,30(02),第152—153页。

[3]任建美、牛俊杰等:《五台山旅游气候及其舒适度评价》,《地理研究》,2004,23(06),第857—862页。

[4]杜丽菲:《五台山风景名胜区生态旅游可持续发展研究》,华东师范大学2010年硕士学位论文,第1—65页。

[5]陈新凤:《五台山生态环境存在的问题及其对策研究》,《五台山研究》,2007,09(02),第41—44页。

第三章　五台山旅游生态环境综合评价

　　旅游生态环境的概念存在许多不同的理解和认识。在生态学方面的旅游生态被解释为旅游区内的生物因素（包括微生物、植物、动物和人类）与非生物因素（包括岩石、土壤、水体和空气等）彼此之间互相利用、互相依存、互相制约，并不断地进行物质和能量的交换，形成一种相对稳定的环境。如果从旅游学方面解释旅游生态环境，笔者认为旅游生态环境是没受到破坏和污染，符合旅游景区可持续发展，适宜游客游览，并让游客满意的环境。其中，环境因素包括旅游的六大要素（食、住、行、游、购、娱）、自然环境要素和人文环境要素，这三方面彼此协调、互相利用，最终让游客满意，实现风景区旅游持续发展。

　　为此我们定义为：旅游生态环境是指自然环境和人文环境中影响消费者旅游体验各要素的总和。它除了包括生态环境的各组成要素之外还包括影响游客实际体验的人文环境。当地风俗民情、旅游服务设施、景区管理等都是旅游生态环境的构成要素。旅游生态环境的价值在于消费者的感知。

　　消费者对旅游生态环境感知价值基于游客所获总价值和游客所费总成本之间的差额。游客所获总价值就先后顺序来说可以分为两类，一类是游客感知价值，另一类是游客的实际体验价值。相应的,游客所费总成本也可分为两类,一类是游客预期成本,另一类是游客实际花费成本。游客感知价值是指游客期望从旅游供应品中获得的经济、功能、心理等一系列利益的可感知的货币价值。游客预期成本是指游客预期对给定的旅游供应品进行获取、消费和处置时所产生的一系列费用。当潜在游客对某一景点的游客感知价值高于游客预期成本时,潜在的旅游者倾向于选择该地作为出游地。游客实际体验价值除了在实地价值感知外还涉及与期望价值之间的比对,当期望价值高于实际体验价值时会带来更高的成本体验。游客实际价值体验高于游客实际花费成本时,旅游者满意度较高。并且,对某景区有积极体验的旅游者重复出游和向亲友推荐的可能性更大。为了全方位的提高景区旅游生态环境的价值,管理者可以通过提高经济、功能或情感利益,或者减少某种成本来增加旅游者的价值[1]。

在既有研究的基础上,以五台山旅游生态环境评价为目标,进行基于游客对五台山旅游生态环境的满意度的问卷调查和实地调查,在对游客旅游生态环境满意度分析的基础上,给出五台山旅游生态环境的评价。

一、数据来源

本问卷调查,前后历时三个月,有 24 人次参加在五台山风景区进行的问卷调查和实地调查,为了得到游客的配合、保证问卷质量,提前准备好了精美小礼品赠送给被调查者。共发放问卷 3400 份,收回有效问卷 3162 份,有效率 93%。调查者的人口统计特征,包括性别、年龄、文化程度、职业、月均收入这五方面。问卷的主体部分主要根据旅游生态环境构成要素并结合相关的人文生态因素进行设计(考虑到五台山的实际情况,本文在问卷设计中将空气质量和土壤这两个维度去除)。为了方便各知识层面的游客填写问卷,问题的设计大都采用较为通俗顺口的表达方式。问卷采用SPSS软件进行数据统计和分析。

问卷调查采用拦访的方式在现场进行发放和回收。考虑到淡季和旺季景区管理的区别可能导致淡季和旺季游客对相同问题的回答差异较大,问卷的调查选择在淡旺季交界的时间段,即2013年4月到6月。为了保证问卷更具代表性,受访对象尽可能覆盖各个年龄段和不同出游方式的游客。问卷主要在三个地点发放,一是在显通寺门口,对象选择大多是游览结束后出寺庙的游客以及在寺门口休息的游客;二是在菩萨顶前门拐弯处,相较于前者,在这一地点发放较为容易,而且游客也较趋于多样。但不足的是,受访者大多为散客或人数不多的自主组团游客,团体游客限于其他游客和导游的影响,经常拒绝填写问卷;三是在菩萨顶后门停车场处,利用游客在等候公交休息的片刻填写问卷,对象多为小团队游客,但这部分游客较少。这一情况导致的问题是,问卷回收后大多数调查者为散客,而团客在价格、景区指示牌等问题上的看法较之于散客有显著的区别。

二、问卷调查结果分析

(一)游客基本情况特征

性别:对被调查游客进行性别统计,得出图3-1。男性占52%;

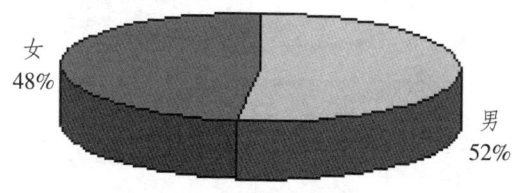

图 3-1 样本的性别构成

女性占48%。男性比例略高于女性,但男女比例基本持平。由此可见,本次调查中受访者性别构成均衡性较高。

年龄:如图3-2所示,在所有被调查者中,年龄小于20岁的游客占6%;20~35岁的游客比重最大,占63%;36~50岁的游客占25%,次于20~35岁游客比重;51~60岁和大于60岁的游客比重最小,分别占4%和2%。因此,就从本次被调查者年龄构成来看,来五台山风景区旅游的游客群体相对比较年轻。

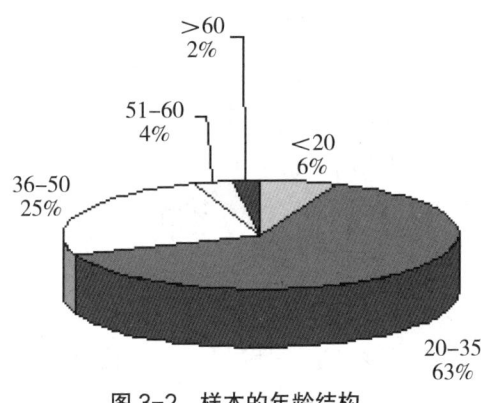

图3-2 样本的年龄结构

受教育程度:如图3-3所示,大专或本科学历的被调查者比重最大,占60%;研究生以上的被调查者占11%;高中或中专和初中及以下的被调查者分别占19%和10%。从调查的数据中可以发现,

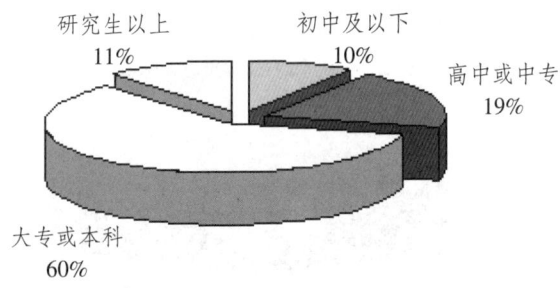

图3-3 样本的学历构成

来五台山风景区旅游的游客普遍学历比较高。但根据现场发问卷的情况推测,来景区旅游的游客其实际学历水平也许并没有这么高,原因可能是学历高的游客较之于学历低的游客更乐意回答问卷。

职业:如图3-4所示,在所有受访者中,学生的比重最高,占25%;企事业管理人员、专业技术人员、公务员和服务业人员分别占14%、10%、9%和8%;教师和企业老板分别占6%和5%;工人、农民、军人和离退休人员比重最小,一共11%;而其他职业的被调查者占12%。值得说明的是,学生比例最高是因为和其他类型游客相比,学生更愿意填写问卷。就实地调查来看,学生多为集体结伴出游,而教师和退休人员多为组团出游,公务员多为家庭式出游。

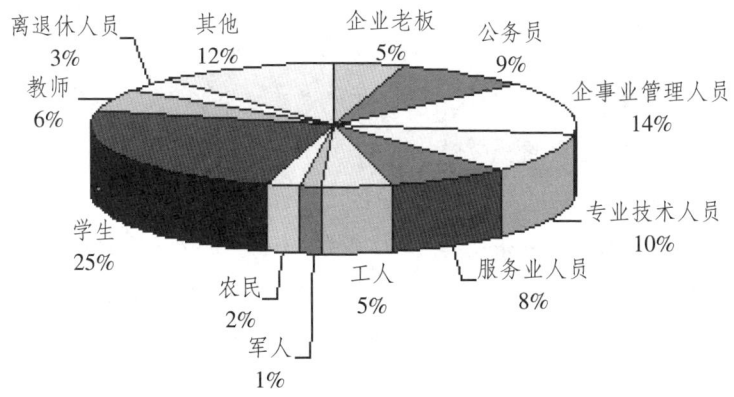

图3-4 样本的职业构成

月均收入:从图3-5中会发现,35%的被调查者月收入少于2000元,但实际是大多数学生在填写问卷时,将月收入填在了少于2000元这一栏,所以导致被调查者月收入看起来较低。并且在引导游客填写问卷的过程中发现,有部分游客有意地隐瞒了自己的月收入。因此虽然月收入从3001~8000元的被调查者仅占31%,

大于8001元只占12%，实际来五台山风景旅游游客的月收入应该要高于这一水平。

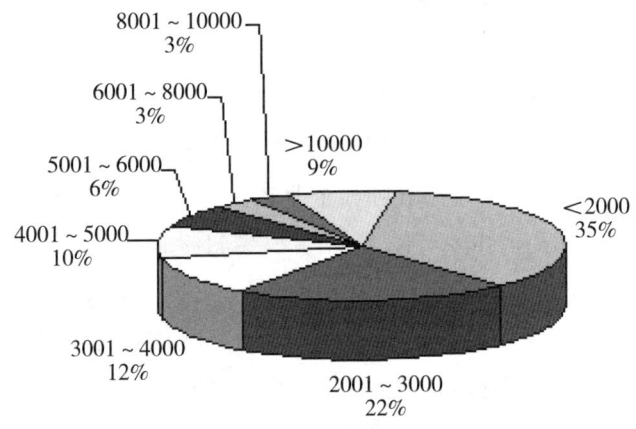

图 3-5 样本的月均收入构成

(二)游客对五台山旅游生态环境满意度分析

1.旅游生态环境重要性

图 3-6 显示，有 57.0%的游客认为五台山风景区的旅游生态环境非常重要，35.9%的游客认为重要，仅有 6.3%、0.8%的游客认为一般和不重要。从调查来看，游客在意识上都认为旅游生态环境

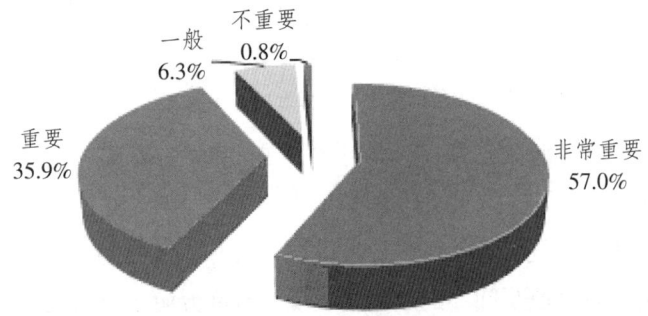

图 3-6 样本对旅游生态环境重要度感知构成

很重要,但从实地调查来看,有些游客一方面认为旅游生态环境重要,一方面做着不文明的事情,更有甚者在回答完问卷后,随地乱扔垃圾。游客虽然认为旅游生态环境很重要,但还没有认识到自己在旅游生态环境中的重要性。

2.自然环境质量满意度分析

调查样本对自然环境质量的满意度分析如图3-7所示。从图3-7中可以看出:游客对五台山自然环境质量满意度中,非常满意和比较满意所占的比例分别为20%、36%,满意的占33%,比较不满意和非常不满意的仅占9%和2%,总体满意度较高。五台山风景区在1982年被国务院批准列入第一批国家级风景名胜区名单;1982年11月,国务院首批公布五台山为"国家重点风景名胜区";1992年被林业部批准为"国家森林公园";2005年9月,通过第四批国家地质公园评审,成为"国家地质公园";2007年5月,被评为"首批国家AAAAA级旅游景区";2009年6月26日在西班牙塞维利亚举行的第33届世界遗产大会上被正式列入《世界遗产名录》。这些都表明五台山风景区自然环境质量较高。

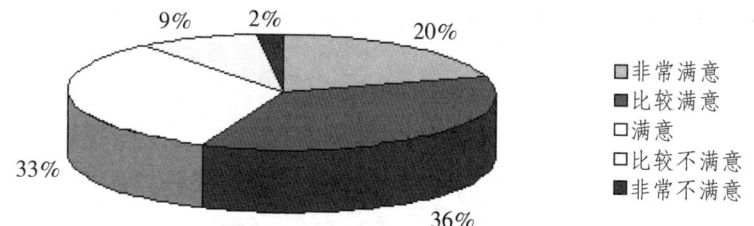

图3-7 样本的自然环境质量满意度构成

3.自然风光

如图3-8所示,对五台山风景区自然风光表示满意的共占76%,其中表示非常喜欢的游客占29%,表示喜欢的游客占47%;表示不喜欢和非常不喜欢景区自然风光的游客仅有1%。由此可

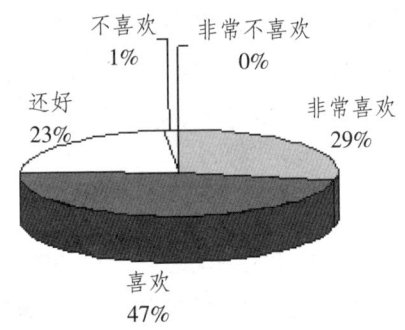

图 3-8 样本对风景区自然风光的满意度构成

见,风景区的自然风光总体上令人满意。觉得景区自然风光一般的游客占 23%,说明景区在自然风光满意程度上还有很大的进步空间。

4.环境卫生情况

在实地考察的过程中可以很明显地观察到风景区的卫生管理工作做得不错,实际的调查数据也证明了这一点。如图 3-9 所示,表示对景区卫生情况持肯定态度的被调查者占 60%,其中表示非常满意的受访者占 14%,表示满意的受访者占 45%。而表示很不满意和不满意的游客仅占 7%。由此可证明景区卫生情况总体是令人满意的。同时在与游客的交流中了解到,他们不是很满意的原因大

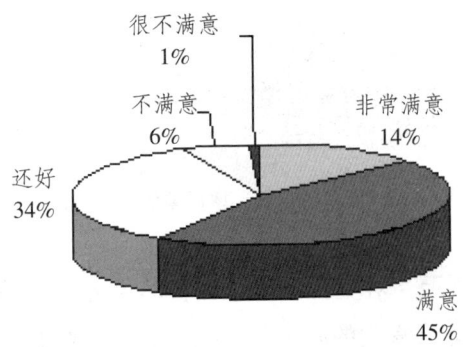

图 3-9 样本对风景区环境卫生的满意度构成

致有如下三方面：①景区卫生设施过少，如垃圾桶和公共卫生间。②景区卫生设施管理不善(附图1)，具体表现在垃圾桶安放不合理、维护不足和公共卫生间脏乱差。③陈旧垃圾无人清理，具体表现为风景区一些死角存在垃圾无人清理，长期堆放的情况。因此，景区相关部门除了对景区日常垃圾进行处理外，还需针对以上几方面进行卫生整治工作。

5.游客乱扔垃圾的现象

本问题是针对五台山风景区的人文生态环境而专门设计的。根据系统、全面的旅游生态环境的定义，游客对景区生态环境的满意度除了考量自然生态因素外还应考察相关人文生态因素。如图3-10所示，只有21%的被调查者表示从来没有看到游客乱扔垃圾的现象；79%的受访者都表示有看到过，其中表示常常看到而且十分讨厌的占到了17%，表示无所谓的仅占5%，表示偶尔看到的超过了半数，占到了57%。说明来五台山风景区旅游的游客自觉意识不足，这种责任意识的缺失容易降低游客对景区旅游生态环境的满意度。因此，为了提高景区整体的环境满意度，景区管理人员应加强对进山游客进行环保宣传。

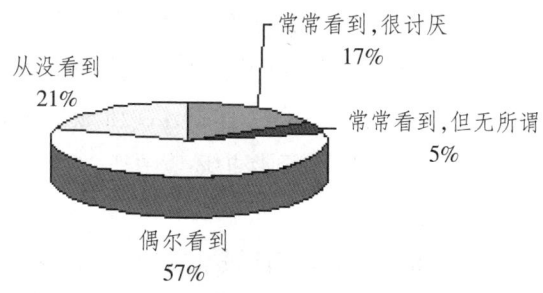

图3-10 样本对游客乱扔垃圾现象的反应情况

6.是否闻到过垃圾发出的异味

如图3-11所示，对这一问题的回答超过半数的受访者认为从

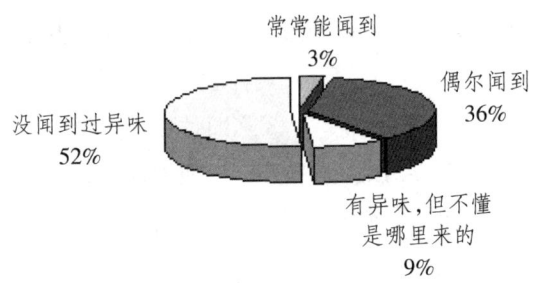

图 3-11　样本对景区垃圾异味的反应情况

没有闻到过异味;表示常常能闻到的占 3%;表示偶尔闻到的被调查者占 36%;而表示闻到但又不知道异味是哪里来的占了 9%。由此可见表示没闻到异味的和有闻到异味的受访者比例基本持平。根据资料可以知道,由于五台山地势较高,空气流通情况较一般景区好,景区即使有异味也消散的比较快。在实地调查中发现在旅游区内空气较为清新,而商业区内偶有异味。在查找源头的过程中发现商业区和居民区的排水系统不完善,时常有积水现象,并且商业区内的卫生情况也不如游览区。另一方面,在调查中发现有随意排放污水入清水河的情况。这一行为除了会产生异味外还会破坏清水河的水环境,导致五台山这一主要天然水体景观遭到严重的破坏(附图 4),不利于景区旅游的可持续发展。根据周围商品和附近居民反映,相关部门在污水直接入河上并无良好的管理,甚至带头将污水排放入河。因此,在未来的工作中,区政府除带头自律外,还应号召商店主和居民一起参与到保护环境中来。

7.对风景区绿化的评价

由图 3-12 可知,对五台山风景区绿化情况表示赞许的占 51%,其中表示景区绿化很好的游客占 19%,表示景区绿化好的占 32%。虽然有 7% 的受访者表示景区绿化不好,但其中有 5% 表示并不介意,认为景区绿化很影响游览心情的受访者仅占 2%。可见,大

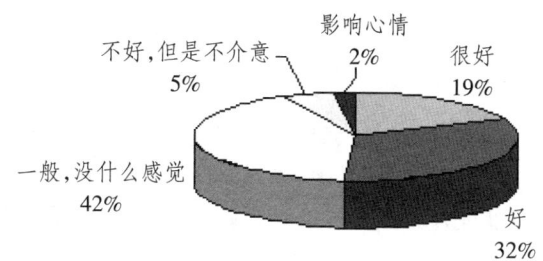

图 3-12　样本对五台山风景区绿化的评价

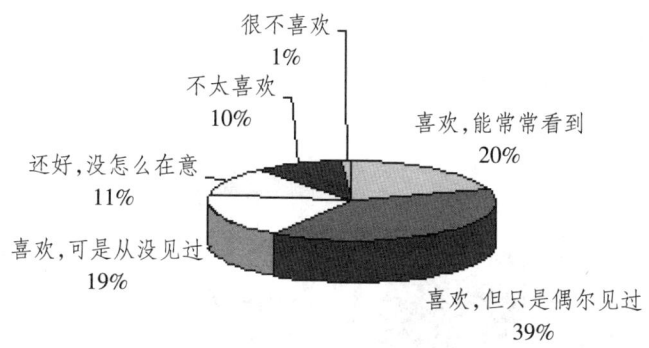

图 3-13　样本对动物景观的喜好程度及对五台山风景区动物景观的感受

多数的受访者对景区绿化持积极的态度。而认为景区绿化情况一般的游客占 42%。根据五台山风景区的实际情况可以知道,在实地考察期间并非景区花草树木生长最旺盛的时期,因此,可以合理推出,在六七月份草木生长期,游客对景区绿化的满意度将会更高。因此,在绿化方面,景区工作的重点是在保持中改善。据实地考察的情况看来,改善的方向应注意绿化区内的卫生治理,保持绿化带的干净整洁。

8.动物景观

如图 3-13,在询问游客是否喜欢在游览时看到小动物并且能否在景区内看到动物景观这一问题时,表示乐于在游览时看到小动物的游客占 78%；表示不太在意和不喜欢的皆占 11%。由此可见，大多数游客喜欢在游览时看到动物，因为这样可以增加旅途的趣味性。在喜欢动物景观的受访者中表示常常能看到动物的占 20%；表示只是偶尔见过的占 39%；表示从没见过的占 19%。由此可见景区在动物景观方面做得并不是很好。与表示不喜欢动物景观的受访者交流中发现，大多数不喜欢的游客认为动物不干净。就实地考察分析，景区没有足够的动物资源是一方面。同时，景区没有合理利用现有动物资源是造成这一问题的另一方面。因此，在动物景观的改善上，区政府的工作重在整合资源，而不是一味地增加和填补。

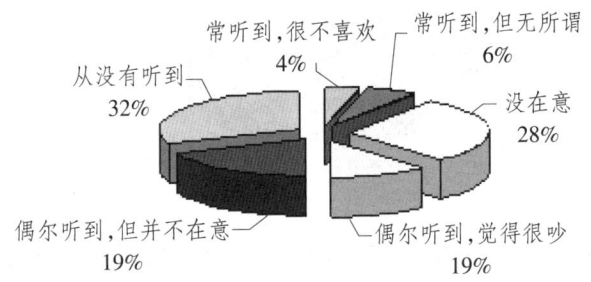

图 3-14 样本对五台山风景区噪音情况的反应

9.景区噪音

如图 3-14 所示，表示在游览的过程中常常能听到噪音的受访者占 10%，其中有 6%的游客觉得即便有噪音也无所谓，只有 4%常听到噪音的游客表示很不喜欢。表示偶尔能听到噪音的游客占 30%，其中有 19%的游客表示并不在意，认为很吵的被调查者占 11%。表示从没有听到和没注意的游客分别占 32%和 28%。对以上不同类型游客分类汇总会发现，听到噪音并表示不喜欢的游客仅占 15%。占 85%比例的受访者要么是根本没听到噪音，要么就是不介意。可见，五台山风景区的噪音程度是比较低的，大多数游客并不觉得景区很吵。

10.噪音类型

如图 3-15 所示,在对噪音类型的调查中发现,除表示没有噪音的 29%的受访者之外,表示噪音源为汽车声和游人吵闹的分别占 34%和 31%,认为噪音源是导游说话的仅占 5%。在了解了游客对景区噪音情况和噪音类型的看法后,再结合与景区居民和导游的交流可知,区政府限制导游在讲解中使用麦克风这一工作是有实效的。而区政府限制进入景区的汽车数量这一工作虽然能有效地减缓区内交通拥挤程度,但在噪音的产生方面依然需要加强管理。同时,景区应加强对游客的宣传教育以营造一个静怡虔诚的旅游环境。

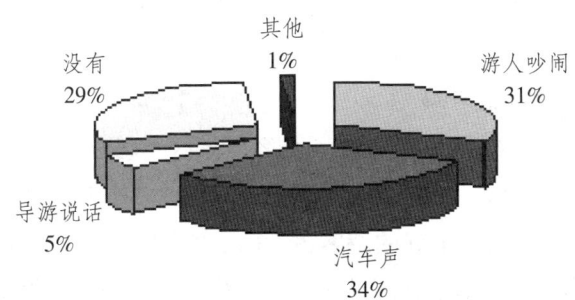

图 3-15 五台山风景区噪音类型构成

11.水体景观

如图 3-16 所示,在询问游客是否喜欢在游览时看到一些水体景观并且能否在景区内看到水体景观时,表示乐于在游览时看到水体景观的游客占 91%,表示无所谓和不喜欢的游客分别占 6%和 3%。表示喜欢在观光时看到水体景观的被调查者中有 33%的游客认为景区在这方面做得不错,但仍有 58%的游客认为景区在水景观方面做得还不够。从游客偏好来看,绝大部分的游客喜欢水

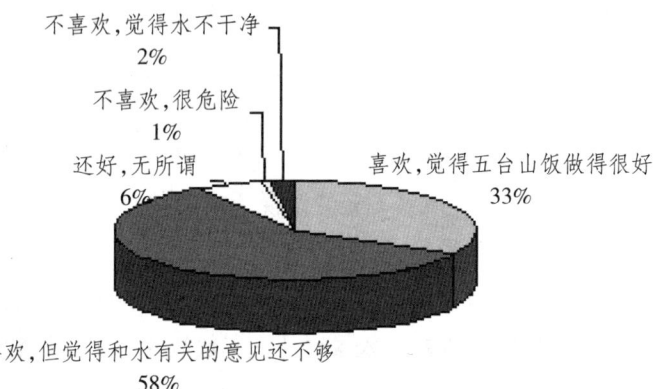

图 3-16 样本对水体景观的喜好程度及对五台山风景区水体景观的评价

景观,尤其是自然而生的水体。因此在未来的改善工作应加强水景观的建设,并且建设工作一定要充分利用好清水河这一天然水体景观。

12.自然生态环境

如图 3-17 所示,在调查受访者对景区生态环境的看法时,对景区生态环境持肯定意见的游客共占54%,其中表示景区生态非常好的占 11%,表示好的游客占 43%;表示景区生态环境不太好的游客占4%;没有受访者认为景区的生态环境较差或很差。由此可见,大多数受访者对景区的生态环境比较满意。

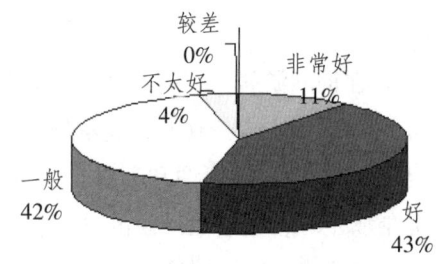

图 3-17 样本对五台山风景区自然生态环境的评价

13.门票价格

图 3-18 显示,12.6%的游客认为五台山风景区的门票价格很贵,表示贵的占 49.3%,认为一般的占 35.9%,而认为便宜和非常便宜的仅占 1.6%和 0.5%。从中可以看出大多数游客认为五台山风景区的门票价格偏贵,认为便宜的游客很少。五台山风景区的门票包括进山费和各寺庙的小门票,收费的寺庙主要在中心寺庙区,如显通寺、菩萨顶、塔院寺等。进山费在旺季时价格为 168 元,淡季时为 140 元,各寺庙门票价格为 10 元。最近五台山制定了新的价格标准,进山费旺季票价涨到 200 元,淡季票价涨到 160 元。为了减轻涨价带来的影响,景区在新价格的基础上实行八折优惠,相比原来的价格差别不大,但优惠只是暂时的,今后游客对五台山风景区门票价格的满意度还要看五台山整体发展。在刘红霞的研究中,她发现对于秦始皇陵兵马俑博物馆景区,游客满意度与门票价格容忍度呈正相关关系。同时,景区质量对门票价格容忍度也有着显著的正向影响,并通过影响游客满意度间接作用于门票价格容忍度[5]。笔者也认为五台山风景区的景区质量影响着游客对门票价格的满意度,如果游客对五台山风景区非常满意,他们对景区门票价格就会容忍,即游客对景区性价比的感知越高,游客就会越满意。

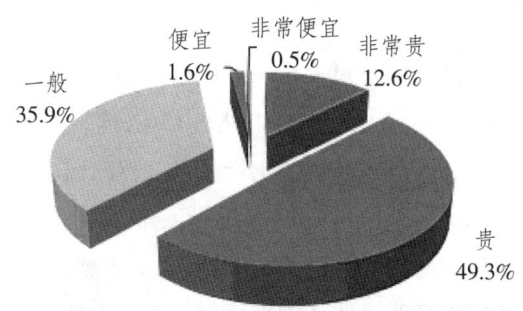

图 3-18 样本对门票价格满意度构成

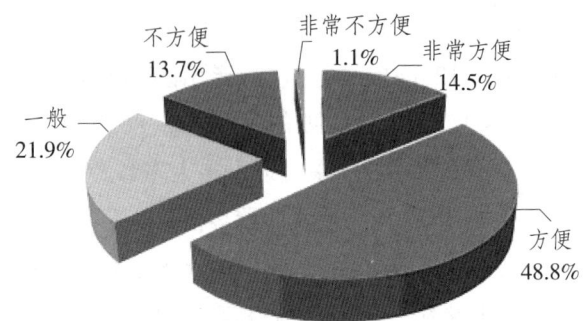

图 3-19　样本对景区外部交通满意度构成

14.风景区外部交通

从图 3-19 来看,认为来五台山风景区的交通非常方便游客占 14.5%,方便的占 48.8%,一般、不方便、非常不方便的分别占 21.9%、13.7%、1.1%。外部交通是指旅游者通过某种手段和方法,实现从旅游客源地到旅游目的地的空间转移过程。就交通方式而言,所涉及的方式多样化,有公路、铁路、水路、航空等。大部分游客对外部交通的感知是比较满意的,这大概是由于近年来全国各地道路设施的大力建设。从进入台怀镇的交通状况,以及五台山的地理位置来看,来五台山的交通相对是方便的。随着五台山机场和各国道、省道的建设,游客对进入景区交通的满意度会大幅上升的。

15.风景区内部交通

由图 3-20 可以看出,对五台山风景区内部交通非常满意的游客占 15.6%,感觉满意的游客最多,占 50.1%,这说明五台山风景区内部交通基本上满足了游客的出行,但同时还存在着缺陷,在实地调查中,发现有些路段年久失修,给行人带来了不必要的麻烦,从而影响了整体满意度。仅有 6.8%的游客不满意,由此可以说明五台山风景区内部交通总体让游客满意。五台山风景区内部交通主要有旅游观光车、朝台车、索道等。游客在进山前,交纳 50 元的内部交通费,在台怀镇内的公共交通工具可以任意乘坐。但对于自驾游的游客,他们对于50元的收费表达了不满,景区管理者在相关收费的制订上应合理分类,以便能让不同类型的游客满意。

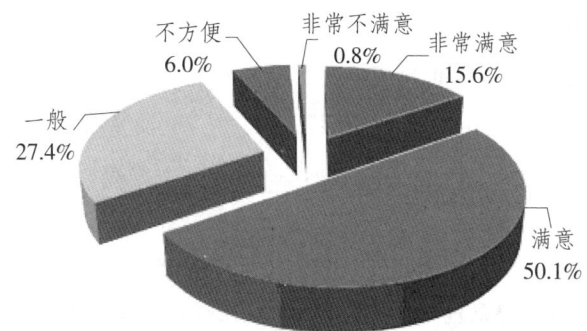

图 3-20 样本对景区内交通满意度构成

16.对"不允许私家车进入风景区"规定的评价:

调查样本对不允许私家车进入风景区的满意度分析如图3-21所示。从图 3-21 中可以看出:65%的游客对私家车停在景区外持满意态度。说明游客对风景区这项规定比较支持,环境保护意识较强。而一些居民对此举措不太满意。因为自驾车的游客与乘坐公共汽车的游客相比,会在私家车上带更多随身物品。但要是把私家车

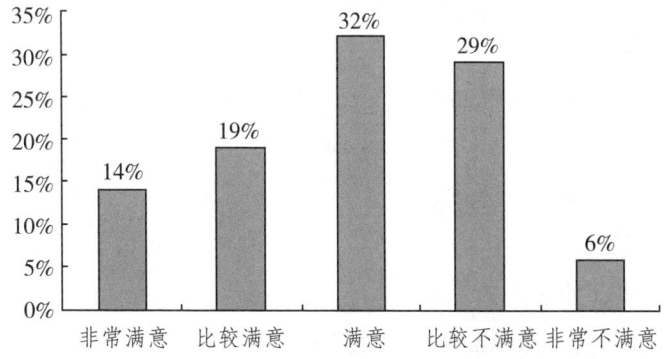

图 3-21 样本对"不允许私家车进入风景区"规定的评价

停在游客中心,他们就要把这些物品带在身上,并且到景区之后,还要面临等待、换乘观光车等问题,这样自驾车的优势就没有了,势必会造成他们的不满意。

17.风景区指示牌

在问及是否容易根据五台山风景区的指示牌找到想去的地方时(统计结果见图3-22),有10.4%的游客表示非常容易,有59.2%的游客表示容易,还有27.9%、2.5%的游客表示不容易和非常不容易。实地考察发现,除主干道指示牌较多外,各寺庙景点的指示牌相对较少,游客经常向我们询问去下一个寺庙的路。虽然大多数游客对指示牌表示满意,但是景区还需要增加指示牌数量,合理布置指示牌。

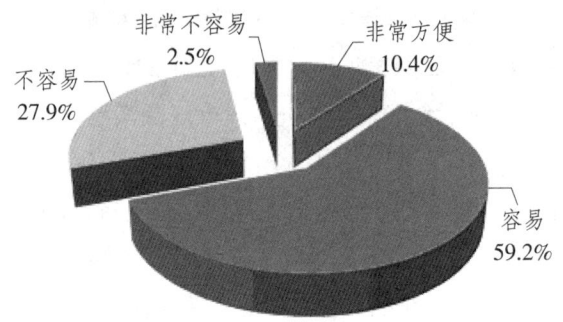

图3-22 样本对指示牌满意度评价

18.住宿条件

样本对住宿条件的评价结果见图3-23,认为五台山风景区住宿条件非常好、好的游客仅占6.5%、38%,认为一般的游客占近半成为48.7%,差和非常差的占6.2%、0.6%。从中可以发现,游客对于五台山风景区的住宿条件总体上是不满意的。根据实地考察,五台山风景区的宾馆主要是个体经营,设施服务等方面没有统一的标准。同时,价格因素也影响着游客对住宿条件的感知,高价格没有得到高质量的居住条件,也影响了游客对住宿条件的感知。良好的住宿条件是游客长时间停留的保障,因而改善住宿条件有利于五台山旅游的持续稳定发展。

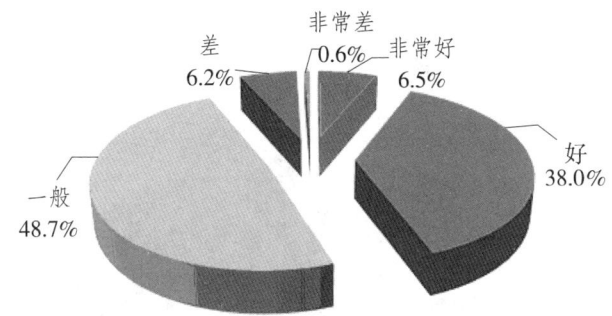

图 3-23　样本对住宿条件的评价

19.住宿价格

从图 3-24 来看,56.7%的游客认为五台山风景区住宿价格一般,另有 30.6%、7.2%的游客认为价格贵和非常贵,认为便宜和非常便宜的游客只占很少的一部分,分别为 4.9%、0.3%。从调查结果来看,游客对五台山风景区的住宿价格感知较一般,相对于饭菜价格,游客较为接受住宿价格。

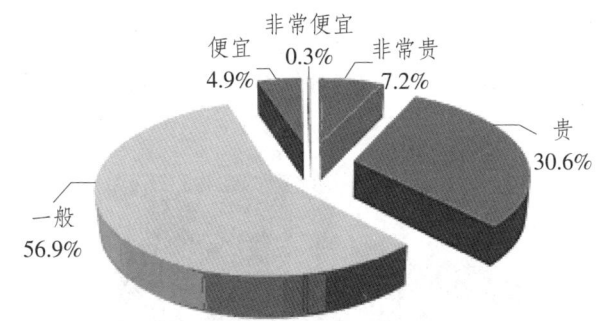

图 3-24　样本对住宿价格满意度构成

20.饭菜口感

从图 3-25 来看,51.4%的游客认为五台山风景区的饭菜口感一般，11.2%、3.6%的游客认为饭菜口感差和非常差，仅有28.5%、5.3%的游客认为好和非常好。总体来说游客对五台山饭菜口感感觉一般。在访谈中，大多数游客对五台山饭菜的总体印象是没特色、口感一般、分量少、价格贵。

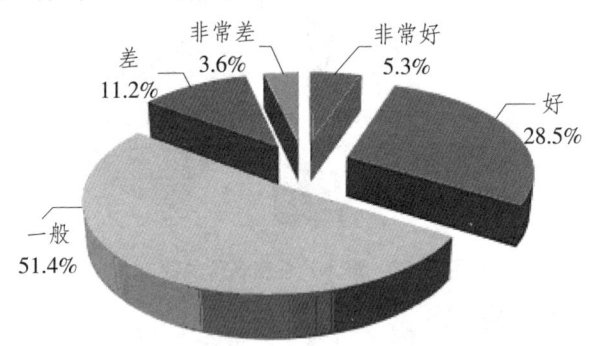

图 3-25　样本对饭菜口感满意度构成

21.饭菜价格

图 3-26 显示，50.9%的游客认为五台山风景区的饭菜价格贵，另有 18.4%的游客认为非常贵，认为便宜的仅占 2.3%。这说明五台山风景区的饭菜价格让游客感觉偏贵。从所有因素来看，饭菜价格是游客感知最差的，因此要建立合理的餐饮价格体制。同时，有游客反映饭店餐馆有坑人现象，标价和收费不一致，针对这种不法

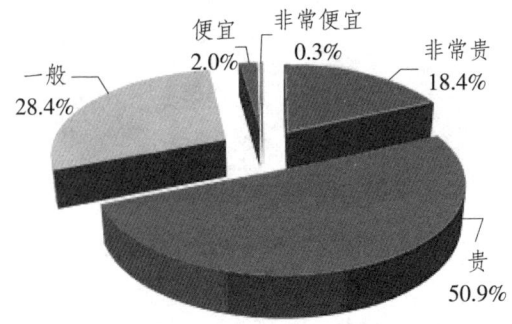

图 3-26　样本对饭菜价格满意度构成

行为,相关执法部门要坚决打击。

22.旅游纪念品种类满意度评价

调查样本对旅游纪念品种类的满意度评价见图3-27。从图3-27中可以看出6%的游客对五台山风景区的旅游纪念品种类非常满意,27%的游客认为比较满意,35%的游客认为满意。五台山风景区内有多个购物聚集点,殊像寺的停车场有一些由当地居民组成的露天购物摊位,销售香火、各种佛教用品及部分生活必需品。通往黛螺顶的主干道及周边一些小路的两侧分布着各种商店,供应汉传佛教、藏传佛教礼佛用品,藏族地区饰品,及各种带有五台山字样或者大白塔标志的纪念品。再加上五台山有台蘑、降龙木、五台山啤酒等特产,丰富了游客的需求。调查结果中,有29%的居民表示比较不满意,3%的居民表示非常不满意。因为这些纪念品,尤其是礼佛用品,无论走到哪个寺院,哪条道路都随处可见;另一方面,现在国内的大部分风景区存在纪念品雷同的现象,游客在其他景点旅游时已经见过这些商品,因此对五台山风景区纪念品种类满意度较低。

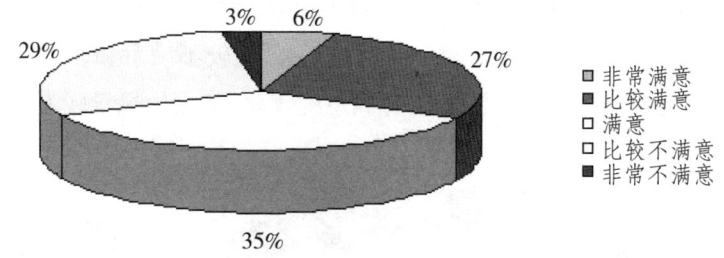

图3-27 样本对旅游纪念品种类的满意度评价

23.旅游纪念品质量的满意度评价

调查样本对旅游纪念品质量的满意度统计结果见图3-28。从图3-28中可以看出:游客对五台山风景区旅游纪念品质量满意度评价,表示非常满意的仅占4%,比较满意的占17%,满意的占到39%,比较不满意和非常不满意分别占33%、7%,总体满意度较低。造成这种结果的原因有两个:第一,一些销售者销售假冒伪劣或者以次充好的商品。例如,台蘑是五台山风景区的特产之一,真正的上等台蘑菌体肥大、色泽乳白、肉质细嫩、香味浓,但是数量较少,难以满足广大游客的购买需求。而一些销售者为了盈利,用一些质感相似的其他类型蘑菇冒充台蘑,引起了游客的不满。第二,一些消费者追求价格便宜,购买的旅游纪念品本身质量较差。

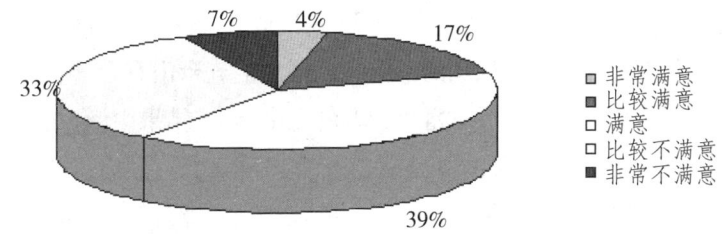

图3-28 样本对旅游纪念品质量的满意度构成

24.旅游纪念品是否体现当地特色的满意度评价

调查样本对"旅游纪念品是否体现当地特色"的满意度评价构成见图3-29。从图3.29中可以看出:非常满意的比例为8%,比较满意的比例为21%,满意的比例为39%,比较不满意和非常不满意的比例分别为26%、6%,总体满意度较高。五台山风景区为佛教

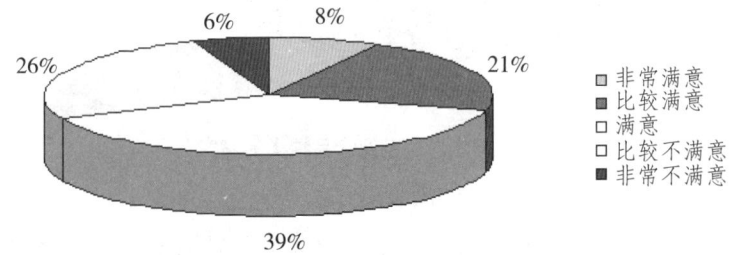

图3-29 样本对旅游纪念品体现当地特色的满意度构成

圣地,旅游纪念品多为佛教用品,与其四大佛教名山之首的美誉相符。许多游客都会购买五台山风景区的礼佛用品赠送亲友,因为这是最符合五台山风景区特色的纪念品。

25.旅游纪念品的价格满意度评价

调查样本对旅游纪念品价格的满意度评价见图3-30。从图3-30中可以看出:非常满意和比较满意所占的比例分别为3%、11%,满意为29%,比较不满意和非常不满意的比例分别为39%、18%,总体满意度较低。因此,五台山风景区应该加强对旅游纪念品的价格监督,让更多游客买到称心如意、物有所值的纪念品。

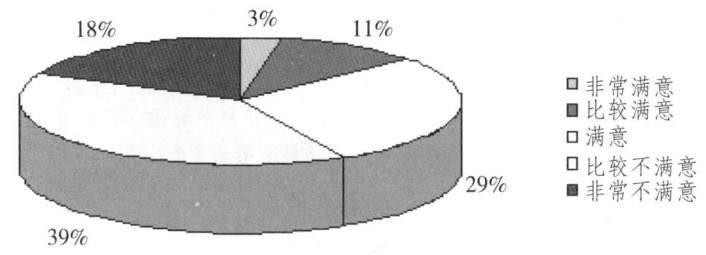

图3-30 样本对旅游纪念品价格的满意度构成

另外,当我们将旅游纪念品用"贵"到"非常便宜"等五个选项进行询问时,有32.3%的游客认为五台山风景区旅游纪念品的价格贵,54%的游客认为一般,说明五台山风景区旅游纪念品价格总体让游客感觉偏贵。实地调查表明,有游客反应商贩存在坑人、乱要价的现象。

26.酒店服务人员服务质量满意度分析

调查样本对酒店服务人员服务质量满意度的统计结果见图3-31。从图3-31中可以看出:游客对酒店服务人员服务质量满意度5个维度的比例分别为3%、16%、39%、32%和3%,总体满意度较低。原因是景区内饭馆数量较多,但是规模较大、管理规范的饭店较少。尤其是在游客最多的中心区,五爷庙、殊像寺及黛螺顶周围地区,饭店规模较小,服务人员素质不高,技能不过关,甚至有时服务态度比较差。同时可以看出景区管理人员对这些饭馆、宾馆的监督也不到位。

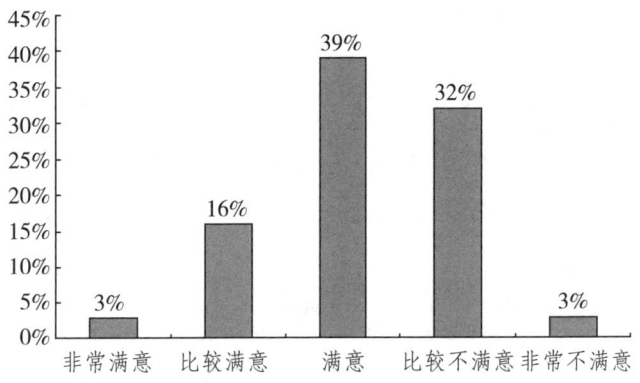

图 3-31　酒店服务人员服务质量满意度构成

27.管理人员服务质量的满意度评价

调查样本对管理人员服务质量满意度的统计结果见图3-32。从图 3-32 中可以看出:游客对管理人员服务质量非常满意和非常不满意的人数较少,分别占 4%、5%,满意的人数最多,占47%。说明了游客对五台山风景区管理人员的管理比较认可。反映出景区

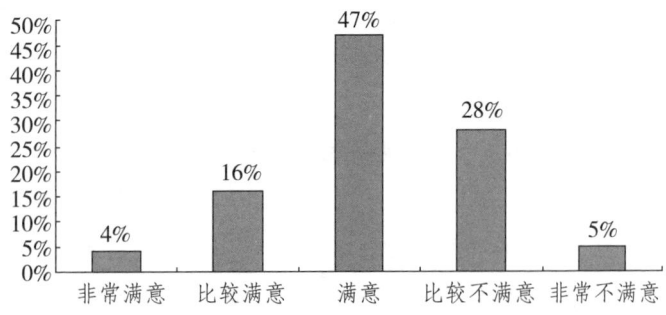

图 3-32　管理人员服务质量满意度构成

管理人员基本做到了自己的本职工作,没有大的失职,也没有让客人感到格外的好感。五台山风景区管理人员应该提高工作热情,更加积极主动的为游客提供帮助和服务。

28.导游服务

从图3-33来看,有49.2%的游客认为五台山风景区的导游服务到位,另有13.1%的游客认为非常到位,32.7%游客认为导游服务一般,此外仅有3.7%、1.2%的游客认为不到位和非常不到位。说明大多数的游客对五台山风景区工作人员的服务是持肯定态度的。

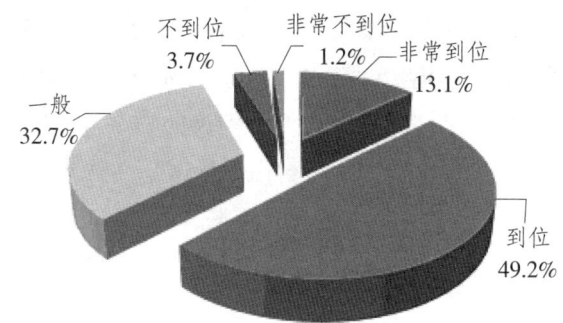

图3-33　样本对导游服务的满意度构成

29.服务人员态度的总体评价

从图3-34来看,对五台山风景区服务人员态度总体评价好的

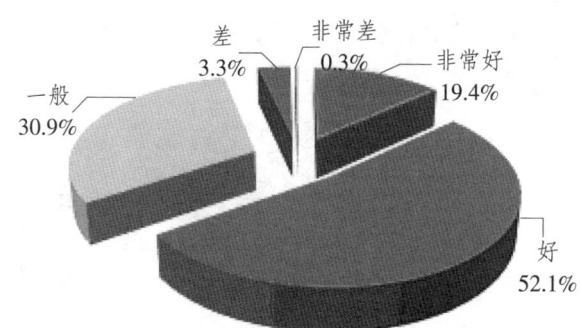

图3-34　样本对服务人员态度的总体评价

游客有 52.1%,非常好的有 13.4%;认为一般的游客占 30.9%,仅有 3.3%、0.3% 的游客认为服务人员的态度差和非常差。从中可以发现,游客对于服务人员态度总体上是满意的,但还有提升的空间。五台山风景区的服务人员主要包括售票人员、乘务人员、监管人员、保安调度人员、售货人员、餐饮服务员、导游人员、风景区管理人员等。风景区要让游客开心而来,满意而归,服务人员就要以礼貌友好的面貌面向游客,以便让游客舒心、开心、放心。

30.佛教文化氛围满意度评价

调查样本对佛教文化氛围满意度的评价结果见图 3-35。从图 3-35 中可以看出:游客对五台山风景区佛教文化氛围的满意度中,非常满意和比较满意的比例分别为的 26% 和 34%,满意为 27%,总体满意度较高。因为五台山风景区是文殊菩萨的道场,是我国少有的青庙和黄庙并存的佛教道场,有五台山独有的宗派摩法宗,被誉为四大佛教名山之首。同时,该景区还是中国佛教寺庙建筑最早地方之一。自东汉永平年间起,历朝历代修建的寺庙鳞次栉比,佛塔摩天,殿宇巍峨,金碧辉煌,是中国历代建筑的荟萃之地;雕塑、石刻、壁画、书法遍及各寺,均有很高的艺术价值。全山现存 7 个朝代的寺院 68 座,共有国家级重点文物保护单位 13 处。著名的寺院有:显通寺、塔院寺、菩萨顶、黛螺顶、万佛阁等。因此,该要素的满意度较高。

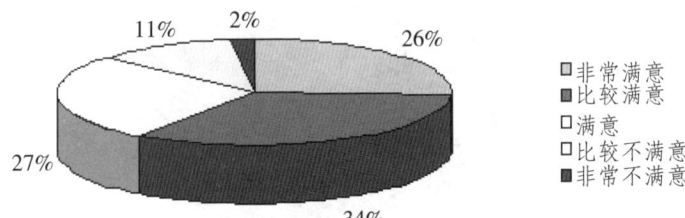

图 3-35 佛教文化氛围满意度构成

31.风景区最令人满意要素的评价

由图 3-36 所示,在询问游客风景区最值得表扬的因素是什么时,48%的被调查游客认为佛教文化是风景区最值得表扬的要素。然而,选寺庙高僧的游客却只占 8%,这说明游客对寺庙僧人感知的正面性较低。有 24%的受访者表示五台山风景区的自然风光最值得表扬,但相对的,选景区整体环境的游客只占 8%。这说明游客并不对除自然风光外构成景区整体环境的其他要素感到满意。因此,景区要加强其他要素的整治和管理,提高游客的总体满意度。认为景区导游服务、服务设施和景区价格值得表扬的比例分别占 6%、2%和 2%,说明景区这几方面急需改进。

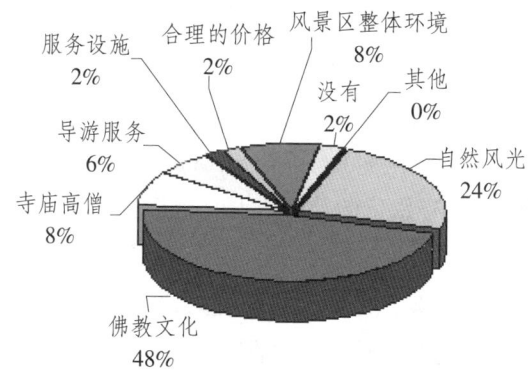

图 3-36 样本对风景区最令人满意要素的回答情况

32.风景区最令人不满意要素的评价

被调查游客对风景区最令人不满意要素的回答情况见图 3-37,由图可见,表示风景区价格不合理的和旅游服务设施不完善的比例分别占 23%和 22%;表示感受不到深厚佛教文化、自然风光不好和整体环境不好的比例分别占 6%、8%和 5%;对导游服务和寺庙僧侣不满意的比例分别占 4%和 3%;表示没有不满意的占 29%。综合游客对景区最令人满意和最令人不满意两个问题的回

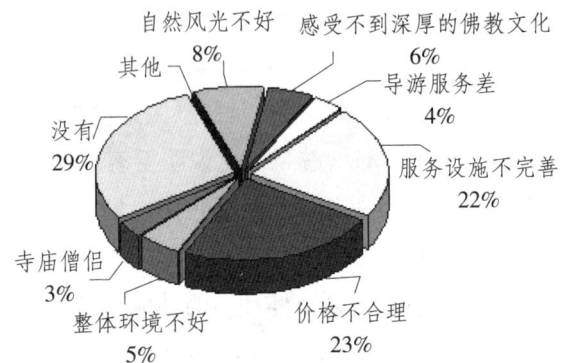

图 3-37 样本对风景区最令人不满意要素的回答情况

答可以发现,景区最令人满意的因素主要是佛教文化和自然风光,最令人不满的主要是风景区价格和旅游服务设施。

通过实地考察发现,对导游服务和寺庙僧侣满意的游客对佛教文化的感知程度会更高。因此,风景区应将导游和僧侣纳入管理工作中。据认为感受不到深厚佛教文化的游客反映,寺庙商业化过重,较之于前几年有恶化的趋势,而且寺庙在修缮时过于追求"整旧如新",破坏了人文生态环境,失去了文化脉络传承的意义。

33.对五台山各景点旅游生态环境的评价

图 3-38 显示,游客对五台山各景点旅游生态环境表示非常满

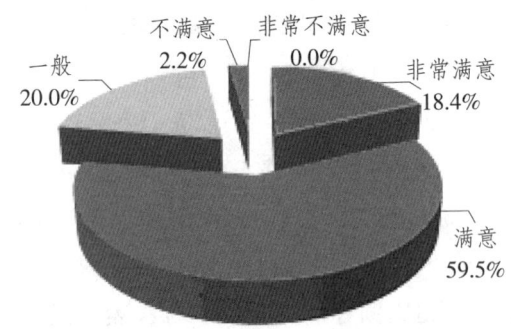

图 3-38 样本对风景区各景点旅游生态环境的评价构成

意的占 18.4%,满意的占 59.5%,说明各景点对于游客有较大的吸引力,值得他们游览和朝拜。20.0%和 2.2%的游客认为各景点一般、不满意,在我们访谈过程中,多数不满意的游客认为各景点的寺庙景观内容均比较单一,不太喜欢,笔者认为这与游客旅游目的和旅游偏好有很大的关系。比较调查结果发现满意的游客比非常满意的游客多出 41 个百分点,这说明各景点还有些因素影响到了游客的满意度,但不是核心因素。因此,景区管理者和佛教僧侣要权衡利弊,争取使游客满意度达到最高水平。

34.对五台山旅游生态环境的总体印象

从图 3-39 来看,对五台山风景区总体印象非常好的占 25.8%,总体印象好的占 55.1%,而一般和差分别占 17.0%、2.2%,总体印象非常差的游客则没有。五台山特殊的宗教地位,提升了她在佛教信徒心中的地位,总体印象非常好与总体印象好的游客很大一部分都是虔诚的信徒。而总体印象一般的游客,对五台山整体环境和基础设施比较关注,不太完善的基础设施和比较多的在建工程,影响了游客的总体印象。印象很好的游客占受访游客的半数多,说明提高游客总体印象层次方面仍需继续努力。

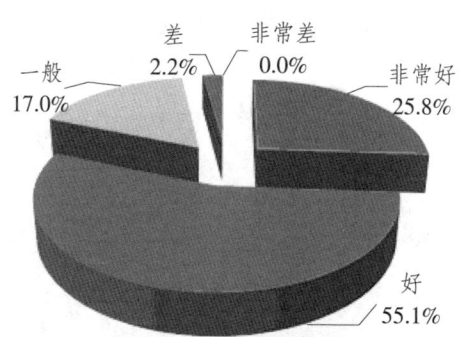

图 3-39 样本对五台山旅游生态环境的总体印象

35.风景区旅游生态环境重要程度的认识

图 3-40 显示,有 57.0%的游客认为五台山风景区的旅游生态环境非常重要,35.9%的游客认为重要,仅有 6.3%、0.8%的游客认为一般和不重要。从调查来看,游客在意识上都认为旅游生态环境很重要,但从实地调查来看,有些游客一方面认为旅游生态环境重要,一方面做着不文明的事情,更有甚者在回答完问卷后,随地乱扔垃圾。游客虽然认为旅游生态环境很重要,但还没有认识到自己在旅游生态环境中的重要性。

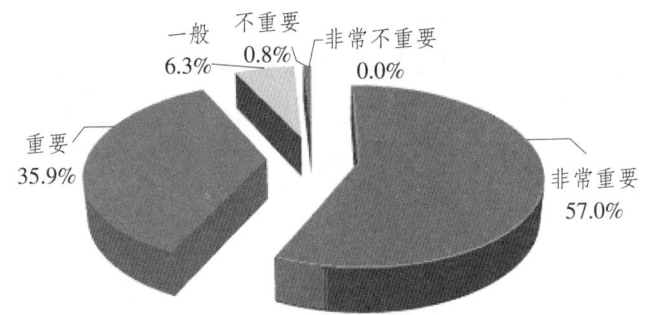

图 3-40 样本对旅游生态环境重要度感知构成

36.对风景区社区居民态度的评价

从图 3-41 来看,57.9%的游客认为风景区社区居民友好,

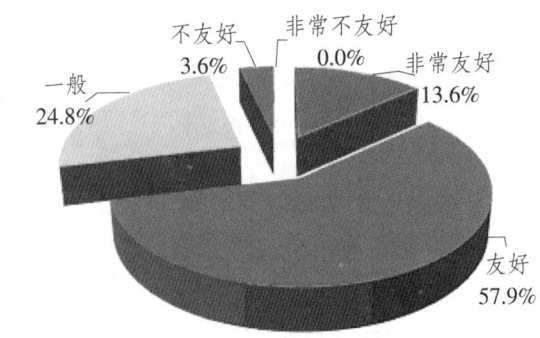

图 3-41 样本对社区居民态度的评价构成

13.6%的游客认为社区居民非常友好,认为一般的占24.8%,仅有3.6%的游客认为社区居民不友好,没有游客认为社区居民非常不友好。有些游客表示,他们询问地点时,社区居民都很乐意回答,因而他们觉得社区居民友好;而有些游客由于不愉快的购物或不满意的餐饮经历,导致他们认为社区居民不友好或一般。从中可以发现,提升游客的满意度,需要从各方提升,因为各要素之间是相互联系的。

37.重游五台山风景区的意愿

对游客未来是否会重游五台山风景区的统计结果见图3-42,该图显示,54.8%的游客表示愿意,21.6%的游客非常愿意,17%的游客一般,只有6%的游客不愿意,以及0.5%的游客非常不愿意,这说明游客未来重游的概率较大。热心游客在调查问卷愿意重游的原因一栏中写下了的其重游原因,主要有:第一,拜佛还愿;第二,此次游览时间不够,下次再来;第三,环境好,风景好,空气好;第四,对某些景点特别感兴趣,想再次游览。也有游客写了不想再来的原因,主要有:门票、餐饮、住宿价格贵,收费项目多,商业化太严重等。综合各种因素发现,五台山的佛教地位是吸引众多游客重

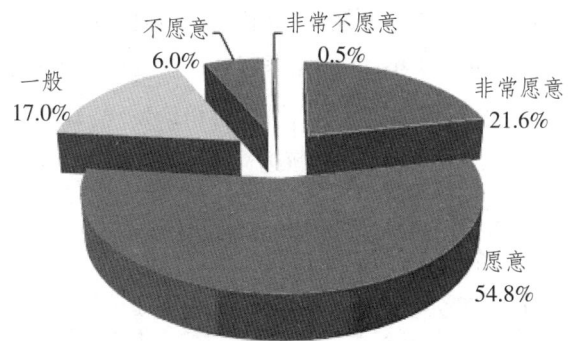

图3-42 样本重游五台山风景区的意愿

游的首要因素。另外,景区管理者可以通过改善基础设施,提高服务质量和整体环境水平等来提高游客的重游率。

根据实地调查和社会访谈了解到,自20世纪80年代以来,经过20多年的开发过程,五台山旅游生态环境出现严重退化趋势。

第一,就五台山风景区整体规划来看,城镇化、公园化、商业化仍是一个严重问题。按照规定,申请世界自然·文化遗产的名胜之地在两公里之内不能有其他建筑设施,但五台山风景区修建了大量宾馆、饭店、商店,使景区不断城镇化和公园化。虽然风景区自2009年申遗成功以来对违规设施进行了搬迁整治,并进行了退耕还林等一系列工作,但据当地居民反映,风景区在建设过程中的工作并不合理,引发当地居民极大的不满,这对于风景区整体旅游环境的改善埋下了极大的隐患。更值得注意的是,在问卷调查中大多数游客并没有觉得风景区整体旅游生态环境令人满意,相反,大量的建设导致游客对风景区整体旅游生态环境认可度一般,其中多位多次重游的游客反映风景区商业化越来越重,佛教文化越来越无法得到凸显。

第二,周围采矿造成的破坏和水污染值得重视。有学者在《五台山生态环境存在的问题及对策研究》一文中介绍到五台山风景区周围存在大量工矿企业,使风景区环境遭受到了严重的破坏。然而在实地考察中,通过对当地居民进行访谈发现,几乎没有居民反映周围有工矿企业或者任何因采矿造成的破坏[2]。这一矛盾还有待进一步进行研究。

五台山是全国35张旅游王牌产品之一,是国务院首批确立的国家级重点风景名胜区和国家森林公园、地质公园。根据资料,自五台山风景区开发旅游以来,就存在水污染这一现象,其主要表现为居民和商铺日常用水的乱排放致使清水河河水污染。本次调查也发现了水污染是景区比较严重的问题之一。就清水河污染主要表现为两方面，一是风景区居民将日常污水直接排放入河，二是游客将白色垃圾随意丢弃入河。由此可见，水污染是风景区长期存在的问题之一，并且这个问题长期以来也并未得到有效的解决。

三、评价结论

通过实地考察的直接体验和对五台山风景区旅游生态环境的总体评价，得出以下结论：

(一)总体满意情况

游客对五台山风景区旅游生态环境的满意度比较高，并且对风景区自然旅游生态环境的满意程度要高于对风景区人文旅游生态环境。在构成风景区旅游生态环境的要素中，对风景区自然风光、风景区绿化、风景区噪音、卫生情况的满意程度要高于对风景区餐饮服务、住宿服务、动物景观和水体景观的满意程度，其中对风景区自然风光的游客满意度最高。人文旅游生态环境中，风景区的各项费用和旅游服务设施是最令人不满的两个要素。

(二)自然旅游生态环境

在水体景观方面，结合问卷统计结果和实地考察所获信息可以知道，景区在水体景观的建设上尤为不足。具体表现为两方面：①水体景观过少且没有利用好现有水景观。②清水河污染严重，不利于天然水体的利用和可持续发展。说明在自然生态环境上，景区首要的是加强水体景观的保护和开发，其次是动物景观；在风景区卫生方面，虽然游客满意度比较高，但这是从游客所能感知到的层面来讨论的。在实际的调查中发现风景区中许多游人不易观察到的地点存在陈旧垃圾无人清理的情况，因此从旅游生态环境保护的角度应该加强对这些地点卫生环境的整治。并且据知情居民反映,风景区垃圾处理方式不合理,存在"冬天垃圾、夏天掩埋"和随意倾倒的现象。从风景区整体环境方面来说,整体环境让人感觉比较凌乱,许多施工工地,给风景区造成了"开发性破坏",许多游客更戏称风景区为"开发区"。据附近小摊主和当地居民反映,施工工程的"拖拉"现象严重。所以,风景区除加强系统性的规划外还应重视开发过程中对风景区整体旅游生态环境的保护。

(三)人文旅游生态环境

在构成人文旅游生态环境的要素中,佛教文化是五台山风景区最令人满意的方面,但导游服务却是令人不满意的因素之一。根据实际情况可知,导游讲解的好与坏对游客是否能感受到风景区深厚的佛教文化有很大的影响。所以,虽然大多数游客认为风景区最令人满意的因素是佛教文化,但风景区导游服务的满意程度不高将会影响游客对佛教文化的感知,因此如果提高导游服务的质量和水平,游客对风景区佛教文化的积极感知程度也一定会提高。

而游客对风景区住宿、餐饮和购物等方面价格和服务设施的满意程度最低。价格的不合理具体表现在如下四方面:①进山费过高。②区内交通收费一刀切,不合理。③许多小寺庙另行收费,让人感觉商业在利用佛教文化。④风景区食宿价格过高,还有宰客的现象。对风景区旅游服务设施的不满,游客意见集中在如下两方面:①卫生设施不完善,如公共卫生间少、脏、差;垃圾桶数量过少,而且位置安放不合理等。②风景区交通标识过少,在适当的地方没有风景区方位的指示牌,并且游客反映现有的指示牌也难以指明方向。对许多散客而言,由于五台山风景区整体面积较大,在没有很好引导的前提下很难方便、完整地进行游览。同时,绿化带、景区小道的工程进度及质量有待改善。因此,风景区在人文生态环境上首要的是加强对风景区各个方面价格的统一管理,具体表现在风景区进山费、寺庙门票、公共交通费和食宿价格这四方面。并且,寺庙门票的二次收费还让许多游客觉得佛教圣地商业化过重,影响游客对风景区佛教文化的积极感知。

另外,人文生态环境中其他游客行为也是令人不满意的因素之一。景区管理工作中可以通过游前教育来改善这一现象。

总的来说,从调查问卷分析结果和访谈记录来看,对五台山旅游生态环境表示不太满意的有6项,按不满意程度由高到低排列顺序为:饭菜价格、门票价格、饭菜口感、住宿条件、住宿价格、旅游商品价格。大多数游客认为旅游生态环境很重要,游客的重游率也较高。

四、建议

(一)水景观:有效利用为主,适当开发为辅

从游客对五台山风景区水体景观的满意情况来看,在自然生态环境方面,景区最主要的问题是水体景观的保护和开发,重点在保护。对水体的有效利用包含两个方面:一是对景区诸如清水河此类的天然水体的保护,一方面要通过适当的措施防止当地居民、商铺和寺庙将未经处理的污水直接排入河,另一方面要清理清水河河道垃圾、加强清水河河道的布局设计,增加美观性,使水景观能够可持续发展。二是通过对天然水体景观内在意义的挖掘,把清水河等天然水体当作景区游览项目之一。并且,除对水景观的保护利用外,还应适当的增加一些人造水体景观,而这方面的开发以与环境协调为主。

(二)动物景观:整合现有动物资源,加强统一管理

根据问卷分析的结果,大多数游客都比较希望在游览时看到小动物。但在这方面景区做得并不好。就实地考察来看,虽然景区

限于自然因素没有丰富的动物资源,但如果景区能对现有运送游客上黛螺顶的马匹设立专门的展览区进行统一管理,并单独开发为一个旅游项目,那么景区在拥有一个独立的动物景观的同时还能促进游客对马匹的消费。同时,景区可以适当地引入观赏鱼,将其与景区水体景观相结合,增加景区活力。

(三)加强对景区整体环境的规划设计

聘请景区规划设计的专家,对景区整体环境统一设计整理的同时应加强日常的管理维护。这里主要集中在以下几方面:①注重景区卫生的治理,即除了对日常游客造成垃圾的处理外,还应积极组织环保人员对较偏地点的陈旧垃圾的清理。②积极修复由于游人在景区乱写乱画而造成的破坏。③重视对景区植被的后期培养,并保持绿化带的干净整洁。④加强施工管理,严格审查施工质量。一方面要控制施工时间,任何施工应尽可能在旅游高峰期前完成,对无法如期完工的工程地点也应进行相应的整理,以免过于丑化环境。另一方面要防治"开发性破坏",避免施工带来更严重的环境破坏。⑤步行区限制车辆的进入。

(四)完善景区服务设施

对景区服务设施的完善主要应集中在如下三方面:①加强公共卫生间的管理和维护。所谓管理就是指在保证卫生间能正常使用的同时保持卫生间的干净整洁,并且能通过有效的指引,让有需要的游客及时找到卫生间。而维护是指在有质量问题并影响到了游客使用时能得到及时的修理。就实地考察来看,大多数游客之所以表示景区公共卫生间过少并非景区卫生间数量不足,而是风景区内没有很清晰的标识来引导游客有效地利用这些公共设施。②增加垃圾桶数量、合理安放的同时要积极维护。在实地考察中很难发现道路上有垃圾桶,许多游客在找不到垃圾桶的情况下将垃圾随意丢弃,造成了环境的破坏。③完善景区指示牌。具体表现为两方面,一是在各大小景点等游客辗转的地点安置景区方位指示牌,使游客能方便地找到想去的地方,二是指示牌的设计一定要详细清晰,保证游客能够准确无误地获取所需信息。总之,管理者应该增加指示牌数量,合理布局,方便游客游览。

(五)加强对景区各方面价格的统一和管理

门票价格是游客对景区的第一感知,门票价格应该与景区实际价值相匹配,五台山风景区进山费168元,观光车费50元,除此之外还有部分景点的小门票。大多游客对小门票收费表达不满,自驾游游客对景区收观光车费不赞同。在此情况下,政府和景区管理者应该合理定价,协调好整个景区和各个寺院的利益关系,可以将观光车费调整为乘车费和公路保养与停车费,让游客更容易接受,此外,在旺季时,还可以通过费用的增加,限制车辆进入景区,以保持景区内部交通通畅。在食宿价格方面,景区管理者应该加大对宾馆饭店行业的入行培训,提高经营者的素质。其次景区管理者应该开通相关的游客投诉平台,以此遏制不法经营。在旅游商品方面,景区管理者应引导经营者走地方特色发展道路,大力发展台蘑、金莲花等地方特产的种植、加工与销售,培养自己的品牌,让消费者买得满意。

从此次的调查来看,在旅游生态环境方面,最让游客不满意的因素是景区的价格。因此对景区价格进行管理十分重要。一方面相关部要对景区各项收费给出合理的解释,尽可能消除游客的不满。另一方面,对各项费用要有统一地管理,具体表现为以下几方面:①适当降低进山费。②区内公共交通费用的收取不应一刀切,应视游客具体的情况进行收费。③对景区内另外收费的寺庙应有统一的管理,在游客游览之前就要提前告知,以免游客产生上当受骗的感觉。④加强对饭店和旅店价格的管理,对宰客和随意涨价的商铺施以严惩,防止游客在不知情的情况下受骗,从而提高景区诚信水平,增强游客满意度。针对游客对于食宿的感知不好,管理者可以开展相关专业培训,提高行业经营者和服务人员的专业水准。举办烹饪比赛、宾馆服务比赛,进行相应的奖励,饭店宾馆因此提高了知名度,增加了收入,同时也促进行业内的良性竞争。待发展到一定的阶段,政府联合相关企业举办美食节,全面提升景区餐饮业的发展水平,满足游客需要,从而提高游客的总体满意度。

(六)根据不同群体设计旅游产品,开发景区特色产品

根据上文对问卷的分析可知,不同出行方式的游客对景区各种要素的关注程度有所不同。因此,在对景区旅游产品的开发上应有意识地针对不同的群体进行设计。如根据不同年龄、不同职业或不同出行方式的游客需求来设计不同的旅游产品。同时根据游客反映,五台山风景区几乎没有体现其特色的旅游商品。因此,为了更好地体现景区的佛教文化,开发富有特色的佛教纪念品十分必要。

虽然游客都认为旅游生态环境很重要,但他们还没有能够切身投入到五台山风景区的环境保护事业中。五台山不仅是佛教圣地,还是自然风景区、地质公园。在佛教游蓬勃发展的同时发展生态旅游,充分发挥五台山独特的自然旅游资源,发展生态旅游,让更多的游客在游乐的同时投入到五台山旅游生态环境的保护中去,这样不仅能有效解决五台山风景区景点的单一性,还可以促进五台山风景区人文和自然旅游资源的协调发展。

(七)加强对游客管理,提高自律意识

根据问卷结果可知,游客自身行为对其他游客是否能很好地进行游览有很大的影响。许多游客认为景区噪音源来自其他游客。并且在对游客自律水平的调查中,许多人也表示常常能看到游客

乱扔垃圾的现象。因此,在游客进山旅游前,景区就应该提前对游客进行环境教育,以此来规范游客行为。

综上所述,对于影响五台山旅游生态环境的收费模式、交通问题、垃圾处理问题、环境意识等方面进行进一步研究是很有必要的。

参考文献

[1]菲利普·科特勒:《营销管理》(第13版)(中国版),卢泰宏、高辉译,中国人民大学出版社2008年版,第86—90页。

[2]陈新凤:《五台山生态环境存在的问题及其对策研究》,《五台山研究》,2007,09(02),第41—44页。

第四章 五台山旅游生态环境影响因素分析——内部交通

一、区内交通分析

五台山风景区内的交通,这里简称区内交通,是旅游交通的一部分,它是相对于景区外部交通而言的,指的是旅游者进入景区后在内部移动的空间过程,主要是借助于连接不同景点间的公共交通方式或是专门的旅游线路[1]。主要分析内容包括景区内部的交通通达度、便捷性,景区内部交通的价格,景区内部交通的卫生状况和设施状况,工作人员的工作态度和效率,景区内部的交通标识系统等。

(一)五台山风景区内的交通线路

五台山风景区位于山西省五台县东北,以台怀镇为中心,周围屹立着东、西、南、北、中五个山峰。五台山风景区不仅有深邃的佛教文化,还有壮美的自然风光。由于近几年对五台山风景区的不断修缮,现在风景区内交通的整体状况还是比较令人满意的。游客进入五台山风景区有三条线路,从五台山火车站、大同、北京方向来的主要从北门进山口进入风景区,忻州、原太高速方向的游客可以从南门进山口或者西门进山口进入风景区。风景区内部的主要线路也就是由这三条线路连接延伸而成的,还有从这三条主要公路延伸至五个台顶的次要公路。由于五台山风景区内的主要景点集中在台怀镇上,风景区中心离五个台顶的距离较远,前往台顶的游客很少,因此从中心区到台顶的交通线路不太通达。此外,由于五台山风景区是山岳型景观,坡度较大,还有山路、石阶等小道。根据运网系统的相关理论可知,五台山风景区内的交通线路比较单一,缺少回线,β指数较小,道路的连接率很低,通达性比较差。

(二)五台山风景区内的交通工具

五台山风景区内的主要交通工具有景区观光车、朝台车、游客自驾车、当地居民的私家车、计程车、大巴、马匹等,在通往黛螺顶景点时还有游览索道。五台山风景区内的观光车只在风景区的中心区发车,乘坐观光车的费用与进山费一起支付,进入风景区后可随意乘坐。景区内部的观光车有四条线路:1路车从南线换乘点一路沿北通往黛螺顶,2路车从南线换乘点向西北方向行驶经镇海寺、龙泉寺到达西线换乘点往返,3路车由北线换乘点经光明寺、黛螺顶向南行驶至镇海寺往返,4路车由汽车站经杨柏裕桥向东至南山寺、观音洞(具体线路图详见图4-1)。朝台车是专门发往台顶的车,乘坐朝台车需另付费用,前往每个台顶的费用都是70元,游客可以选择前往一个或多个台顶,而且只有5个以上的游客前往时才会发车,朝台车的售票点位于黛螺顶的山脚下。为了景区的长远发展,游客的自驾车是不允许进入景区的,但是由于景区道路较长,为了方便游客,淡季的时候一般不限制其进入,旺季会进行限制但并不严格。由于五台山风景区位于台怀镇上,因此五台山风景区内有当地的居民生活,一些居民就利用自己的车出租做生意。当地居民的私家出租车并无统一的标识,有的车就没有标识,因此许多游客并不知道这些车也是可以租用的。在普化寺的对面有汽车站,这里有通往北京、石家庄、太原、忻州等地的大巴,这些客源地的游客可

图 4-1 五台山风景区观光车行驶路线

以直接在景区内乘坐大巴返回。马匹在风景区内是具有娱乐性质的交通工具,骑马游览的游客数量比较有限,但这也是景区内不可或缺的一道风景线。游览索道只有黛螺顶有,这是增值服务项目,也需另外付费,如果游客不想乘坐,可以选择攀爬阶梯上下。

(三)五台山风景区内的交通服务

五台山风景区内的交通服务主要指的是观光车司机及服务人员、停车场管理人员、道路管理人员的服务。五台山风景区内的观光车司机及服务人员的服务意识及态度都有待于提高。在殊像寺、菩萨顶、镇海寺、龙泉寺等热门景点建有较大的停车场,便于车辆的停放,在黛螺顶山下也有一个停车场,主要停放去往台顶的朝台车。停车场和风景区内的环境较协调,但在管理方面有所欠缺,停车场内的车辆停放不整齐,在一些地方还有乱停乱放的现象,因此停车场管理人员的工作质量有待于提高。五台山风景区内道路的管理状况较好,但在道路的清洁方面存在问题,尤其是马便,管理人员必须及时地清理。

二、五台山景区内交通的调查分析

(一)数据来源

本文研究的数据主要来源于问卷调查。本次调查问卷主要采用实地调查,在五台山风景区游客集中的地方发放问卷。游客如果对问卷有不理解的地方,当场进行解释,这也进一步提高了问卷填写的有效性和正确性。在问卷发放中,采取了随机采样的方法,尽量对不同的年龄层进行调查,以便获取更为有效的信息。在2014年5月期间,共发放问卷900份,回收问卷815份,回收率达90.56%,其中有效问卷724份,有效率达88.8%,完成的总体情况较好。

问卷内容分为两大部分,第一部分是五台山风景区游客的人口统计学特征和游客行为特征,包括性别、年龄、职业、收入、景区内部交通选择等;第二部分是游客对五台山风景区内的交通满意度,包括交通整体状况、乘车环境、交通安全、换乘的便利性、工作人员的服务质量等几个方面。满意度部分采用了李克特五级量表,这五个等级分别为很不满意、不满意、一般、满意、很满意。

(二)调查结果分析

1.人口统计学特征分析

本部分是对被调查者的性别、年龄、职业、收入、受教育程度、家庭结构等做一个总体的描述性分析,通过表4-1可以直观性地看出五台山风景区游客的基本情况。

表 4.1 样本基本情况

调查因素	样本分类	频数	百分比(%)
性别	男	304	42%
	女	420	58%
年龄	14 岁以下	0	0%
	15~24 岁	304	42%
	25~44 岁	290	40%
	45~64 岁	108	15%
	65 岁以上	22	3%
职业	政府/事业单位工作人员	116	16%
	专业技术人员	51	7%
	职员	79	11%
	工人	29	4%
	学生	217	30%
	商贸人员	51	7%
	服务员/推销员	36	5%
	退休人员	36	5%
	家庭主妇	29	4%
	军人	7	1%
	农民	22	3%
	其他	51	7%
收入	999 元以下	239	33%
	1000~2499 元	203	28%
	2500~4900 元	225	31%
	5000~9999 元	43	6%
	10000~14999 元	7	1%
	15000 元以上	7	1%
受教育程度	高中及以下	167	23%
	大专	195	27%
	本科	326	45%
	硕士	29	4%
	博士	7	1%
家庭结构	单身	355	49%
	结婚无孩子	72	10%
	有 18 岁以下孩子	145	20%
	有 18 岁以上孩子	94	13%
	老年二人世界	15	2%
	其他	43	6%
户口	城市户口	441	61%
	农村户口	283	39%

* 表中数据为调查问卷所得

从上图中性构成来看,女性游客占58%,男性游客占42%,说明女性游客更偏好五台山风景区;从年龄构成来看,青壮年的游客共占到82%,由此可知,青壮年的体力好,求知欲强,旅游意识较强烈,是旅游主体中的主力军;从游客职业分析,学生、政府事业单位工作人员以及私企的职员所占比例较大,但与其他职业的游客比例相差较小,说明五台山风景区游客职业类型多样,对各种人群都较有吸引力;从收入来看,由于游客中学生所占比例较大,因此低收入者所占比例较大,但从表中依然可以看出中高收入游客占主体地位;根据游客的受教育程度,我们可以看到大专和本科所占比例最大,可见,五台山风景区游客的平均文化程度较高;从家庭结构出发,由于大多数的游客都是青壮年,所以单身的游客占到49%,几乎占到游客人数的一半,说明单身的人能够更加自由的支配自己的时间和资金,更有机会实现出游;从户口来看,城市户口的游客占到61%,可见城市户口的人群旅游意识更强烈。

2.行为特征分析

这部分包括的内容有游客在五台山风景区的停留时间、游客来五台山风景区的次数、五台山风景区信息的获取途径、行程安排、游伴、在五台山风景区内外部的交通选择以及旅游目的等,具体详见附录调查问卷。在此,具体分析与本研究关系密切的以下两方面:

(1)信息获取途径:从图4-2中我们可以看到,46.36%的游客是通过亲人朋友了解到五台山风景区的相关信息,所以游客在五台山风景区的对外宣传中起到了非常重要的作用,风景区的管理人员必须意识到通过满意游客的宣传可以在某些程度上降低吸引新游客的成本,而且有利于提高景区的整体声誉。此外,互联网也是游客获取信息的一个重要途径,五台山风景区的工作人员可以利用网络营销五台山风景区，吸引更多的游客。

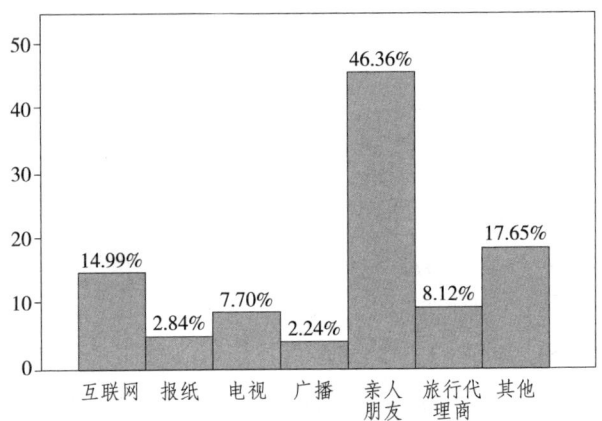

图 4-2　样本信息获取途径构成

（2）内部交通选择

从图 4-3 可知，大多数游客在五台山风景区内部使用的交通工具是风景区内的观光车，这是因为游客在购买门票时也购买了乘坐观光车的费用，因此在风景区内可随时乘坐观光车，加之五台山风景区属于山岳型景观，景点之间距离较远，乘坐观光车既可以

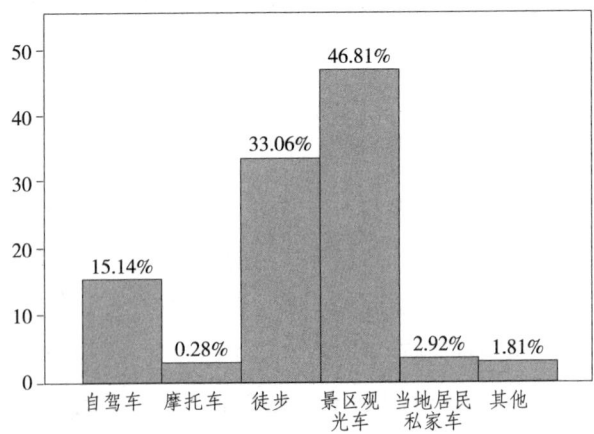

图 4-3　样本在风景区内使用交通工具构成

直达一些比较知名的景点,也可以节省游览时间。我们还可以看到有较多的游客选择徒步,是因为有些景点修建在山腰上,这些景点车辆无法直接到达。由于五台山风景区特殊的地理环境,徒步的游客如果要去较远的景点非常有可能乘坐景区观光车,所以,五台山风景区管理人员要不断提升风景区观光车的服务质量,增加观光车线路。

3.交通满意度分析

本部分是对五台山风景区内交通情况的满意度进行统计并分析,统计过程中对五个等级分别进行赋值,很不满意为1分,不满意为2分,一般为3分,满意为4分,很满意为5分。本部分主要通过均值、标准差度量游客对五台山风景区内的交通满意度。均值、标准差在上述所赋分值的基础上进行计算,均值最高分为5分,均值越大,表示游客满意度越高。标准差用来反映游客满意度的离散程度,标准差越大,说明游客对该指标的满意度分歧越大,反之,则说明游客满意度较一致。不满意游客的比例为表中不满意游客比例与很不满意游客比例之和,由于游客满意情况与游客投诉是负相关的关系,不满意游客的比例越高,说明游客投诉的可能性越大,反之游客投诉的可能性越小。此外,如果这个比例较高会严重影响五台山风景区的整体形象。因为游客对五台山风景区信息的获取途径几乎有一半的比例是从亲朋好友中得来的,不满意的游客在向其亲朋好友宣传时,给这些潜在游客留下五台山风景区的负面形象,就会对景区的发展产生极其不利的影响。

游客对五台山风景区内交通各项指标的满意度总体情况见表4-2。从表中可知,所有指标的均值都在3~4之间,且都小于4,这些指标距离很满意分值5要相差很多,由此可以看出,五台山风景区内的交通状况还有很大的提升空间,还需要不断地进行完善。其

具体的结果分析如下:

(1)交通费用

从表4-2可以看到,在所有影响交通满意度的指标中,交通费用的满意度均值为3.30,是满意度最低的指标。其标准差为0.906,仅次于私家车管制这一指标,说明游客满意度的离散程度较高。满意游客的比例为40.4%,还没占到一半,而不满意游客的比例占到了15.5%,说明100个游客中有16个人对交通费用是不满意的。五台山风景区作为一个服务产业必须重视这些不满意的游客的比例,如果风景区每天都可以接收到16%的游客的投诉,就说明风景区工作人员的工作质量亟待提高,这是非常需要五台山风景区的管理人员重视的一个问题。在调查过程中,我们得知在进入五台山

表4-2 游客对五台山风景区内的交通满意度情况

指标	游客满意度评价结果(%)					均值	标准差
	很不满意	不满意	一般	满意	很满意		
交通整体状况	0.3%	2%	33%	47.7%	17%	3.78	0.736
私家车管制	3.3%	14.7%	33.1%	36.2%	12.7%	3.42	0.987
交通安全	0.1%	2.1%	33.7%	51%	13.1%	3.74	0.704
交通费用	3.3%	12.5%	43.8%	32.2%	8.2%	3.31	0.898
标识系统	0.4%	5.8%	42.2%	42%	9.7%	3.54	0.762
协调性	0.7%	6.7%	41.6%	42.7%	8.4%	3.52	0.766
乘车环境	0.4%	5.9%	41.3%	42.4%	10.1%	3.56	0.761
交通服务质量	0.7%	9.2%	40.8%	40.1%	9.3%	3.46	0.813
观光车数量	0.7%	7.2%	42.7%	42.4%	7.1%	3.48	0.756
班车频率和发车时间	0.7%	8.2%	41.9%	41.2%	8.1%	3.47	0.786
换乘处候车时间	1%	8.7%	47%	36.2%	7%	3.40	0.790
换乘方便性	0.8%	7.9%	43.6%	39.7%	8%	3.47	0.785
线路设计	0.7%	4.4%	39.7%	47.3%	7.8%	3.57	0.732
站台间距	0.6%	3.3%	48%	39.9%	8.2%	3.47	0.775

*表中数据为调查问卷所得

风景区的时候需要向游客收取进山费,同时还要收取50元的观光交通费,这50元的交通费是指游客在乘坐风景区内的观光车时是免费的,无论你坐多久,也不论你坐多少站。由于景区属于山岳型景观,景点比较分散,因此,许多游客是自驾车来旅游的。对于自驾车的游客,景区也要收取50元的观光交通费。许多自驾车游客认为自己不乘坐观光车,就没有必要购买,这是导致不满意的一个主要原因。此外,如果游客乘坐朝台车前往五台山的五个台顶观光旅游需要另外付费,且去每个台顶都需要支付70元的交通费用,这对于游客来说是较贵的,这也是游客满意度低的一个因素。因此景区必须采取必要的措施来提高游客的满意度。

(2)换乘处候车时间

换乘处候车时间的均值为3.40,仅次于交通费用指标的均值,也是游客满意度低的指标之一。从表中可以看出,很不满意的游客占到1%,是所有指标中比例最高的,不满意的游客比例为9.7%,这一比例也是较大的。此指标的标准差为0.790,也相对较大。景区观光车是游客在风景区内使用的主要的交通工具,所以换乘处的候车时间主要指的是游客换乘观光车时的等车时间。五台山风景区具有典型的淡旺季分明的特点,这也会直接影响游客的候车时间,因为旺季的时候游客数量多,发车的数量和频率就相对较多,那么游客的候车时间就会少一点;而淡季的时候,景区就会减少观光车的数量,发车的频率也会相对减少,这样游客的候车时间就会较长。为了提高游客的满意度,减少游客的等车时间,景区必须根据游客的数量灵活的安排观光车的数量以及发车的频率。同时,要充分利用和规范当地居民参与的出租车行业,增加游客对换乘交通工具的选择,为游客提供方便。

(3)私家车管制

从表中我们可以看到，游客对私家车管制的不满意比例达到了18%，不满意的游客几乎占到了五分之一，是所有指标中不满意游客比例最高的。这一指标的均值为3.42，位列满意度均值最低的第三位，且标准差最大，为0.987，说明游客对这一指标的满意度分歧最大。大多数自驾车的游客对不允许私家车进入五台山风景区这一规定持反对态度，而非自驾车的游客则多持赞同态度。这是因为游客私家车的进入一方面会给驾车游客在行程安排、换乘时带来很大的方便，但另一方面私家车的进入也会使五台山风景区的环境受到污染，并且在旅游旺季的时候，过多的私家车进入还会造成交通拥堵，给风景区的交通带来压力。除此外，由于五台山风景区工作人员的管理不到位，风景区内有乱停乱放车辆的现象，这也严重影响了五台山风景区的整体形象。为了五台山风景区的可持续发展，风景区内的管理人员要灵活调控，限制私家车的进入。

（4）交通服务质量

交通服务质量的标准差为0.813，标准差较大，排在所有指标中标准差最大的第三位，均值为3.46，满意度较低。不满意游客的比例为9.9%，即100个人中就有10个人对风景区内工作人员的服务质量不满意。服务质量直接影响着游客的感知体验和愉悦程度，五台山风景区作为为人们提供休闲娱乐的服务产业，具有愉悦身心的旅游功能，让每个游客都感到满意才是景区发展的最高宗旨和目标，因此风景区必须重视不满意游客的意见，借此使五台山风景区得到更好的发展。五台山风景区内司机等工作人员的服务态度、服务意识以及责任感直接决定着风景区工作人员的整体服务质量。工作人员必须给予游客充分的尊重，用和蔼可亲的态度为游客提供十分满意的服务，这样才能大大提高游客对五台山风景区的满意度。

综上所述,在所有影响五台山风景区内交通满意度的指标中,游客满意度最低的主要有交通费用、换乘处候车时间、私家车管制、服务质量等。本文主要是研究游客满意度较低的指标,并提出相应建议。由表可知其他指标的满意度相对较高,在此不对其进行阐述分析,虽然其满意度相对较高但离很满意的标准还是有差距的,所以五台山风景区的管理人员也要再接再厉,进一步完善。

三、建议

针对以上的调查数据,结合五台山风景区内交通的实际状况,就游客满意度指标相对较低的交通费用、换乘处候车时间、私家车管制、交通服务质量四个方面及五台山风景区内的交通线路,提出以下建议来提高游客对风景区内交通的满意度,以优化五台山旅游生态环境。

(一)合理的分类型收费

交通费用在影响交通满意度的所有因素中,满意度是最低的。为了提高游客对交通费用的满意度,景区可以采用分类型的收费方式。对于可进入风景区的自驾车游客,对他们收取观光游览车费用时可以收取少部分费用或者可以免收观光车的费用而向其收取部分环境保护的费用,因为私家车驶入风景区会对风景区的环境造成污染,这样,可以满足不同类型的游客的需求,也体现了景区更加人性化和公平的管理方式,在一定程度上可以提高游客的满意度。另外,去台顶观光的费用是另外花费的,而且价格相对来讲是比较贵的。由于前往台顶的游客很少,为了吸引更多的游客去台顶观光,景区可以采取降价等方式,减少游客成本,同时应加强对台顶的宣传。

(二)合理安排观光车的班次

观光车是五台山风景区内最主要的交通工具,因此游客对观光车的满意度很大程度上影响着对整个交通的满意度。在上述调查中,可以看出游客对观光车换乘处等车时间的满意度比较低,在站台等观光车大概五分钟一趟,有时十分钟左右一趟。并且这也要分时间段,旅游旺季比旅游淡季提前一个小时发车,停发的时间也更晚,而且由于旺季的游客数量比较多,观光车的数量也比较多。为了减少游客的候车时间,提高游客的满意度,景区要对游客的数量实时监控,灵活的调控观光车的数量和发车频率,当游客数量多时要尽量安排较多的车辆,增加发车的频率,以免游客长时间的等待,这样也能避免车内拥挤的情况出现,给游客提供良好的乘车环境。在旅游黄金周等旅游旺季的时候,景区就要禁止私家车进入,大力增加观光车的数量和发车频率,合理安排观光车的班次,这样才能满足游客换乘的需要,减少游客在换乘处的等车时间,大大提高游客对于换乘时候车时间的满意度。对于观光车的加班车,由于没有明显的标识,许多游客并不知道它也是观光车,因此,风景区内的管理人员要完善观光车的标识系统,让游客更加满意。

(三)加强对私家车的管理

游客对不允许私家车进入五台山风景区的不满意的比例是最高的,而且游客的满意度分歧比较大。五台山风景区内的私家车主要包括游客的自驾车和当地居民的私家车。由于五台山风景区位于台怀镇上,因此五台山风景区内有当地的居民生活,有的居民就利用自己的车出租做生意。对于当地居民的私家车,风景区应当把它作为一种对游客的交通服务,进行统一管理,统一登记注册,统一完善其标识系统,便于安全管理,维护游客的利益,同时还能给游客换乘提供方便。对于游客的私家车的管理在很大程度上影响着游客的旅游体验,虽然游客私家车的进入给游客带来了方便,但另一方面也会污染景区的生态环境,私家车的乱停乱放还影响了景区的整体形象,在旅游旺季的时候,私家车的进入还会给景区的交通带来压力,造成拥堵。景区管理者要加强对私家车的管理,在风景区内外实现实时联系,旅游淡季的时候可以采取放松管理,每天允许一定数量的游客私家车进入景区,当达到这个数量就要严格限制其进入;在旅游旺季的时候,就要采取非常严格的管理,坚决禁止游客的私家车驶入景区,这就要求风景区外的停车场地要有足够的容量,能够满足游客私家车的停放需求,因此风景区要充分利用空间,科学合理规地划风景区外的停车场。同时,景区要加强宣传,从而提高游客保护环境的意识,减少游客的私家车驶入风景区的现象。另外,向自驾车游客收取环境保护费也能在一定程度上减少游客的私家车驶入五台山风景区。

(四)加强管理人员的修养,提高交通服务质量

优质高效的服务,是游客在五台山风景区获得高质量旅游体验的一个重要条件,它直接决定了游客在五台山风景区游览的舒适和愉悦程度。因此,要提高游客对五台山风景区内的交通的满意度,风景区应该为游客在游览过程中提供优质的交通服务。针对五台山风景区内工作人员在服务中存在的问题,风景区必须开展专业的服务技能培训,从而纠正员工对服务的认识,强化员工为游客服务的意识,加强服务的效率,增强服务人员的责任感和荣誉感,还可以建立一系列的奖惩制度激发工作人员的积极性。只有让游客真正感受到被尊重,感受到五台山风景区司机等工作人员周到的、优质的服务时,游客才会对风景区留下良好而深刻的印象,进而才会引起良好的口碑效应。这样,才能有更多的游客前来观光游览,才能促进五台山风景区的不断发展。

管理人员的素质修养关系着五台山风景区能否正常规范的发展,关系着风景区未来发展的方向。加强五台山风景区管理人员的素质修养对促进风景区的发展具有重要的意义。风景区内的管理人员必须要严格要求自己,以身作则,不断提升自己的职业素质和修养,给五台山风景区内的工作人员以正确的指导。

(五)完善风景区内的交通线路

由于五台山风景区近几年对道路的修建与完善,游客对交通的整体状况的满意度还是较高的。但是五台山风景区的特色不只是佛教,它还有令人叹为观止的自然风光。它之所以名为五台山是由于离台怀20里外的五座高峰平广如台,而且每个台顶的景色都各有千秋,北台雄险可览雪霁,西台俊俏可赏月色,中台雄健可观美轮美奂的云雾,东台壮美可观日出,南台柔丽可赏花海。五台山风景区要实现可持续发展,吸引更多的游客,就必须开发更加具有吸引力的旅游资源。由于到台顶的交通不方便,路程较远,致使景区拥有好的旅游资源却无人问津。因此,风景区必须科学合理的规划交通线路,修缮中心区通往台顶的道路,还要完善中心区的道路,增加回线,提高五台山风景区内道路的连接率,使五台山风景区内的交通更加通达便捷。

参考文献:

[1]金龙星、林媚珍、赵征:《广州白云山莲花山与大夫山景区内部交通对比研究——基于低碳的视角》,International Conference on Management Science and Engineering Advances in Artificial Intelligence,2011,第521—525页。

第五章 五台山旅游生态环境影响因素分析——收费模式

近年来,我国学者对旅游景区收费模式进行了研究。沈中付对景区收费系统的作用、景区收费系统管理现状与问题以及管理思路进行了阐述,并提出了对策[1]。刘啸研究提出构成景区门票价格的基本因素为三方面:一是游览参观点等级类型,二是游览参观点开发和管理成本,三是景区容量[2]。吴慕林、陈松提出游览参观点的门票价格形成的基础:一是游览参观点的实际资金投入,二是游览参观点的无形资产[3]。欧阳泉认为,景区价格的形成基础主要由开发和维护景区的劳动和资本的投入构成,景区的收费应不得低于这个界限,并认为景区资源的垄断和稀缺性、旅游景区需求的季节性、旅游景区的竞争因素、旅游环境资源成本等也是景区的价格形成的影响因素[4]。于濛认为,景点(或景区)作为公共资源,门票定价的基础不是依据投入资金、资源的需要,而只能是综合考虑旅游景区的客源市场、当地居民的综合收入、旅游消费支出等因素[5]。李金昌认为自然资源的定价应考虑两点:一是自然资源本身的价值;二是基于人类劳动所产生的价值[6]。时惠来、赵改书认为票价制定既考虑其实际投入,更要注重其无形资产的价值,还要兼顾游览景点在国内外的知名度或影响程度[7]。刘辛田认为风景名胜区景点的票价的制定要考虑五方面的因素:景区旅游资源等级因素、资源影响力因素、社会经济发展状况、环境状况因素、弹性因素[8]。李江认为,制定和调整旅游门票价格必须以其价值为基础,景点的资源价值主要是历史文化价值、审美价值、科研价值、生态价值、舒适满意度价值、市场价值等六个方面;根据资源价值等级实行分等定价。制定和调整旅游门票价格,还要综合考虑居民消费水平和心理承受能力、促进资源的保护和利用、合理补偿环境建设价值、游览参观点开发和管理成本等[9]。黄潇婷等提出影响景区门票价格水平的七个因素,按照相关程度排列依次是景区级别、管理体制、产品类型、行业环境、景区面积、产业环境和经济环境[10]。

总体上看,上述学者研究的内容集中于景区门票价格的定价及其影响因素,方法主要是归纳法和演绎法。景区收费模式的学术研究存在的主要问题是:理论概括偏多,应用研究较少,尤其是对景区收费系统管理的具体内容的研究较少;研究方法大多是归纳法和演绎法,而运用实地考察和问卷调查法针对具体的景区收费模式的研究偏少。因此,本文拟运用实地考察和问卷调查法探讨如何合理制定五台山风景区的收费模式,进一步优化五台山旅游生态环境。

一、研究方法和数据来源

采用实地调查和问卷调查相结合的方法,于 2014 年 4～5 月派出两个小组共 16 人发放问卷,两个小组提前准备好了精美小礼品赠送给被调查者,分别赴五台山风景区与忻州市区内的火车站、汽车站、各大商场及饭店等人流量比较多的地方进行问卷发放和走访调查。共发放了 870 份问卷,回收 815 份问卷,其中有效问卷有 801 份,有效回收率达 92.1%。问卷采用 SPSS 软件进行数据统计和分析。

二、五台山风景区收费模式现状

五台山风景区收费模式是五台山旅游产品价值反映的方式,是旅游者进入五台山景区进行游览观光、休闲娱乐所付出费用的方式。五台山风景区目前收费主要以人工售票为主,游客进入五台山风景区所需支付费用中包含了必付费用(大门票)和选付费用两部分。在必付费用中又包括:进山费、保险费、观光交通车费,其中,进山费在淡季和旺季的价格不同。选付费用中包括:黛螺顶缆车费用和五个朝台门票。各项具体费用价格见表5-1。

表5-1 五台山景区基本费用

单位:元／人

费用名称	必付费用			选付费用		
	进山费	保险费	观光车费	黛螺顶缆车价格		五个朝台门票
	旺季 168 / 淡季 140	5	50	单程 50	往返 85	350

* 数据来源于忻州市旅游局官网

注:(1)2014年4月1日零时起,五台山入山费将再次调整,调整后的价格为:134元／人。环保车费:50元／人。进山两项合计为184元／人。

(2)免门票人员有三种:60岁以上老人,凭身份证;持有军官证、记者证、残疾证等人员;本地居民、僧人。

进山费、保险费和观光交通车费是在进入五台山时需要统一支付的费用,黛螺顶又称小朝台,若因为种种原因没能登五个台顶,游客会选择去小朝台朝拜,在登黛螺顶时,若选择乘坐缆车需当场支付缆车费用,但多数人会选择爬黛螺顶的1080级台阶。据调查,2013年才开通了去五个朝台的班车,但是交通设施方面还有待完善。

三、调查结果分析

在旅游研究领域，游客满意度是指游客期望和实际体验之间的差异。游客对五台山风景区收费模式的满意度是旅游景区收费模式是否健全合理的重要测度指标，也是五台山风景区发展的经济基础，科学测度游客对收费模式的满意度，采取针对性的措施不断提高游客对收费模式的满意水平，对于景区的可持续发展具有重要意义。

(一) 门票价格的满意度分析

由图 5-1 可以看出，本研究对 801 个数据进行基本描述统计分析之后发现，对五台山风景区门票价格满意和很满意的游客仅占 18.8% 和 4.4%，加起来不到总数的一半，大多数人认为门票价格一般，占总数的 39.1%，而对门票价格很不满意和不满意的人占到了 8.6% 和 27.4%，合计达到了 36%，由此可见，游客对五台山风景区门票价格满意度普遍偏低。在对抽样调查的游客的月收入的统计分析中发现，在 2499 元以下的游客占到 57%，经济收入直接影响到游客对门票价格的满意度。

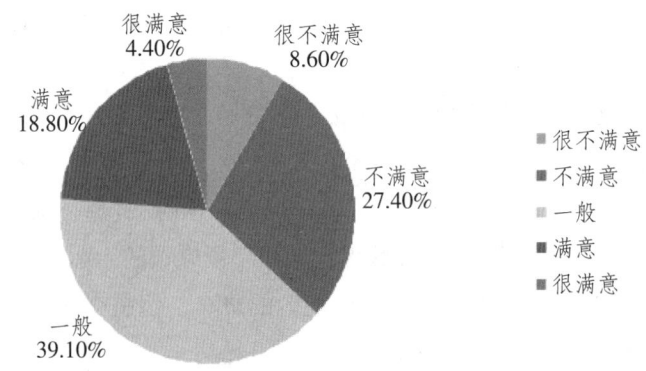

图 5-1　门票价格的满意度调查

（二）门票价格与资源品级相符度满意度分析

由图 5-2 可以看出，游客对门票价格与资源品级相符度满意和很满意的分别占 24.8% 和 3.7%，而对其不满意和很不满意的人占到了 21.5% 和 5.3%，在走访过程中发现，有一部分人对五台山的资源品级了解的并不是很清楚，在对五台山旅游目的的调查统计中发现 29.4% 的人的旅游目的是宗教朝拜，或许这部分游客只是慕五爷庙许愿很灵的名而来，所以对五台山的资源品级不是特别关心。

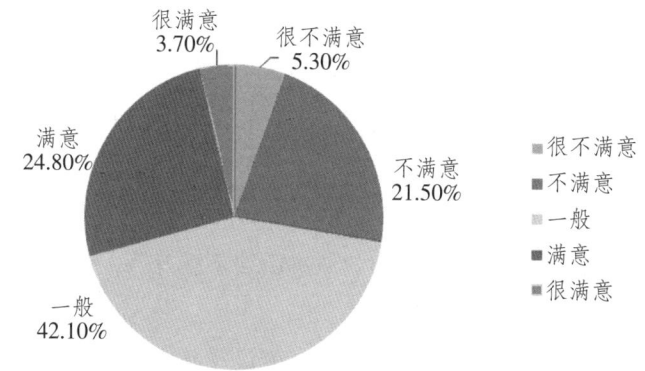

图 5-2　门票价格与资源品级相符度满意度调查

然而，对其门票价格与资源品级相符度不满意的占到了 26.8%，反映出五台山风景区在其是否真正达到了游客期望的品级度上存在较大问题。

（三）收取进山费满意度分析

由图 5-3 可以看出，游客对收取进山费满意和很满意所占比例分别为 16.7% 和 3.3%，不满意和很不满意所占比例分别为 34.4% 和 12%，这两部分加起来接近总人数的一半，由此看出，收取进山费这一模式对将近一半人数的影响是巨大的，在对问卷中游客在五台山停留时间的统计数据中发现，有 53.1% 的游客在五台山停留时间为 4~6 天，五台山分为七大景区，游客一般只游览

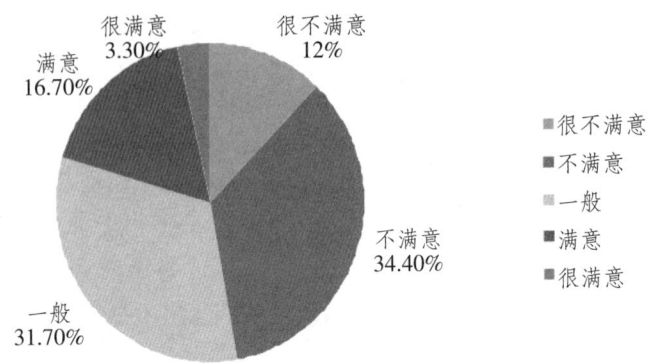

图 5-3　收取进山费满意度调查

台怀景区,因为台怀景区寺宇密集,几乎可称为佛国的中心地带,因此成为五台山的主景区,从五台山大部分游客的逗留时间来看,根本没有时间去观光所有景区,而进山费中却包含了七大景区的总费用,由此造成将近一半人对收取进山费不满意。

(四)收取小门票满意度分析

据实地走访调查,小寺庙售票地点就设在其入口处,进入寺庙的检票人员大多数为僧人,小寺庙收费情况见表5-2。

表 5-2　小寺庙收费情况

寺庙名称	小门票价格(元/人)	寺庙名称	小门票价格(元/人)
显通寺	10	金阁寺	6
塔院寺	10	罗睺寺	6
普萨顶	10	广宗寺	6
佛光寺	15	圆照寺	6
南禅寺	15	观音洞	6
黛螺顶	8	镇海寺	6
碧山寺	6	明目池	6
南山寺	6	清凉寺	6
龙泉寺	6	集福寺	6

注:表中未提及寺庙均免小门票

由图 5-4 可以看出，对收取小门票满意和很满意的人分别占 15.6%和 4.7%，而对收小门票不满意和很不满意的人分别占 36.8%和 11.7%，由此可见，将近一半人对收取小门票不满意，在走访调查中发现，很多游客认为收取的大门票就应该涵盖了游览景区各个景点和寺庙的费用，这部分人很反感在收取了大门票的基础上又收取小门票，甚至有人认为小门票的费用会被一些僧人"私吞"，由此看来，收取小门票这一收费模式存在极大问题。

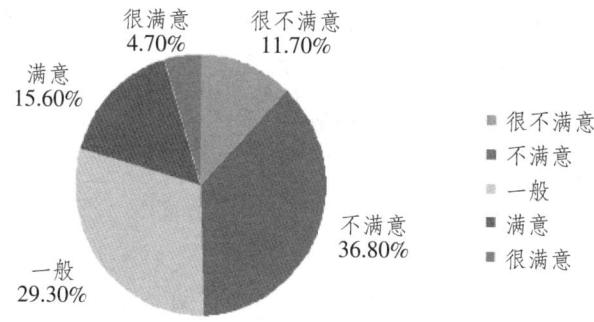

图 5-4　收取小门票满意度调查

(五)收取观光交通费满意度分析

由图 5-5 可以看出，对收取观光交通费满意和很满意的人分别占 18.5%和 5.3%，而对收取观光交通费不满意和很不满意的人

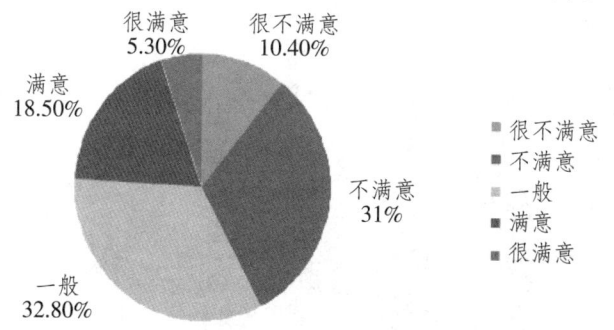

图 5-5　收取观光交通费满意度调查

分别占31%和10.4%，在走访调查中发现，很多游客仅在台怀景区游览，而台怀景区庙宇比较集中，乘坐观光车的次数很少或者几乎没有，依据对游客在景区内部使用交通工具种类的调查结果来看，有32.3%的人在景区游览是徒步进行，但也有45.3%的游客使用景区内观光车，其中许多游客认为统一收取的50元观光费是比较高的，因为在实际游览过程使用观光车的次数比较少、乘坐时间比较短，与统一交付的50元观光车费价值不符，导致游客心里极度不平衡。所以对于统一收取的50元观光费这一收费模式有待改进。

(六)收进山费、观光交通费和收小门票的满意度对比分析

五台风景区的门票价格包含了进山费、观光交通车费以及部分寺庙的小门票，因此，我们试图在已有调查结果的基础上，从收取进山费、旅游观光车费和小门票三个方面继续深入分析，探究影响五台山风景区收费模式满意度的潜在因素。收取进山费和观光交通费收取小门票的满意度对比分析见图3-6。

由图5-6整体看来，游客对五台山收费模式的不满意和一般所占比重较高，很满意所占比例最小，可见，游客对五台山风景区

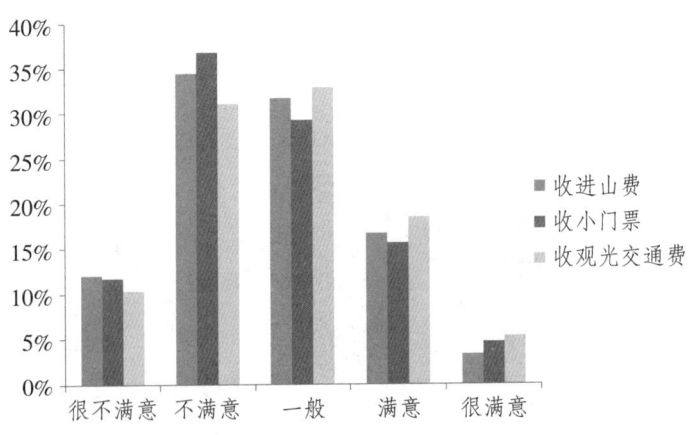

图5-6　收取进山费、观光交通费和收取小门票满意度对比分析

收费模式的满意度普遍较低。进一步分析发现，游客对收取小门票的不满意度最高，对收取观光交通费的不满意度最低，反映出五台山风景区在收取小门票这一模式中存在问题最大。

结合图5-1、图5-3、图5-4和图5-5的调查结果可知，人们对收进山费和收小门票的满意度普遍偏低，其中，对收进山费满意和很满意的人仅占16.7%和3.3%，对收小门票满意和很满意的人仅占15.6%和4.7%。由此可见，收进山费和收小门票是影响五台山风景区收费模式满意度的重要因素。

进一步分析表明，男性对门票价格的不满意度高于女性，且受教育程度越高的游客，对门票价格不满意度也是越高的。据调查，在2014年的中国旅游日5月19日这天，游客享受免门票，五台山的游客达到10万人次，远远超过了景区的最大承载量，而同一天中平遥古城、晋祠等景区的游客量却远远不及五台山游客量。显然，人们认为选在免门票的日子游览五台山是比较划算的，这也从一个侧面反映出五台山门票价格比较高。

从调查结果的情况来看，人们对五台山风景区收费模式的满意度普遍较低。提高游客对五台山风景区收费模式的满意度主要应从调整进山费的价格和小门票的价格入手，综合考虑五台山风景区门票价格和资源品级相符度以及人们的收入水平等实际情况，合理确定收费价格和模式。

值得一提的是，对游客重游意愿和推荐意愿的调查分析表明，87.7%的人愿意再次来五台山，并有93.6%的人愿意推荐给其他人。可见，人们对五台山风景区旅游资源的价值是相当认同的。有12.3%的人表示不愿意再次来五台山旅游，且6.4%的人不愿意把五台山风景区推荐给其他人。这个比例虽小，却也不可避免地会间接影响到五台山旅游生态环境和五台山旅游持续发展。所以，五台山风景区应高度重视并采取相应措施来弥补其不足之处。

四、建议

针对门票价格与资源品级相符度这一满意度的调查结果,我们认为应提高五台山景区管理、服务质量、交通状况等基础设施建设,使得其门票价格与其资源品级度相匹配,甚至使其价值超越其门票价格,以此来提高游客对五台山风景区收费模式的满意度。

在收取进山费这一问题上,可以分模块进行,方案一:对各景区分别设置门票费用,若游客仅游览台怀景区,就只收取台怀景区的门票,游览其他景区再收取其他景区的门票,但各个景区门票价格加起来高于目前的进山费;方案二:维持现在这种统一收取进山费的模式。

对于收取小门票这一模式,建议取消或采取联票方式。

对于景区观光车费用,有两种方案,方案一:景区观光车可以像公交车一样,游客乘坐时再付款;方案二:在合理规划观光车数量、线路及计算其成本的基础上适当降低统一收取的观光交通费用。

参考文献

[1]沈中付:《浅谈景区收费系统管理模式》,《中国外资》,2013,(07):第124页。

[2]刘啸:《关于旅游景点门票价格确定模式的探究》,《旅游学刊》,2005,20(03):第83—86页。

[3]吴慕林、陈松:《游览参观点门票的定价基础与价格形成机制》,《价格月刊》,2003,(06):第27页。

[4]欧阳泉:《旅游景区价格形成的基础》,《价格月刊》,2000,

(03),第 30—31 页。

[5]于濛:《三问北京世界遗产集体涨价》,《中国财经报》,2004年 12 月 11 日。

[6]李金昌:《自然资源价值理论和定价方法的研究》,《中国人口资源与环境》,1991,(01),第 23—25 页。

[7]时慧来、赵改书:《准公共物品与旅游参观点门票价格研究》,首都经贸大学经济管理学院,2006 年。

[8]刘辛田:《制定旅游景区门票价格的探讨》,《价格与市场》,2005,(06),第 25—26 页。

[9]李江:《加强旅游门票价格管理推动旅游业健康发展》,《价格月刊》,2005,(08),第 7—8 页。

[10]黄潇婷、王德刚:《国内旅游景区门票价格的比较研究》,山东大学经济管理学院,2006 年。

第六章 五台山旅游生态环境影响因素分析——游客环境意识

一、数据来源与研究方法

旅游生态环境是指游客在目的地的旅游活动之所以能够存在和发展的所有自然条件和人文条件的总和，它涵盖了自然生态环境和人文生态环境两方面。其中，自然生态环境因子主要包括大气、水质、噪音、气候、地质地貌、土壤、风沙等；人文生态环境主要包括和游客息息相关的人文环境，例如，景区内的基础设施、交通状况、餐饮住宿条件及景区景点的文化氛围等，也包括游客的行为和游客的旅游生态环境意识等。

面对五台山风景区与日俱增的游客数量，为了解五台山风景区游客的旅游生态环境意识状况，受李文实、陈开益等人的启发[1]，设计了游客的旅游生态环境意识调查问卷，以期通过问卷调查和实地调查的方法，获取定量化数据，对五台山游客的生态环境意识进行更加深入地分析。

2013年4月至5月，笔者在五台山风景区随机选择游客发放问卷800份，回收563份，回收率为70.4%，有效问卷556份，有效回收率为69.5%。使用Excel2003完成数据的录入计算和分析工作。

二、调查结果分析

(一)游客选择来五台山旅游的动机

通过对五台山风景区游客进行问卷调查,统计游客选择来五台山的旅游动机,得到图6-1。游客选择来五台山旅游最重要的原因是观光旅游、放松心情,此类游客占到了被调查游客总数的32%;其次是烧香拜佛,求佛祖保佑占20%;其次是因对佛教文化的兴趣前来观光,占15%。其余分别是:由于五台山知名度高选择来五台山旅游的占11%,由于行程较短前来旅游的占8%,避暑休闲占7%,学术考察占2%,受广告宣传的刺激占1%,其他占3%。调查反映出,游客选择来五台山旅游更多的是观光休闲、烧香拜佛求佛祖保佑和对佛教文化的兴趣,仅此三项动机的游客占到了被调查游客总数的67%,这为五台山风景区设计旅游产品提供了一定的科学依据。

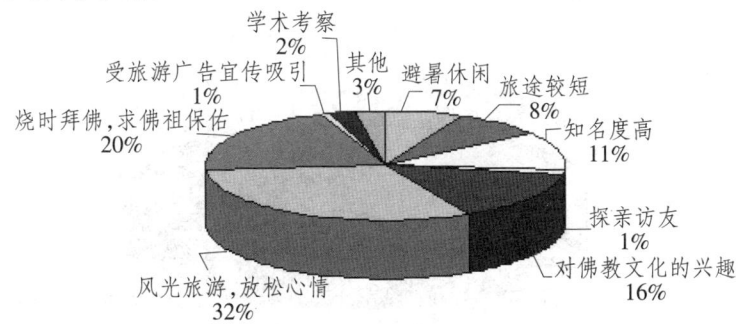

图6-1 被调查者选择来五台山的旅游动机

(二)游客数量对五台山风景区旅游生态环境的影响

由图6-2我们看到,在所有接受调查的游客当中,有80%的游客认为游客的数量对五台山的旅游生态环境是有影响的,16%的人认为没有影响,只有4%的人觉得无所谓。这也反映出游客还

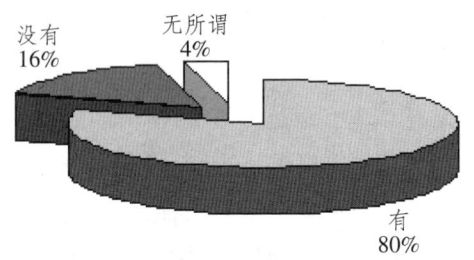

图 6-2 游客数量对旅游生态环境的影响情况

是比较在意游客数量对于旅游生态环境的影响。

(三)游客对五台山风景区旅游生态环境的印象

图 6-3 中,有 43%的游客认为五台山的旅游生态环境好,42%的游客对五台山的旅游生态环境感觉一般,只有 11%的人认为非常好,仅 4%的游客认为不太好,而认为较差或很差的人没有。这说明对于五台山风景区来说,景区内的旅游生态环境质量还有很大的提升空间。

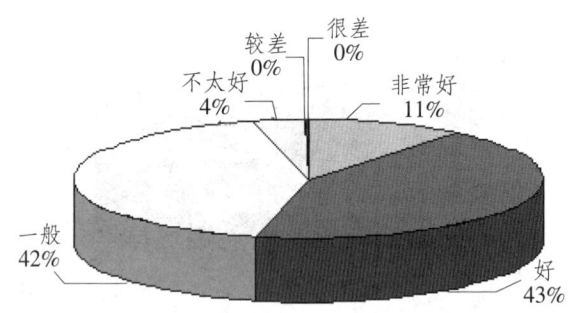

图 6-3 游客对于五台山风景区旅游生态环境的印象

(四)游客对于五台山的旅游生态环境的评价

如图 6-4 所示,有 45%的游客对五台山的自然生态环境比较满意,40%的游客比较满意五台山的人文生态环境,11%的人对五台山的整个游览环境都比较满意,只有 4%的游客是都不怎么满

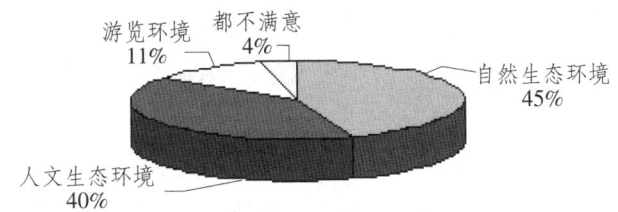

图 6-4 游客对于风景区旅游生态环境类型的满意度

意。在实地调查中了解到,如果是虔诚的佛教信徒选择来五台山朝拜的话,他们更在乎的是五台山深厚的佛教文化底蕴,其他的对他们来说都是次要的,因此他们对于五台山非常满意。

(五)游客个人的旅游生态环境意识

由图 6-5 和图 6-6 可见,98%的游客认为个人在保护旅游生态环境中的作用是非常重要的,而认为无所谓或不重要的各占

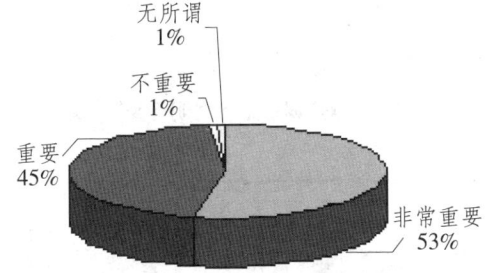

图 6-5 游客认为个人在保护旅游生态环境中的作用

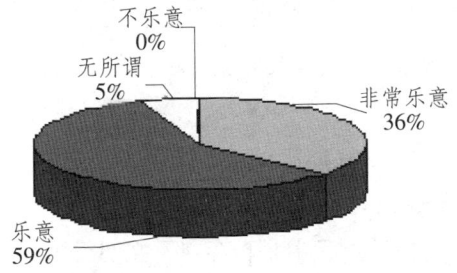

图 6-6 游客是否乐意贡献力量

1%；与此相对应的为了保护风景区的旅游生态绝大部分游客乐意贡献自己的一份力量，其中非常乐意占36%，乐意占59%，依情况而定即无所谓的占5%，没有人不乐意为保护旅游生态环境出力。

（六）游客个人对旅游生态环境保护的认知和行为

游客不文明旅游行为是指游客在旅游景区、景点游览过程中所有可能有损景区（点）环境和景观质量的行为[2]。游客的不文明行为在景区内主要有两种表现形式：一种是游客在景区游览过程中做出的各种不卫生、无道德的行为。例如，随处抛丢垃圾、废弃物，随地吐痰，擤鼻涕，吐口香糖，上厕所不冲水，不讲卫生留脏迹，说话脏字连篇，举止粗鲁专横，不尊重当地居民风俗等；另一种是游客在游览过程中不遵守旅游景区有关游览规定的违章活动行为，例如，乱攀乱爬，乱涂乱刻乱画，越位游览，违章拍照，违章采集，违章野炊、露营等。这两种不文明行为在旅游景区都十分常见。

1.游客对"哪些是不文明行为"的认识

表6-1　对"哪些是不文明行为"的认识

单位：%

不文明行为	丢垃圾	吐痰	不卫生	乱刻乱画	越位游览	违章采集	无视禁烟标志	争抢公共交通	不尊重当地风俗	无视个人形象	说脏话
总计	89.8	85.8	81.9	77.4	67.0	66.6	72.1	68.1	74.6	69.5	71.3

*"无视个人形象"选项完整表述为：大庭广众之下脱去鞋袜、赤膊袒胸，衣冠不整，有碍观瞻。

从总体来看，表6-1中11个选项的比率都超过了65%，说明受访游客在不文明行为的认定方面存在一定共识。

2.游客认为旅游过程中是否存在不文明行为

表 6-2 游客是否存在不文明行为

单位:%

是否存在不文明行为	存在	不存在
合计	44.1	55.9

从表 6-2 中可以看出，过半数的受访游客认为不存在不文明行为。

3.游客认为不文明行为产生的原因

表 6-3 不文明行为产生的原因

单位:%

不文明行为原因	旅游者素质不高	景区基础设施不够完善	对从业人员培训不到位	宣传力度不够	游客不了解当地文化传统	道德感弱化	其他原因
总计	77.5	38.2	47.0	37.4	38.5	44.3	5.1

*"道德感弱化"选项完整表述为:游客在旅游过程中"道德感弱化"，把环境、景观设施作为其寻开心、寻刺激或发泄不满情绪的途径。

从总体上看,游客认为游客不文明行为产生的原因是"旅游者素质不高"的受访游客占 77.5%,位列第一;接下来是"对从业人员培训不到位"、"道德感弱化",两项的比率均超过 40%,相差不大;再下来是"游客不了解当地文化传统"、"基础设施不完善"、"宣传力度不够"这三个原因,比率均超过 35%;最后有 5.1%受访游客认为游客不文明行为的产生有其他原因。这些数据说明受访游客认为不文明行为产生主要是旅游者个人的主观原因,其他方面的客观原因虽然也有影响,但不是造成不文明行为的主要因素。

深入分析表明,不管是在总体上,还是在不同年龄、不同收入、不同学历分别对比上,"旅游者素质不高"这一原因的比例都达到了 70%以上,说明了受访游客对该原因的肯定,这提醒我们必须要想办法提高旅游者的素质。同时,在"基础设施不完善"这一原因的认识上,各个受访游客之间存在较大差异。

4.游客面对不文明行为的态度

表6-4 面对不文明行为的态度

单位:%

态度	不关我的事,无动于衷	告诉孩子,这是不文明行为	上前制止	很反感,但怕与对方产生冲突,多一事不如少一事	其他
所占比例	7.8%	40.0%	5.9%	40.7%	5.6%

在面对不文明行为的态度方面,游客的回答总体分布呈现一个"中间大,两头小"的特征,即采取"不关我的事,无动于衷"这类极度漠视的做法和采取"上前制止"这类极度关注的做法的受访游客均较少,而采取"告诉孩子,这是不文明行为"、"很反感,但怕与对方产生冲突,多一事不如少一事"这类中间态度的受访游客较多。

5.游客看到不文明行为时的做法

如图6-7所示,游客在回答"如果看到游客有乱扔垃圾或践踏草坪等不文明行为时,您会怎么做?"的问题时,有21%的游客选择告诉导游,15%的游客选择向有关部门即使反映,16%的游客是,选择最多的是其他项,占48%。据实地观察,有许多回答"装作没看见,默默走开"的游客往往会选择自己捡起来扔进垃圾箱中,而也

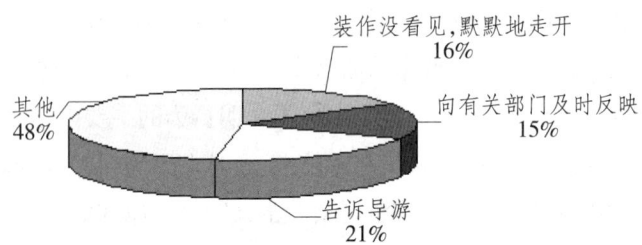

图6-7 游客对"如果看到不文明行为将会怎么做"的回答

有许多选择"其他"这一选项的游客看见地上有垃圾,绝大部分人却是选择装作没看见,默默走开。由于人们都比较顾及面子问题,所以在选择的时候往往会出现心口不一的情况。

6.游客认为不文明行为是否会产生不良影响

表6-5 不文明行为是否会产生不良影响

单位:%

会不会产生不良影响	会	不会
总计	97.4	2.6

由表6-5可知,97.4%的游客认为不文明行为会产生不良影响,只有2.6%的游客认为不会产生不良影响。以不同年龄段为基准纵向来看,不同年龄段受访游客认为不文明行为会产生不良影响的比率与总比率相差不足3%,因此不予以分析。上表说明,不文明的旅游行为会产生不良影响成为大部分受访游客的共识。

7.不文明行为的不良影响

表6-7 不文明行为的不良影响

单位:%

不文明行为的影响	影响旅游生态环境	形象受损	抑制景区可持续发展	其他
总计	77.1	79.5	68.8	4.2

*"形象受损"选项完整表述为:使中国人的形象和旅游地的形象在外国游客心目中大打折扣。

在不文明行为的不良影响方面,从总体上看,79.5%受访游客认为不文明行为会使形象受损,77.1%受访游客认为不文明行为会影响旅游者的游览质量,68.8%受访游客认为不文明行为会抑制景区可持续发展,还有4.2%受访游客认为不文明行为会带来其他影响。可以看到前三项的比率均超过了65%,说明了总体上受访游客认为不文明行为对这三方面都会造成一定的不良影响。

8.对不文明行为的应对措施

表6-8 对不文明行为的应对措施

单位:%

不文明行为措施	宣传教育	制定相关法规	从业人员积极解说引导	环保标识系统	完善景区设施及管理	其它
总计	53.6	50.6	60.8	60.8	53.9	3.9

*1."制定相关法规"选项完整表述为:制定相关法规,加大处罚力度。
2."环保标识系统"选项完整表述为:设置明显、易懂的环保标识系统提醒游客。

在不文明行为应对措施方面,有超过60%受访游客认为需要"从业人员积极解说引导"和完善的"环保标识系统"。有超过50%的受访游客认为需要通过"宣传教育"、"制定相关法规"和"完善景区设施及管理"来减少不文明行为。

(七)游客对旅游生态环境对五台山旅游业发展重要性的认识

如图6-8所示,在回答"旅游生态环境对于五台山旅游业发展重要性"的问题时,有53%的游客认为非常重要,45%的游客认为重要,认为不重要和无所谓的各占1%。由此可以知道绝大部分游客认为旅游生态环境对五台山旅游业发展是重要的。

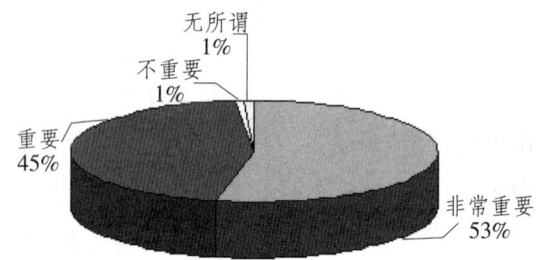

图6-8 游客对旅游生态环境对五台山旅游业发展重要性的认识

三、建议

(一)五台山风景区管理局及相关政府机构

五台山风景名胜区管理局作为五台山的行政主管单位,首先,应该针对五台山制定风景区旅游生态保护法规和相应的奖惩制度,以立法角度增强景区管理者和旅游者的旅游生态保护意识,通过行政手段保护旅游生态环境;其次,对景区内的一切活动加强监督和管理,及时纠正景区内的不良现象,制止旅游生态环境的破坏活动,而对于和旅游活动有关的门票价格、交通状况、餐饮和住宿情况等旅游生态环境方面,五台山风景名胜区管理局及相关政府机构,要做统一合理的规划和管理,尽量做到透明化,推进制度建设,强化景区管理。

(二)社会媒体、网络和广播新闻机构

在发展生态旅游的过程中,很多国家都提出了不同的口号和倡议,例如英国发起了"绿色旅游业"运动,日本发表了"游客保护地球宣言"。地方媒体机构可以学习西方,制定一些旅游口号,加强对旅游生态环境保护的宣传,曝光一些不良的破坏旅游生态环境的现象,引起社会的关注,提高整个社会的保护意识,倡导人们保护旅游生态环境。此外,社会媒体、网络和广播新闻机构除了在曝光一些不良行为的同时,更重要的是在广告宣传中突出环境优美对于景区的重要性,在全社会营造一种保护景区旅游生态环境的意识。

(三)五台山风景区经营者和投资者

风景区的持续健康发展是经营者和投资者的根本需求,五台山的景区经营者和投资者首先应该完善五台山景区内的旅游基础设施,可以在景区内设立环境保护专栏,增加景区内的保护旅游生态环境的提示语,并可在景区宣传手册中增加保护旅游生态环境的宣传语。

(四)五台山风景区旅行社及导游

旅行社作为旅游业三大支柱产业之一,在旅游生态环境保护过程中发挥着举足轻重的作用。首先,旅行社经理自身应增强保护景区旅游环境意识,所以对每一个增设的旅行社,五台山风景区管理局或是相关政府机构都要做好有关保护旅游生态环境的宣传与培训工作;其次,旅行社管理人员可以通过定期培训导游,提高导游自身旅游生态环境保护意识;再次,在接待旅游活动中,也可以对游客宣传保护旅游生态环境。导游作为旅游活动的领导者和执行者,在导游讲解过程中,一方面可以提醒游客注意保护旅游生态环境;另一方面,当游客有不良的行为时,也可以适当提醒或是制止其行为。

(五)五台山各个寺院

作为中国四大佛教圣地之首,五台山应合理利用宗教思想,使得寺院在保护旅游生态环境方面发挥一定的影响作用。从佛教中的"生命平等,利益众生"宗旨出发,各主要寺院应自觉承担起保护五台山旅游生态环境的义务,在寺院内部或者是周边,每年都应动员僧侣或是志愿游客栽树育林,封山护林,禁止进山采薪砍伐,更不允许在林中开土垦荒,破坏林草植被,规范僧人和当地居民的行为。并作为主要的价值取向,感染和熏陶来自五湖四海的五台山游客。

(六)旅游者

随着人民生活水平的不断提高,物质生活逐渐富裕,人们想要追求精神生活的需求越来越强烈,而旅游作为精神生活的重要一方面正不断融入我们的日常生活中,旅游活动正成为人们生活娱乐中不可或缺的一部分。旅游者在参观游览过程中,应不断提高自身素质,提高旅游生态环境保护意识,自觉遵守景区环境保护规范,保护景区内的旅游生态环境。

保护和完善五台山旅游生态环境,需要所有相关部门的共同合作和紧密配合,离不开网络媒体、电视广播、报纸期刊等的大力宣传,更离不开全社会人员的共同参与,尤其是旅游者的鼎力支持。

参考文献

[1]李文实、陈开益等:《省级自然保护区旅游者生态意识调查研究》,《中国林业经济》,2009,(03),第32—39页。

[2]李萌、何春萍:《游客不文明行为初探》,《北京第二外国语学院报》,2002,(01),第26—28页。

第七章 五台山旅游生态环境影响因素分析——居民环境意识

一、据来源

自20世纪90年代中期以来,有关旅游生态环境的研究呈现出加速的趋势。但是其对旅游生态环境的研究主要侧重于对自然生态环境方面的研究,主要从大气、水体、土壤、地质地貌、植物、动物、微生物、景观等方面对生态环境进行研究[1]。现在,我们应该将旅游生态环境作为一个整体的概念,这就要求我们在研究的过程中,将旅游设施等的人为要素也作为旅游生态环境的一个要素,因此我将旅游生态环境的概念重新定义成为满足旅游活动所需要的各种条件。这主要是从旅游参与者的感受去衡量游客的满足度。旅游生态环境意识则是人作为一个行为主体对旅游生态环境的知识、态度、评价、行为。

2009年6月26日,五台山风景区在西班牙塞维利亚举行的第33届世界遗产大会上被正式列入《世界遗产名录》,申遗的成功对于五台山来说无疑是一把双刃剑,从此五台山从山西的五台山、中国的五台山变成了世界的五台山[2],其知名度的提高吸引了海内外广大的游客的青睐。近年来,五台山风景区的游客接待量与日俱增,高峰期这里可谓是人山人海,在带来经济效益的同时我们不得不承认,随着旅游业的发展,五台山城镇化、公园化倾向明显,周边环境污染严重,环境管理相对薄弱,风景区的生态环境存在着非常严重的问题[3]。

五台山风景区位于山西省忻州市五台县境内,其中心寺庙区位于台怀镇,当地居民多为世世代代的农民,随着旅游业的发展,这里的居民大都做起了生意,开宾馆、饭店,贩卖小商品成了当地居民新的收入来源。因而,当地居民的参与和行为特征对于五台山旅游生态环境意义重大。

旅游生态环境意识是一个从认识环境到养成自觉参与环境保护行为习惯的统一体,旅游生态环境意识大体包括五个层次:感性认识层次,即对环境的直觉反映和认识;知识层次,即对环境及有关问题的各种经验和科学认知;态度层次,即有关环境的价值观念,以及主动参与环境保护的动机;评价层次,即对有关环境及相关问题的评价和参与环境保护的意向;行为层次,即利用相关技能,参与解决环境问题的行为习惯和有效途径[4]。由于环境意识的感性认识层次和知识层次在实际生活中难以清晰分辨,所以,本问卷除了被调查者的个人资料,还包括旅游生态环境知识、旅游生态环境态度、旅游生态环境评价和旅游生态环境行为四个方面。希望通过全面的分析,可以了解五台山风景区的居民旅游生态环境意识。

2013年4月至5月,笔者在五台山风景区对社区居民旅游生态环境意识进行问卷调查,并对五台山风景区的旅游生态环境进行了实地调查。在实地调查过程中所见所感,更加觉得作为世界文化遗产的五台山风景区的旅游生态环境的关注、保护和完善是非常迫切的。共发放460份调查问卷,回收427份,回收率为93%。调查问卷回收后,经过认真复查、审核,剔除不合格问卷,得到有效问卷377份,有效回收率82%。使用Excel2003完成数据录入工作,并对数据进行了分析。

值得说明的是,对于五台山风景区内居民的问卷调查和访谈过程是颇费周折的,其中原委相当复杂,但是调查人员克服了许多困难,最终得以较高质量地完成该项调查,获得了宝贵的一手资料。

二、调查结果分析

(一)居民对五台山旅游生态环境总体状况的评价

居民对五台山旅游生态环境的总体评价见图 7-1,由图 7-1 可知,14%的居民认为五台山旅游生态环境总体状况是很好的,30%的居民认为五台山旅游生态环境总体状况良好,而41%的居民则认为五台山旅游生态环境总体状况一般,其余 15%的居民认为五台山旅游生态环境总体状况不太好或者是很差。可见,五台山风景区居民对五台山旅游生态环境总体状况还算满意,但同时认为五台山旅游生态环境总体状况不尽如人意,因此,他们用良好、一般这样的词语来形容自己对五台山旅游生态环境总体状况进行描述。

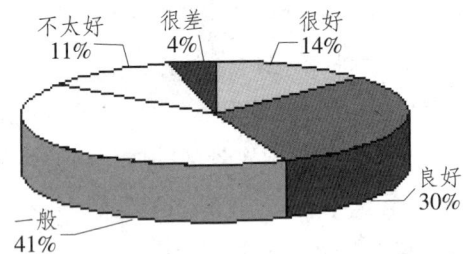

图 7-1 居民对五台山旅游生态环境的总体评价

(二)居民对最严重的旅游生态环境问题的认识

居民认为最严重的旅游生态环境问题的统计结果见图7-2,由图可知,37%的居民认为五台山旅游生态环境中最严重的问题是生活垃圾,25%的居民认为五台山旅游生态环境中最严重的问题是水污染,14%的居民认为五台山旅游生态环境中最严重的问题是建筑造成的破坏,8%的居民认为风景区最严重的生态环境问题是汽车尾气,4%的居民认为是噪声污染,2%的居民认为是采矿造成的破坏。可见,居民认为生活垃圾和水污染是五台山风景区所面临的最严重的旅游生态环境问题。

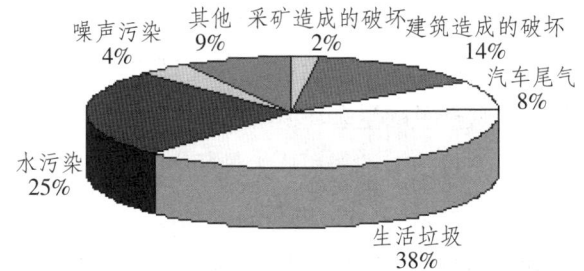

图 7-2　被调查者认为最严重的旅游生态环境问题

调查人员在五台山风景区实地调查的这段时间内,发现生活垃圾随处可见,尤以清水河两岸最为严重。另外,在距离风景区主干道较远的居民区内,可以很明显地看到街道上到处是排放的生活污水,垃圾也是成堆聚集在某个角落。景区内的生活垃圾对景区旅游生态环境的破坏是可想而知的。

在对居民的调查了解到,现阶段当地居民饮用的水均为浅层地下水,垃圾的随处堆放会使水质得不到应有的保障。此外,居民的生活污水排放到清水河,也造成了风景区内严重的水污染。调查人员进入五台山风景区这段时间,可以发现风景区内有多处景点、街道、桥梁正在施工。据当地居民反映,每年的游客高峰期一过,五台山就会有不同规模的重建或者是修建工程,黛螺顶桥已经修建两年仍未完工。有的居民反映风景区内甚至不乏烂尾工程。虽然当地政府对居民的生活住房修建有严格的限制,但是五台山风景区内建筑造成的破坏仍然是继生活垃圾、水污染之后比较严重的旅游生态环境问题。

此外,五台山风景区有免费的游览观光车,但是自驾车的游客为了方便,都愿意自己开车前往风景区的各个景点,风景区内管理人员也听之任之,加上当地居民的私家车在风景区内进行载客活动,风景区内的汽车尾气污染也是相当严重的旅游生态环境问题。由于人们对此认识欠缺,居民大多只是考虑到私家车给自己带来的方便,并未注意到其对空气的污染,因此只有8%的被调查者认为五台山风景区最严重的生态环境问题是汽车尾气。在调查的过程中我们发现,有近10%的居民认为景区内没有严重的旅游生态环境问题,这一部分居民可能有的是出于对自己家乡的保护,有的居民则是只关注与自己生活有关的问题,甚至有的居民反映自己一般都是在家处理家务,很少出门,因此对于哪怕是自己家门口的情况也不是很了解。这种情况一方面反映出风景区内居民的生活水平及受教育水平不高,他们没有更多的精力去关注风景区的旅游生态环境状况;另一方面也反应出中国老百姓传统的"事不关己高高挂起"的传统思想在五台山风景区居民这里体现得尤其明显,因此只要不涉及自己的经济利益他们就不会觉得跟自己有什么关系。

(三)垃圾处理方式是否合理

居民对垃圾处理方式评价的统计结果见图7-3,由图7-3可见,45%的居民认为风景区内的垃圾处理方式是合理的,30%的居民认为风景区内的垃圾处理方式是不合理的,其余25%的居民则表示不知道风景区内的垃圾处理方式。在对五台山风景区内居民的调查过程中,了解到风景区内的垃圾处理方式以垃圾车外运为主,统一在固定的时间内收集垃圾(早4~6点,晚8~10点),而居民反映,有关部门只是对成堆的或者是垃圾箱内的垃圾进行处理,散落在风景区内的垃圾并没有得到处理。他们认为风景区环卫工

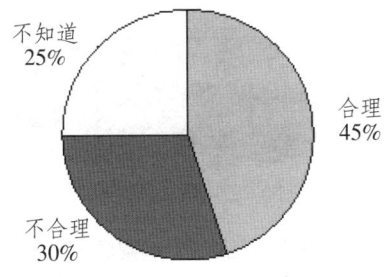

图 7-3　居民对垃圾处理方式的评价

人的打扫也不到位,在风景区内垃圾是随处可见的。风景区内的垃圾箱设计不合理,铁皮垃圾箱有一人高,居民的生活垃圾很难入箱。垃圾箱布置是以村为单位的,每个村只有一个垃圾箱,垃圾箱数量明显不够。此外五台山当地居民对风景区规定的收集垃圾的固定时间表示不能理解,他们认为这严重影响到自己的生活,而且不是所有的人在规定时间内都有时间去倒垃圾。个别知情的被调查居民也反映,风景区内的垃圾其实并没有外运,而是被统一运到一个村庄进行焚烧,垃圾其实还在风景区内,甚至有的垃圾(如塑料袋等)在有大风的情况下还会被重新刮回风景区。对于风景区内的垃圾处理目前为止仍然存在着很大的问题,一是政府力度不够,垃圾未处理和处理不当现象明显,二是风景区内居民生态环境意识薄弱,将旅游生态环境的责任仅仅归咎于政府部门,很难从整体的旅游生态环境角度认识到景区的垃圾处理问题,这也是五台山风景区生态环境所面临的一项挑战。

(四)旅游开发是否影响到居民的日常生活

旅游开发是否影响到居民的日常生活统计结果见图 7-4,由图可知,有 22%的居民认为五台山风景区的旅游开发对自己的日常生活有很大的影响,47%的居民认为有影响,但是不严重。其余 31%的居民则认为完全没有影响。调查过程中发现,有相当一部分

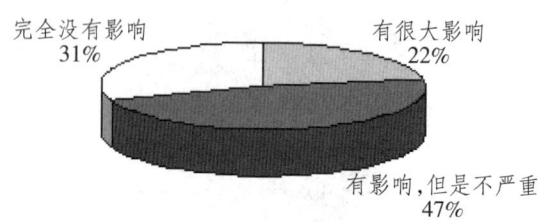

图 7-4　旅游开发是否影响到居民的日常生活

的居民认为风景区的开发为自己提供了新的生活来源,除了以种地以外,当地居民还可以做点小生意或者是开家庭旅馆、饭店,这样使得当地居民有了更多的收入来源,生活水平明显提高。有的居民则认为五台山风景区的开发使得更多的游客来到五台山,当地居民原有的舒适安静的生活环境受到干扰,在游客高峰期风景区政府还会限制当地车辆在景区内的行驶(早 8 点至晚 6 点期间,当地居民的车辆不允许在风景区内行驶),这些都影响了风景区内居民的日常生活。而有一部分没有参与到为旅游活动服务的居民则认为风景区的开发对自己的日常生活完全没有影响,他们认为不管风景区怎样发展,自己的生活是不会受到影响的。

(五)旅游生态环境保护是否重要

旅游生态环境保护是否重要的统计结果见图 7-5,由图可以

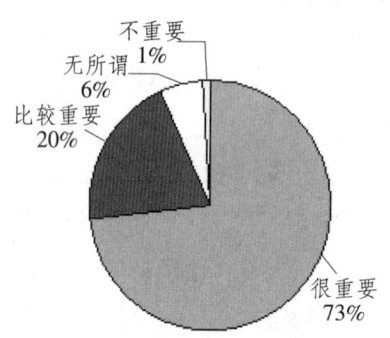

图 7-5　旅游生态环境保护是否重要

看出,73%的居民认为五台山风景区的旅游生态环境保护很重要,20%的居民认为比较重要,6%的居民认为无所谓,1%的居民认为不重要。这说明尽管这些居民的文化水平不高,但五台山当地居民都已经认识到五台山旅游生态环境保护至关重要,只是由于种种原因还没有或难于付诸实践,这对于风景区旅游生态环境的保护是非常有利的。

(六)是否愿意为旅游生态环境保护出力

统计结果见图7-6,有26%的居民表示很愿意为五台山旅游生态环境保护贡献出自己的一份力量,60%的居民表示愿意为五台山旅游生态环境保护出力,12%的居民表示无所谓,只有2%的居民表示不愿意为五台山旅游生态环境保护出力。这表明五台山风景区的当地居民都已经认识到旅游生态环境保护是至关重要的,这对于五台山进一步加强旅游生态环境的保护意义重大。

结合实地考察并深入分析调查结果发现,虽然大部分的居民都表示愿意为五台山风景区的旅游生态环境保护出力,但是在填写问卷的过程中填写"很愿意"的居民只占到被调查人数的26%,这表明大家对于为景区旅游生态环境保护出力的认识水平有限,并没有真正意识到这是自己需要承担的一份责任,因此,当地居民

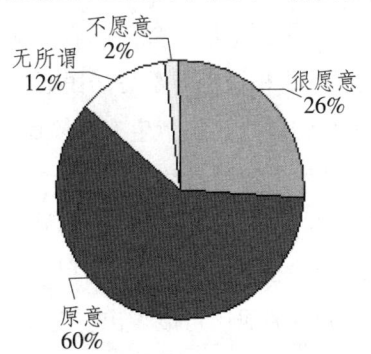

图7-6 是否愿意为旅游生态环境保护出力

参与旅游生态环境保护的积极性并不是很高。同时,我们发现尽管有一半以上的被调查者虽然表示愿意为五台山风景区的旅游生态环境出力,但是在问到具体愿意做什么的时候,大多数人表示不知道,或者是尽力而为,更有甚者认为自己个人的力量是微不足道的,自己做什么也没用,要保护旅游生态环境关键得靠政府,这表明五台山当地居民的旅游生态环境意识仍需进一步加强。可喜的是,部分居民表示自己能做到的就是节约用水、不乱扔垃圾、不乱倒污水,处理好自己的生活垃圾,例如定时将自己的生活垃圾倒入垃圾箱、保护好自己周围的环境卫生、自觉遵守规章制度等等,这表明部分居民已经认识到要保护五台山旅游生态环境需要大家的共同努力,只有形成人人参与、人人管理、共同努力的格局,五台山旅游生态环境保护才能取得进一步的保护与改善。

我们对参与旅游服务活动中的居民和没有参与到旅游服务活动中的居民的比较分析表明,前者更愿意为五台山风景区的旅游生态环境出力,这是因为作为旅游服务活动参与者,他们享受到了五台山风景区的旅游开发给自己带来的利益,自己的要求在某种程度上得到满足,当然就会支持五台山风景区的开发,并以积极的姿态继续介入,积极参与到五台山风景区旅游生态环境保护之中。因此,风景区政府要吸引当地居民参与到旅游服务活动中,提高居民的旅游生态环境意识,积极倡导部分居民起到示范作用,使得风景区内居民共同参与到风景区旅游生态环境保护的行列。

(七)旅游生态环境保护的措施

统计结果见图7-7,61%的居民表示不知道五台山风景区政府对旅游生态环境保护的措施,28%的居民表示自己知道但不清楚具体措施,只有11%的居民可以说出五台山风景区政府对旅游生态环境保护的措施。通过调查了解到,五台山风景区政府对旅游

第七章 五台山旅游生态环境影响因素分析——居民环境意识

生态环境的措施主要包括:对垃圾进行定点定时处理,对于不遵守景区规定乱倒垃圾者给予一定的处罚,大力推进植树造林活动,积极做好防火防尘、禁牧工作,限制宾馆和饭店无过滤措施排烟,保持寺庙内优美的环境,在风景区内多处设有指示牌,每天有宣传车在风景区内进行环境保护宣传,提高居民及游客的旅游生态环境意识。但是调查结果显示,五台山风景区内居民对此并不是很了解,大家对政府所采取的措施知之甚少,这一方面要求政府更进一步的加大宣传力度,一方面提高五台山当地居民的旅游生态环境意识也是刻不容缓的。

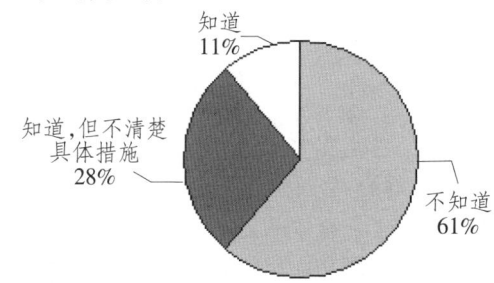

图 7-7 是否知道风景区政府对旅游生态环境保护的措施

(八)鼓励当地居民积极参与旅游生态环境保护

统计结果见图 7-8,关于"什么措施可以鼓励当地居民参与旅游生态环境保护"的调查结果,39%的居民表示加大宣传力度,让居民了解生态环境保护重要性这一措施可以鼓励当地居民参与到五台山风景区旅游生态环境保护,有 48%的被调查者表示给居民或者是居民子女在风景区安排旅游服务岗位可以鼓励居民参与到五台山风景区旅游生态环境保护,其余 13%的被调查者表示吸引家庭社区参与旅游,强化环保意识更能鼓励当地居民参与到旅游生态环境保护的行列。分析调查结果发现,仅仅采取单一的措施是不能鼓励当地居民参与到五台山风景区的旅游生态环境的保护

121

的,要想鼓励五台山风景区全民参与到景区的旅游生态环境的保护,必须解决好多方面的问题。首先,可以给居民或者是居民子女在风景区安排服务岗位,这样一方面解决五台山风景区居民的生活问题,一方面也让当地居民参与到旅游服务,改变五台山风景区居民传统的生产、生活方式,为了保护好自己生活和工作的环境,居民会更乐意自主参与五台山风景区旅游生态环境保护。其次,加大宣传力度,让居民了解生态环境保护的重要性,是一项长久的任务,只有让居民充分认识到旅游生态环境保护与自己的生活是息息相关的,这样才能提高居民的旅游生态环境意识,才能让更多的居民参与五台山风景区旅游生态环境保护的行列。最后,在各方面条件都允许的情况下相关部门可以考虑吸引家庭、社区参与旅游,让这里的居民走出去看看外面的世界,对比自己身边的这一世界文化遗产,加强其环保意识,这样对于五台山当地居民参与到景区的旅游生态环境保护是非常有效的。对于五台山风景区而言,这些措施并不是对立的,在具体的实施过程中,应该多种措施共同进行,强化五台山风景区居民的旅游生态环境保护意识,进而形成人人参与、人人保护、人人管理的格局,只有所有的居民都参与到五

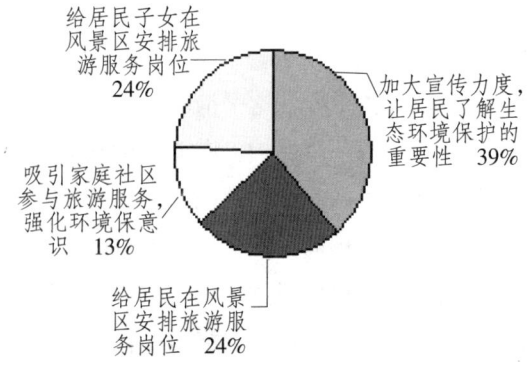

图 7-8　什么措施可以鼓励当地居民参与旅游生态环境保护

台山风景区旅游生态环境保护的行列,五台山风景区的旅游生态环境保护才能取得新的进展。

(九)当地居民搬迁意愿调查

统计结果见图7-9,由图可见,68%的居民是不愿意搬迁的,16%的居民表示搬不搬迁无所谓,12%的居民表示自己愿意搬迁,而只有4%的居民愿意搬迁。这说明绝大部分当地居民是不愿意搬迁。风景区政府之前已经组织过第一批居民进行搬迁,但是居民反映到本次调查为止,搬迁款并没有足额发放到居民手中,而新的居民点基础设施和配套社会不够完善,供水、供电等最基本的生活基础设施也得不到满足。而且,搬到新的居民点以后,居民失去原来的生计来源,所以大多数居民选择重新到风景区租房,从事旅游服务或商业服务等以补贴家用。这样一来,五台山风景区的人口压力不仅没有得到解决,反而又引起新的小商小贩见缝插针,进而影响风景区治安与旅游生态环境问题。政府现在计划要进行的第二批搬迁计划困难重重,居民表示很不理解,他们担心当自己搬迁出去的时候会像第一批搬迁的居民一样,生活得不到保障。调查过程中发现,对于搬不搬迁这个问题,在风景区内不同地理位置的居民所表现的态度差异很大,在五台山风景区主干道两侧或者是靠近

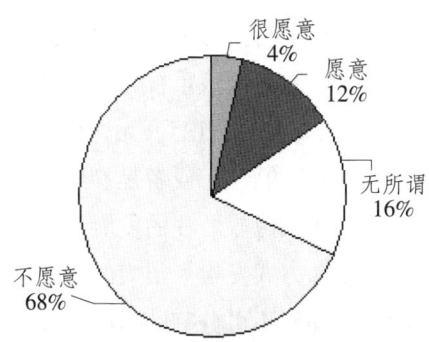

图7-9 五台山风景区居民是否愿意搬迁

五台山风景区服务中心的居民表示不愿意搬迁，这是因为这里的居民坐拥地产即可收入颇丰，即便拆迁款可以及时到位，对他们来说也没有吸引力，他们是完全不愿意甚至排斥搬迁。而地理位置较为偏僻或者远离五台山服务中心的居民，他们并没有这方面的考虑，而且对他们来说拆迁款将是一笔不小的金额，所以他们中的大多数表示只要拆迁款到位，他们还是愿意搬迁的。实地调查表明，还有相当一部分的当地居民不愿意搬迁的主要原因是他们从小在五台山长大，所谓"生于斯，长于斯"，对这里有着深厚感情。如果搬出去，他们会感觉很不适应，这大概是安土重迁的意识根深蒂固。总而言之，居民搬迁对于五台山风景区来说是一个很大的挑战。当地政府及有关部门，必须采取各种措施，解决好居民的后续安置和生活保障，保证居民顺利搬迁以缓解五台山风景区的人口压力，进而对五台山风景区的旅游生态环境进行更好的保护。

三、建议

调查分析表明，五台山风景区居民的旅游生态环境意识带有明显的经济利益驱动色彩；居民具有保护旅游生态环境的认知倾向和情感倾向，但重视程度远远不够；居民没有将旅游生态环境意识上升到自觉参与环境保护行为习惯的层次。为此提出如下建议：

第一，五台山风景区政府应该重视当地居民对旅游生态环境保护的重要性。不管大家有没有意识到，无论是对已经搬迁出去的居民、仍然在风景区内生活的居民，或者是参与到五台山风景区旅游服务的居民，五台山风景区旅游业的发展及由此带来的经济发展都使得当地居民的生活方式发生了很大的变化。必须承认当地居民是五台山旅游生态环境不可分割的组成部分，在发展五台山旅游经济的同时应当充分考虑当地居民的利益。只有这样，五台山风景区居民才能支持、服务、参与到旅游生态环境保护之中。

第二,对居民进行有关政策法令的宣传和知识普及。调查结果显示,绝大多数当地居民并不了解五台山风景区政府对旅游生态环境保护的措施,因此,对五台山风景区居民进行宣传和教育是必不可少的重要环节。这样可以促进政府的政策措施得到落实,同时避免由于居民的不利于旅游生态环境保护的行为而造成的旅游生态环境退化现象,提高居民对于五台山风景区旅游生态环境保护的关注和参与程度,这对于五台山风景区旅游生态环境的保护具有深远的意义。

第三,协调好旅游活动中各方的经济利益关系。理论和实践一再说明,旅游目的地居民之间、旅游目的地管理部门与居民之间、居民与旅游者之间的关系直接影响和制约着旅游目的地的发展,如果这些关系协调不好,就会直接影响到当地旅游业的持续发展。五台山风景区要重视当地居民的利益,协调好旅游经营者、社区居民与游客等各方的利益关系,促进当地居民自觉自愿地参与到五台山风景区旅游生态环境的保护和建设。

参考文献:

[1]石强、高文举:《国内旅游生态环境研究进展及趋势》,《旅游学刊》,2007,(08),第86—90页。

[2]刘帅、邢云鹏:《让"山西五台山"成为"世界五台山"》,《中国矿业报》,2007年9月29日(B02)。

[3]陈新凤:《五台山生态环境存在的问题及其对策研究》,《五台山研究》,2007,09(02),第41—44页。

[4]吕君、刘丽梅:《环境意识的内涵及其作用》,《生态经济》,2006,(08),第138—141页。

第八章　五台山旅游生态环境影响因素分析——垃圾问题

　　风景区旅游垃圾不仅直接破坏了旅游生态环境，也成为制约旅游风景区可持续发展的重要因素。旅游垃圾问题逐渐引起人们的重视，但是国内外对旅游垃圾处理的研究仍处于起步阶段。

　　我国现在对垃圾处理的研究主要有两方面：一方面为城市生活垃圾处理，另一方面为风景区旅游垃圾处理。关于城市生活垃圾处理的研究有王明珠对城市生活垃圾处理方式的可行性进行了分析，并提出了处理城市生活垃圾的合理方式[1]。杨小林等采用模糊数学决策法对城市生活垃圾处理方式进行科学选择[2]。陈炳禄等以广州市为例，运用多目标动态规划模型，层次分析法进行综合效益的评估取值，计算出了广州市生活垃圾处理系统的最低费用，为管理部门的决策提供了科学依据[3]。

　　关于景区旅游垃圾处理方面的研究包括：郭晖通过对长沙烈士公园的调查，提出了垃圾收集设施组合、布局新构想[4]。李顺芳根据旅游垃圾产生的原因，提出了相应的处理对策[5]。李庆雷提出了景区垃圾处理的新模式即生态综合处理模式。这种模式综合了焚烧法、填埋法、堆肥法等传统处理方法的优势，不仅能够有效解决景区垃圾的处理问题，而且如果处理得当还可以起到美化环境的作用，同时也可以培育成重要的旅游景观[6]。

第八章 五台山旅游生态环境影响因素分析——垃圾问题

五台山风景区垃圾处理问题是五台山旅游生态环境研究的重要内容，通过实地考察和一手资料分析探讨五台山风景区垃圾处理问题具有重要意义。

一、五台山风景区垃圾处理现状

（一）垃圾来源

表 8-1　五台山风景区垃圾来源

垃圾来源	垃圾性质
游客带入	生活垃圾和祭拜垃圾
旅游服务企业产生	各种垃圾但主要为餐厨垃圾
景区生物产生	主要是枯枝落叶
景区开发建设产生	建筑垃圾
景区办公产生	办公垃圾
当地居民生产生活产生	生活垃圾

由表 8-1 可见，五台山风景区垃圾主要来源于以下几个方面：

1.游客带入。五台山风景区游客产生的旅游垃圾主要包括两类：一类是游客产生的各类生活垃圾；另一类是香客带上山用于烧香还愿的香和烧纸。

第一类垃圾主要是游客为了方便游览，满足其最基本的生理需求而产生的。游客往往会将食品、饮料等各种物品带入风景区，之后就会产生果皮、纸屑、饮料瓶、食品袋、快餐盒、食物残余等垃圾，这部分垃圾在五台山风景区旅游垃圾中所占比重最大。

第二类垃圾主要是由来五台山风景区烧香还愿的香客产生的。五台山是文殊菩萨的道场，与四川峨嵋山、安徽九华山、浙江普陀山共称"中国佛教四大名山"。风景区内有五爷庙（万佛阁）、殊像寺、显通寺、菩萨顶、塔院寺等著名寺庙，香火旺盛。尤其是五爷庙香火最旺，有很多香客慕名而来，被游客誉为是五台山许愿最灵的寺庙。因此，香客烧香还愿产生的祭拜垃圾在五台山风景区旅游垃圾中所占比重不可小觑。

2.旅游服务企业产生。旅游活动过程中旅游服务企业不可缺少，他们为来五台山游览观光的游客提供各类餐饮、住宿、交通、游览、购物、娱乐等服务，在提供服务的过程中就会不可避免的产生各种垃圾，而数量最多的是餐厨垃圾其中包括食物残余和食品加工垃圾、客房中一次性用品垃圾、各类旅游商品外包装垃圾等等。

据五台山风景区垃圾处理办公处阴处长介绍景区大约有三十多家旅行社，一百多家小旅馆，一百多家小饭店，这些旅游服务企业在旅游旺季即春夏季大约每天会产生100多立方米的旅游垃圾。在淡季即秋冬季节虽然游客数量有所下降，但由于五台山风景区居民冬日主要使用燃煤来取暖，产生的煤渣量较多，因此风景区淡旺季所产生的垃圾总量相差无几。这类垃圾成分较复杂，但是以易腐有机垃圾和不可回收物为主。

3.景区生物产生。主要是指五台山风景区内生物新陈代谢产生的垃圾。五台山风景区不仅是佛教圣地，也是国家级森林公园，景区内林木覆盖率高达22%，五台山的动植物种类繁多，动植物新陈代谢所产生的垃圾占据一定的数量。

4.景区开发建设产生。五台山风景区为了完善旅游服务设施、丰富旅游吸引物往往会建设新的旅游项目，尤其是当地居民修建旅馆、饭店等建设过程中常常会产生各种各样的垃圾。其中最主要的是建筑垃圾，包括旧建筑拆除后的废弃部分、建筑物施工过程以及装修过程中产生的废弃物和各种废料等。

5.景区办公产生。五台山风景区在经营管理过程中往往会产生部分办公垃圾，比如报纸、杂志、办公用纸、钢笔等书写工具、各类包装等。

6.当地居民生产生活产生的垃圾。五台山风景区核心区内主要是寺庙和旅游者服务的商铺，相对较偏远的外围区域不仅有寺庙而且有当地民宅，其中不少民宅的部分房屋简单装修后作为小旅馆或小饭馆服务游客，产生的垃圾与居民生活垃圾一起倒入垃圾桶或垃圾车进行收集。

(二)旅游垃圾的影响

实地调查表明旅游垃圾对旅游生态环境产生重要影响，主要是：

1.直接污染五台山风景区旅游生态环境，进而影响游客旅游体验。风景区旅游垃圾堆放会释放出大量的氨、硫化物等有害气体，部分垃圾在堆放等待填埋的过程中会不断进行腐败发酵，有可能成为二次污染源，尤其是当雨水淋入后混合的渗滤液还会对五台山地区的地表水和地下水造成严重的污染，同时，旅游垃圾的堆放和填埋还会占用土地。因此，旅游垃圾会严重影响五台山风景区旅游生态环境，破坏其旅游景观，影响游客体验，进而增加游客的不满。

2.损害五台山佛教名山形象、影响旅游收入的增长。一个风景区要想得到长久的发展，必须要在旅游市场上树立良好的旅游形象。可以毫不夸张地说良好的旅游形象是风景区发展的关键因素，形象的好坏关系着风景区的生死存亡。五台山风景区也不例外，如果五台山风景区垃圾堆放不当、处理不及时就会使游客对这个佛教圣地的旅游形象产生不良印象，严重制约风景区的持续、快速、健康发展，还可能会对山西旅游业造成不良影响。

3.危及五台山风景区游客以及旅游从业人员的身体健康。景区垃圾中有很多致病微生物，而且往往是蚊蝇等的滋生地，这些必然在不知不觉中危害游客及旅游从业人员的身体健康。尤其是在夏秋季节,这是五台山风景区的旅游旺季,游客人数多,产生的旅游垃圾也多,那么这种危害就会变得更加明显。此外,在对旅游垃圾进行卫生填埋处理前需先把垃圾堆放在垃圾场,而其中有机物含量增高还会诱发垃圾爆炸事故,威胁风景区从业人员的人身安全与财产安全。

(三)旅游垃圾处理现状

针对游客产生的垃圾:首先,五台山风景区设立了垃圾分类箱,每个垃圾箱内设有两个内置垃圾桶,一个放置可回收垃圾,另一个放置不可回收垃圾,对垃圾进行了初步的分类处理。其次,主要依靠经过培训的环卫工人进行清扫,具体采取"扫帚清扫,手工捡拾,夹子抓取"的人工作业方式,并且定时巡回保洁来保证风景区的整洁。此外,风景区设立标语牌提示游客不要乱扔垃圾,注意保持风景区卫生。最后,定时派垃圾车在风景区统一收集转运至距离风景区大概二十里的前石佛村垃圾处理厂进行简单填埋处理。在填埋垃圾之前,既不进行分选,也不进行分类,但有防渗层以防止垃圾产生的渗滤液污染地下水及土地,有沼气回收设施防止垃圾发生爆炸,在一定程度上还是比较完善的。

针对风景区的游览活动、旅游管理产生的垃圾和居民产生的生活垃圾主要是利用垃圾车统一收集的。垃圾车每天都会播放着红歌定时定点的按照固定路线收集垃圾,时间大概在早晨八点半和下午三点。当居民听到歌声时就主动将自家的生活垃圾放置到垃圾车中,然后由垃圾车运至垃圾处理厂进行处理。而在旅游开发与建设过程中产生的建筑垃圾等主要由政府派出大型车辆进行统一拆除和清运。

二、五台山风景区垃圾处理方式存在的问题

通过实地调查和访谈,我们认为五台山风景区垃圾处理方式存在如下问题:

(一)垃圾没有实现分类回收

五台山风景区内的垃圾箱虽然有着可回收垃圾与不可回收垃圾之分,表面看来垃圾得到了初步的分类,但事实上只有部分矿泉水瓶、宣传单等可回收物被环卫工人拣去卖掉,勉强算是实现了回收,其他垃圾最后都一起倒入了垃圾车内,这样便无法从源头上对垃圾进行分类,不利于风景区内垃圾的资源化、无害化处理,更不利于五台山旅游生态环境保护和建设。

五台山风景区内的生活垃圾中易腐有机垃圾含量高,含水率达到65%~95%,与其他生活垃圾的混合收集,不仅污染了其他垃圾,加大了混合垃圾末端处理的难度,而且在运输和处理过程中很容易因为垃圾泄露对旅游生态环境造成二次污染。更重要的是五台山风景区作为国家级森林公园、国家5A级景区、佛教四大名山之首,这种垃圾处理方式与风景区形象相背离,不利于五台山风景区良好旅游形象的塑造。

(二)垃圾回收和处理设施落后

五台山风景区垃圾设施落后主要表现在两方面:一方面,风景区的垃圾回收设施本身不合理;另一方面,风景区的垃圾处理设施较落后。

据实地调查,目前五台山风景区的垃圾回收设施比如垃圾箱主要有以下几种。

如图8-1的这种垃圾箱主要是敞开式的密封性比较差,容易引起蚊虫及苍蝇漫天飞舞的现象,它们所携带的病菌又很容易滋

生疾病,对环境会产生极大的污染[7]。而且,由于空间的限制目前的垃圾桶所能存储的垃圾量非常有限,尤其在旅游旺季的时候经常会出现垃圾外溢、一个垃圾桶旁边一个小垃圾山的现象,这严重影响着五台山风景区的形象和生态环境。

图 8-1　敞开式垃圾桶

如图 8-2 的这种树桩形垃圾桶造型独特精美,与风景区内环境相协调,但我们可以发现这种垃圾桶的开口显然太靠下,而且纸盒等大一点的垃圾不易投入,这样的垃圾桶对于小孩子来说投放垃圾还较为方便,但对于成人来说就比较困难。从一定程度上来说,不利于有效地引导游客积极投放垃圾。

图 8-2　树桩形垃圾桶

如图 8.3 的这种大型移动式垃圾桶,容量大,盖上盖后密封性相对较高。但到旅游旺季,游客数量骤增,而垃圾桶容量相对较小,会出现垃圾外溢,甚至形成小垃圾山的现象。

图 8-3　大型移动式垃圾桶

五台山风景区垃圾处理设施主要有：铲车、拉土车、药剂、简易防渗设施、沼气倒排收集设施、渗沥液污水泵等等，明显落后，更无法与世界遗产级的佛教圣地相匹配。

(三)垃圾处理方式单一

据五台山风景区垃圾处理项目办公室阴处长介绍，五台山风景区垃圾处理方式现在主要是或者可以说只是进行简单填埋，而且在填埋之前不对垃圾进行分拣。而现在山岳型景区一般会采用填埋法、堆肥法、焚烧法处理垃圾，所以与其他山岳型景区相比较而言五台山风景区垃圾处理方式可以说很单一。填埋法虽然相对于堆肥法、焚烧法而言操作简单，所需资金较少，可以同时处理不同种类的垃圾。但是也存在很多不足：第一，使用这种方法处理垃圾不仅需要先对垃圾进行碾碎、压实、覆盖处理，之后还需要对填埋场产生的气体、渗沥水进行防漏、防渗处理。第二，在垃圾堆放等待填埋的过程中垃圾产生的臭气不仅可能严重影响垃圾处理场周边的空气质量，间接危及五台地区居民的身体健康，还可能会发生爆炸，直接威胁从业人员的安全。因为垃圾发酵腐败过程中会产生甲烷等可燃气体，这些气体很容易引发火灾甚至会发生爆炸。第三，如果防渗措施有漏洞那么五台地区的地下水和土壤很有可能会受到垃圾渗滤液的污染。最后，随着旅游事业的发展，风景区对填埋场的标准也越来越高,场地将越来越难以选择[8]。

(四)垃圾处理资金不足

五台山风景区垃圾处理方式存在很大的问题,包括垃圾不分类回收、回收设施不合理、收运模式不科学、处理方式单一、处理设施落后等,但究其根本原因还在于垃圾处理经费不足。据五台山风景区垃圾处理项目办公室阴处长介绍,在2011年时为彻底解决五台山风景区生活垃圾处理问题,改善景区整体形象和投资环境,五台山风景区政府全力推进了五台山垃圾处理厂建设,共投资3509.85万元,总库容25.4万立方米。但是,随着五台山风景区的发展,每天产生大量的垃圾,现有的垃圾碾压机等垃圾处理设施已相对缺乏,需要添置。而资金的不足就限制了五台山风景区垃圾处理减量化、无害化、资源化目标的实现。

三、游客垃圾分类投放的调查

五台山风景区调查表明,65%的游客对垃圾分类投放是了解的,35%的游客不了解。见图8-4。

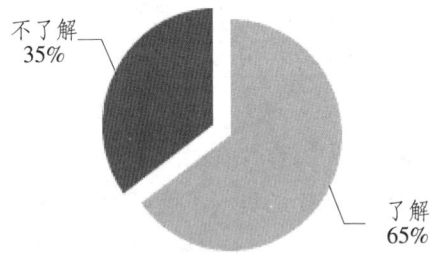

图8-4 是否了解垃圾分类方式

显然,仍然有很大比例的游客对于垃圾分类方式不甚了解,对于环境问题不够重视,这些都是摆在眼前的客观事实。而导致游客不了解垃圾分类方式的主要原因是在五台山风景区中,管理者对垃圾分类方式的宣传不到位,缺乏对景区游客的有效引导。

当问及在旅游过程中"是否会分类投放垃圾"时,73.30%的游客回答会分类投放垃圾,26.70%的游客回答不会。见图8-5。

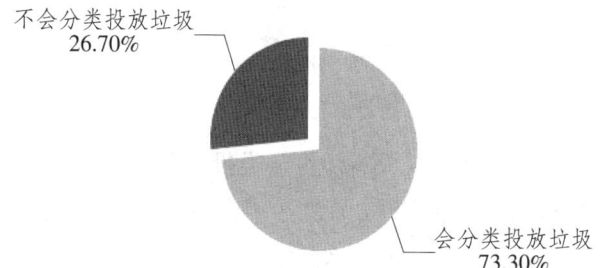

图8-5 是否会分类投放垃圾

深入调查发现,五台山风景区中游客回答不会垃圾投放的原因是多方面的,一是游客不了解垃圾分类方式,二是景区垃圾分类设施不齐全,三是游客对于垃圾分类放置的自觉性不够。所以,要想真正实现垃圾分类投放,游客不仅要对垃圾分类方式有正确的了解,还要有适当环境进行垃圾投放,同时自觉性又不可缺失,三者缺一不可。

对于风景区来说,则需要景区内的公共设施能正确引导游客,明确告知游客关于垃圾分类的各种讯息。例如:"如何垃圾分类"、"哪里可以投放垃圾"、"垃圾分类的好处"等等,并在风景区内设置充足的垃圾桶、指示牌等,正确地引导游客对分类放置垃圾。同时,风景区内的设施也可以以标语牌的形式写明各种处罚措施,以此警示游客。从景区的角度对游客一引导,二警示,双管齐下,既避免游客想扔垃圾却无处可扔、想分类放置却不知如何分类的尴尬局面,也提醒游客要正确分类垃圾,爱护环境。

当问及游客不进行垃圾分类投放的原因时,认为景区没有分类垃圾桶的游客占16.39%,认为景区宣传不到位的游客占

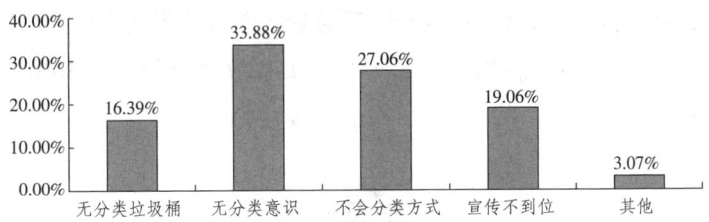

图 8-6 垃圾没有进行分类投放的原因

33.88%，因为游客本身没有垃圾分类投放意识的游客占 27.60%，因为游客不了解垃圾分类方式的游客占 19.06%，见图 8-6。上述数据表明，游客不进行垃圾分类的原因是多方面的。从游客的角度看，游客具有垃圾分类投放意识是游客完成垃圾分类投放行为的关键因素，也是前提。"游客没有垃圾分类投放意识"的所占比例最高，其次是"不了解垃圾分类方式"，再次是"景区宣传不到位"，最后是"景区没有分类垃圾桶"。说明五台山风景区需要继续完善垃圾分类设施设备，并加大宣传垃圾分类投放的力度，使游客在游览过程中更加方便、更加自觉地对垃圾进行分类投放。

四、建议

五台山风景区不仅是国家级森林公园、国家 5A 级景区，还是我国"佛教四大名山"之首，是一个融自然风光、历史文物、古建艺术、佛教文化、民俗风情、避暑休养为一体的旅游风景名胜区。在国家修订环保法以后，风景区垃圾处理要求更加严格。现针对五台山风景区垃圾处理问题提出如下建议（见表 8-2）：

（一）引导游客对垃圾进行有效的分类放置及回收

五台山风景区垃圾的分类放置主要依赖于游客。每到五台山风景区的旅游旺季即春夏之际，五台山风景区游客日流量可能超过万人，2014 年中国旅游日，五台山风景区日流量更是高达 10 万

表 8-2　五台山风景区垃圾处理方式存在的问题及对策

存在问题	相应建议
分类回收的问题	引导游客对垃圾进行有效的分类放置及回收
处理设施落后	引进先进垃圾处理设施并使现有设施合理化
处理方式单一	择优选择垃圾处理方式
处理资金不足	多渠道多途径筹集资金

余人。因此,风景区需要加强游客垃圾分类宣传力度,并在风景区合理设置足够数量的分类回收垃圾箱,积极引导和鼓励游客按照可回收垃圾、不可回收垃圾和有毒有害垃圾进行分类放置。同时,要把风景区环卫工人的工作落实好。

就旅游垃圾投放而言,敞开式垃圾桶虽然密封性比较差,容易引起蚊虫及苍蝇漫天飞舞的现象,对环境产生极大的污染。但这种垃圾桶在景区里最为常见,其所占体积小、外表美观、能够对垃圾进行有效分类的优势也是其他垃圾桶所不能取代的。因此,可以通过增加清扫频率、减少垃圾存放量来弥补其缺点。树桩形垃圾桶造型精美,与五台山风景区环境相协调。只需要把垃圾投放口做大、位置上移或者把树桩中心掏空,然后将垃圾投放口设在树桩上方也可弥补其缺陷。大型移动式垃圾桶不仅容量大可以存放相对较多的垃圾,而且可移动至方便游客投放垃圾的合理位置。因而,在旅游旺季垃圾数量增加时,只需相应增加大型移动式垃圾桶的数量即可。

(二)引进先进垃圾处理设施并使现有设施合理化

随着五台山风景区旅游垃圾数量的增多,目前采用的填埋法及其利用的设施已无法满足五台山风景区垃圾处理的要求,可以引进先进的垃圾处理设施和技术,如我国最新研制的焚烧土炉,这种土炉在焚烧垃圾的过程中也能达到无焚烧死角,将所有垃圾完全焚化的效果,最重要的是所需资金相对较少,对于五台山风景区来说更有可实行性；可以增设生化消化器进行堆肥，弥补传统堆肥方式处理效率低、易产生恶臭、工艺条件难以控制的不足；可以增设碾压机对垃圾进行更好的碾压处理，使垃圾尽量减量，增加填埋场相对填埋空间，延长填埋场使用周期。

(三)择优选择垃圾处理方式

采用生态综合处理模式，即根据五台山风景区景观建设需求，在对垃圾进行分类的基础上采用不同方法对景区垃圾进行多层次的综合处理与利用，最终使整体效益最大化。第一，对五台山风景区的垃圾进行初步的分类，分拣有机垃圾和无机垃圾。在无机垃圾中找出废纸、废金属、废塑料等作为可回收部分加以回收利用；有机垃圾中可利用的部分进行堆肥处理。第二，旅游垃圾经过简单分拣分出干材料和湿材料，进行科学分类，适当采取焚烧处理方式，购置热能回收设备，有效回收热能用于当地居民供暖等。第三，将燃烧后的废渣进行填埋。如果有条件还可以对填埋场辅以适当的景观再造，使填埋场发展成为风景宜人的旅游景观或旅游吸引物。这样不仅同时利用了堆肥法、焚烧法和填埋法的优点，而且最大程度地实现了垃圾处理资源化、无害化、减量化的目标，有利于五台山风景区的可持续发展。

(四)多渠道多途径筹集资金

垃圾处理关系整个五台山风景区的可持续发展，是风景区的大事。五台山风景区可以从以下几个方面来筹资以保证充足的垃圾处理经费。

首先，风景区自身可以通过对进山费、寺庙参观费、缆车游览费等的统筹获得一部分资金，也可以充分利用香客敬香所捐款项的一部分来筹集资金。其次，五台山风景区吸收民间投资者参与五台山风景区垃圾处理工程。再次，在五台山风景区旅游经济发展后劲不断增强的前提下,有计划地逐年增加对五台山风景区环境保护和垃圾处理的投资。

参考文献

[1]王明珠:《城市生活垃圾处理方式的可行性分析》,《城市发展研究》,2013,02(20),第14—16页。

[2]杨小林、杨开明、赵琴、邢纪锋:《城市生活垃圾处理方式的模糊综合评判》,《西华大学学报》,2009,02(28),第84—86页。

[3]陈炳禄、王志刚、陈新庚:《广州市生活垃圾处理方式及物流管理方案优化》,《上海环境科学》,2000,19(11),第511页。

[4]郭晖:《旅游景区垃圾收集清运探究》,《环境与可持续发展》,2006,(04),第10—11页。

[5]李顺芳:《浅析旅游垃圾对旅游环境影响及其解决对策》,《科技信息》,2007,(24),第474—475页。

[6]李庆雷、黄梅、高大帅:《旅游循环经济视角下景区垃圾处理的新模式》,《环境科学与管理》,2008,33(04),第161页。

[7]杜武:《庐山旅游垃圾回收设施设计研究》,南昌大学,2013年。

[8]刘经源、苗万强、袁春来:《碾子山区垃圾处理方式初探》,《黑龙江环境通报》,2002,26(02),第44—45页。

第九章 五台山旅游生态环境建设——绿化景观带塑造

一、绿化景观带

"绿道"是包含线性元素的绿色土地网络,是具有生态、游憩、文化、审美等多种功能的可持续发展的绿色开敞空间。包括从社区公共道路到引导野生动物进行季节性迁移的栖息地廊道,从城市滨水区绿带到风景名胜区的游步道等。根据形成条件与功能不同,可将绿道分为下列 5 种类型:①城市滨河绿道:通常沿着被忽视的、衰败的城市滨水区,建设为再规划、再发展计划的一部分或全部。②游憩娱乐型绿道:具有个性特色和多种类型的道路,一般以自然廊道为基础,距离较长,如山谷、废弃道路、公共通道等。③自然廊道:通常沿着河流和小溪,有时也沿着山脉线,用于野生动物迁徙和物种交换、人类科学考察和打猎等,具有很大的生态意义。④景观线路绿道:通常沿着道路,高速公路或者水路,最典型的是为背包客提供沿着道路的专门通道,使他们有一个能避开汽车的空间。⑤综合型绿道系统:通常基于山谷和山脉等自然地形,但有时,为了创造一种可供选择的市政或地区绿色基础设施,它仅仅是一些随机组合的绿道或具有多种功能的开放空间[1]。

绿带是指设置在城市、地区边界地带的绿色开敞空间,主要用于分隔相邻区域、限制和控制邻近城市和地区的肆意扩张。它可以是风景区、林区,也可以是草场、田地。绿带设置的目的是通过保持绿带的永久开敞性以限制城市和地区的蔓延;阻止和调整城市开发的空间布局和模式;保护农村、林业等相关用途;促进城市的更新和可持续发展。

绿化景观带,也称绿化带,是指在道路两侧的可用范围内,经过绿化处理的线形地带。在绿化带区域内,道路的空间尺度被乔木、灌丛等植物所改变,从而使道路空间具有良好的宽高比,可以有效地缓解行人、司机视觉上的疲劳,具有很高审美价值。设置在道路中央的绿化带能分隔交通,具有安全功能。另外,绿化带的植物还可调节气候、净化空气、减弱噪音等,对生态环境具有很大的保护意义。

可见,绿道、绿带、绿化景观带都是在一定区域内通过规划、设计的呈线状或条状分布的人造绿色景观。它们都具有生态、美学和社会文化功能。具体而言,绿化景观带是指结合旅游规划和景观美学等理论,以利用绿色植物为主塑造出的兼具自然、人文因素的综合性条形区域。它是集生态性、艺术性、欣赏性及文化性于一体的综合型景观,是与绿道、绿带、绿化带都属于同一范畴的。

早期的绿道主要围绕着河岸和道路等呈线状分布,并以娱乐、审美功能为主。最早出现的绿道思想可以追溯到周代(公元前1046年—公元前221年),当时在筑城和城市规划中已能顺应自然条件,利用山体、河道修建城墙和城壕,并且还颁布了沿城壕外围必须植树造林的第一部法律。到战国时期(公元前770年—公元前476年),思想家管子已经意识到沿河岸植树造林能加固土壤,防止水土流失。之后的隋代、宋代,也都分别沿京杭大运河、钱塘江河岸种植了大量的树木。这些都可作为中国古代所开展的大规模、有目的的绿道建设项目[2]。在古代绿道发展过程中,自秦代开始(公元前221年)到明代正德年间(1518年),在川西古蜀道上先后经过8次大规模种植和维护的剑门蜀道"翠云廊",是迄今为止世界上最古老、保存最完整的古代绿道,是我国古代绿道塑造成果中的杰出代表。

国内学者对绿道、绿化景观带的研究主要集中在城市绿道、绿化带的规划方面,而对旅游风景区绿化景观带的研究很少,现有研究也仅集中在对公园绿道的规划方面。在城市绿化建设中,国内诸多学者对城市绿道、绿化带规划进行了探究。徐文辉结合绿道规划的基本原理,依据杭州市绿地系统规划结构和绿道规划建设要求,制定了市区和城区两个层次的绿道规划:市区以对城市生态环境、居民休闲生活、城市景观和生物多样性有直接保护的生态型绿道为主;城区以防护型和游憩型绿道为主,其中防护型绿道实现防燥、防尘、防废气和美化的功能,游憩型绿道形成以西湖风景区为绿芯、钱塘江运河为绿带、河流和道路沿线的绿地为绿脉、各级公园绿地和绿化广场为绿点的具有良好防护和游憩功能的城区绿道系统,充分发挥绿道规划在保护城市生态环境、丰富城市生物多样性、提高市民游憩质量等方面的重要意义[3]。黄静、刘晓路以北川新县城永昌大道绿化景观带设计为例,通过对当地道路的考察分析,对其道路绿化景观带的设计从整体设计风格的把握和设计细节的推敲,展示和强调了景观大道在新县城的形象和重要性,进而形成了完整而成熟的城市道路绿化景观带设计方案[4]。傅立新以榆林经济开发区平安大道两侧绿化景观带设计为例,通过了解榆林经济开发区平安大道的概况和现状,提出了景观规划的设计原则、设计要求和设计构思,探讨了林带竖向控制设计,并且还为绿化景观带植物的品种选择与规划作了详细的说明[5]。

旅游风景区的绿道、绿化景观带规划建设很少,主要出现在少数公园中。叶文、马有明、杨殷迪阐述了绿道的概念、分类和功能,以西双版纳热带雨林国家公园绿道规划设计为例,根据绿道规划设计的方法,将保护地绿道分为干道型绿道、生态小道型绿道、特殊类型绿道三种类型[6]。王喜平以"自然、生态、人本"为理念,对广州帽峰山森林公园景观大道进行了绿色景观设计,将道路景观布局为"一段五带",即一条景观带,五个特色段,将"景观、生态、休闲、观光、防火、防护"等多种功能融于一道,创造了独具特色、功能多样的道路绿化景观[7]。季汝淑对合肥市环城公园绿带的植物配置做了详细调查,结合现代化进程中人们对景观建设提出的新要求,指出了环城公园绿带规划存在的突出问题,并提出通过丰富植物品种、选用乡土树种、注意采用季相变化的树种等措施调整植物群落,改善公园绿带,促进人与自然和谐发展[8]。

可见,国内学者研究的主要内容是公园的绿道、绿化景观带规划设计、植物配置、绿化设计、功能评价等方面,对山岳型旅游风景区绿道、绿化景观带规划塑造的研究成果较少。随着大众旅游时代的到来,旅游业迅速发展,散客旅游者数量越来越多,驴友、背包客等自助旅游者已成为旅游业一道亮丽的风景线。实地考察表明,五台山风景区上山路途遥远,目前供游客游览的景观类型单一,影响步行和骑车旅游者的愉悦心情,所以,绿化景观带的建设,可以增加游客旅游兴趣,丰富游客旅游体验,并在一定程度上缓解游客疲劳心理。在五台山风景区内外塑造绿化景观带对完善景区规划建设、改善旅游生态环境等方面具有重要意义。

二、五台山植物资源概况

五台山地处黄土高原东缘,素有"华北屋脊"之称,形成特殊的山地气候，气候—土壤—植被类型呈现出明显的垂直分布，类型多样，因而蕴藏丰富的植物资源。据调查统计，该地区高等植物包括99科351属595种。乔灌木113种，占总数的18.7%，草本植物482种，占总数的81.3%。1992年和1994年分别列入国家级森林公园、全国二十处示范森林公园之一。全五台山地区森林面积达383.7万亩，草地面积384.4万亩。

五台山乔木主要分布于五台山海拔1700～2700m之间的山地。在这个林线内，其上部主要以云杉、落叶松、油松等针叶林为主，与林下的苔藓类构成生态群落。其下部以针阔混交林为主。阔叶树种主要是桦树、山杨等，内部混杂着野刺梅、丁香、山桃、山杏、绣线菊、胡榛子等灌丛以及一些莎草等草本构成生物群落，覆盖率为80%～100%，为森林带。主要类型可分为云杉(白杆)、细叶云杉(青杆)林，含有臭冷杉的云杉、细叶云杉林、华北落叶松(红杆)林、华北落叶松、白桦林、油松林、白桦、山杨林等。

五台山草地具有明显垂直带谱，主要类型和分布状况如下：

1.亚高山草甸。此类草地覆盖面积最广，达179.7万亩，占草地总面积的46.76%。草层致密，产草量高，载畜量大，是理想的天然牧草。组成植被以中生草本植物为主，由于多分布在海拔2200m以上的山地，气温低，温差大，降水多，年利用期仅60～120天。常见的草地主要有台顶嵩草草甸、五花草甸、苔草草甸、浅谷地中生禾草草甸等。

2.山地疏林、林缘草地。此类多在海拔1600～2300m的地段，与森林交错分布，或者谷底为疏林、坡地是草丛，或为毁林后的次生草本群落，面积较小，仅占草地总面积的38.7%。由于雨量较多，热量和保水条件较好，草地以中生植物为主，覆盖率达95%以上。该类草地分为沟谷豆科—杂草草地和疏林—林缘中生禾草—杂草

表 9-1 五台山草地类型汇总表

草地组		面积（万亩）	特点	组成	分布位置
亚高山草甸	台顶嵩草草甸组	0.78	植被稠密、矮生、草质佳，被称为"油草"	别氏嵩草、高山矮嵩草、寸苔、披针叶苔、高山蒲公英	分布于海拔2800m以上的台顶，主要在北台、中台、西台顶部
	五花草甸	25.6	草质较差，不宜作刈草地	双子叶菊科、蔷薇科的橐吾、蒙古山罗卜、异叶青兰等	分布于海拔2400~2700m的台顶下湿润坡顶，以南坡为多
	苔草草甸	119.6	草株密、盖度大、为一、二等草场	以中生的达乌里苔草、披针叶苔草和丛苔为优势种，兰花棘豆、山马蘭、芦豆苗、花苜蓿等次之	山岳南北均有分布
	浅谷地中生禾草草甸	26.6	草株高、密度大、产量高，是刈割利用最有价值的二等草场	大叶章、无芒雀麦、草地早熟禾、西伯利亚早熟禾、异燕麦、苔草等	分布零散，多出现在高寒浅谷的暖坡湿地
山地疏林、林缘草地	沟谷豆科+杂草草地和疏林	4.08	草株低，密度不大	小糠草、野大豆、天兰、地榆、拂子茅等中生草类	与森林交错分布，主要分布于谷地或坡地
	林缘中生禾草+杂草草地	10.8	适宜调制干草及青贮，可作为理想的刈草地利用	多为野青茅、大油芒、苔草、兰花棘豆等	主要分布于遭遇过毁林的区域
山地灌丛草地	中山虎榛子+苔草草地	9.7	草质较差，灌木下多苔草和双子叶杂草	以虎榛子为主，土庄绣线菊次之	分布在海拔1600~1900m的阴坡或半阴坡
	中山灌木状栎类+双子叶杂草草地	0.96	草株低矮，质量很差	以矮生、灌木状辽东栎等为主，灌木下多为双子叶杂草	分布普遍

续表

草地组		面积（万亩）	特点	组成	分布位置
山地灌丛草地	低中山醋柳+中生禾草草地	27.9	草株高，性喜暖	以间群灌木醋柳为主，间生着黄刺枚和三裂绣线菊等	分布在低中山沟谷的阳坡
山地草原	中山羊茅+贝加尔针茅草原	10.2	草质中等，但目前枯草层甚厚	以耐寒、中旱生的紫羊茅、贝加尔针茅、大针茅、苔草等	分布在东台的鸿门岩等处
山地草原	低山本氏针茅+铁杆蒿草原	73.5	草群的密度和盖度均小	以大针茅、本氏针茅、克氏针茅、隐子草、铁杆蒿等为主	主要分布在低中山的干旱坡地，尤以阳坡最多
喜暖灌草丛	白羊草灌草丛	67.4	根茎短，草株地，耐干旱	以白羊草占优势，黄背草、铁杆蒿、醋柳等次之	多出现在海拔1300–1700m 的南坡低凹处或阳坡

* 资料来源：《山西省自然地图集》（内部资料，1984）[9]

草地两种类型。

3.山地灌丛草地。此类草地在林线以下分布普遍，共有38.6万亩，占草地总面积的10%左右。分布区的年均温比山地草甸高，与量较山地草甸少，但又略高于山地草原。优质草地面积不大，并且还有小面积有害或利用价值很低的灌丛草地。常见的有中山虎榛子—苔草草地、中山灌木状栎类—双子叶杂草草地和低中山醋柳—中生禾草草地三种类型。

4.山地草原。主要分布在干旱山丘坡地，亚高山山梁峁地仅有小面积分布，共有83.7万亩左右，占草地总面积的21.77%。主要有中山羊茅—贝加尔针茅草原和低山本氏针茅—铁杆蒿草原两种类型。

5.喜暖灌草丛。多出现在海拔1300～1700m 的南坡低凹地或阳坡、气候温暖、雨量中等的山段，面积 67.4 万亩，占草地总面积的 17.54%。属白羊草灌草丛，组成植物以白羊草占优势，黄贝草、铁杆蒿、达乌里胡枝子、醋柳、三裂绣线菊等次之。

三、五台山风景区绿化景观带塑造

（一）塑造条件

首先，五台山风景区以台怀镇为中心、五个台顶为界的核心景区面积为 116 平方公里，森林覆盖率达 19.9%，乔木、灌木、草丛品种丰富，种类繁多，拥有得天独厚的植物资源，为绿化景观带的塑造提供了优越的先天条件。其次，五台山风景区地域广阔，进入风景区和核心景区的沿途景观单一，缺乏科学合理的规划设计，成为五台山风景区塑造绿化景观带的必要条件。

（二）塑造理念

1. 突出生态和谐理念

生态和谐原则主要指物种与环境、物种与物种之间的协调统一关系，是景观塑造中最重要的原则。它要求景观塑造引进的灌丛、花草需要和当地的环境、当地现存植物适应，避免物种侵袭，危害当地植物的生存。因此，在五台山风景区绿化景观带塑造过程中，应充分考虑植物的生物学特性、生态学特性和五台山自然环境，以当地适生植物为主，适当引进特色植物，坚持因地制宜，体现生态和谐。

2. 体现景观要素多样性

景观要素主要是由不同种类的植物构成的。植物尽量选择适合当地自然环境生长、抗虫耐寒、生态效益高的植物类群，配置时尽量形成多种灌丛、花草和地被植物有机结合的景观格局，避免植物单一，景观单调。通过多种植物的合理配置，充分体现景观要素的多样性。

3. 符合美学原则

从哲学层次看,旅游过程是一个审美过程,风景区绿化景观带塑造的目的在于改善旅游生态环境、增加游客审美兴趣。在绿化景观带规划设计过程中,必须结合美学理论,运用美学原则,体现美学价值。合理配置灌木、花草和地被植物,形成高低有序、错落有致的局面;合理配植不同季相的花草,以使不同季节有不同的花卉的点缀;服务设施建设要与周围景观协调一致,融为一体。利用美学原理,力求呈现给游客一幅优美的风景,得到审美的享受。

4. 坚持"以人为本"原则

绿化景观带塑造的主要服务对象是游客,因此,绿化景观带塑造过程中必须坚持"以人为本"的原则。首先,要考虑游客的健康安全和游览活动需要,如不宜在绿化景观带栽种有毒、有刺、有臭、易招惹虫蚊、易引起花粉过敏的树种;其次,在规划设计中要以人的视觉感受为宗旨,从游客的基本生理和心理出发,精心设计风景区内绿化景观带,力求给游客留下深刻的视觉印象,缓解旅途疲劳,充分体现人文关怀;最后,合理布置服务设施,充分考虑服务设施的位置、尺寸、形状、材质等要素,尽量满足游客安全、休憩、休闲、保健的需求,带给游客精神的愉悦。

(三)塑造设计

1. 总体构思

充分结合五台山风景区当地实际情况,采用科学的景观配置手法,塑造一个"三点四带通景区"的景观格局。"三点"即五台山风景区南门进山口、西门进山口、北门进山口三个地点。"四带"即四段绿化景观带,分别是南门进山口两段、西门进山口一段、北门进山口一段。

第九章 五台山旅游生态环境建设——绿化景观带塑造

五台山风景区有北门、西门和南门三个进山口，其中北门主要承接来自北京、大同方向的游客和在五台山火车站下车的游客，西门、南门主要承接来自太原、忻州方向的游客。北线连接五台山火车站，交通便利；西线台忻线路段多为盘山公路，路况欠佳，但景色优美；南线连接忻州、太原、阜平、京石等高速，路况良好，交通便利。三个进山口每年接待游客量成千上万，是绿化景观带塑造的重点范围。根据资料查阅和实地考察结果分析，在南门进山口的内外塑造两段绿化景观带，即 A 段——景区外的石咀乡路口到南门进山口（现游客接待中心）和 B 段——南门进山口（现游客接待中心）到台怀镇中心；在西门进山口塑造一段 3~5 公里的绿化景观带 C 段，大致在西门进山口到万佛洞范围内；在北门进山口塑造一段绿化景观带 D 段，从北门起至台怀镇中心。（见图 9-1）

绿化景观带整体布局效果为由三点（南门、西门、北门）发出，汇聚于一点（台怀镇中心），贯穿整个风景区。

绿化景观带的植物配置主要采用两种方式，即自然式和规则式。

2.分项叙述

A.石咀乡路口到南门进山口（游客接待中心）的自然式绿化景观带

结合该路段实际情况，选择道路两侧地势平缓的地段，对地形进行微调整，为植物生长提供良好的基础。充分考虑植物的生长特性，种植宽约 5m 的中低植物群落，以灌木和草丛杂生为主采用自然式种植方式，力求与原本绿树成荫的自然格局融为一体，展现出林海郁郁葱葱，枝头蝉鸣鸟啼，树梢风吹叶动的大自然原生态画面。该段灌木主要选择落叶灌木。

图 9-1　五台山风景区示意简图

B.南门进山口(游客接待中心)到台怀镇中心的规则式绿化景观带

此段范围内分布有居民区、商业区,植物选择株叶丰满、株形优美、花期长、生态效益高的株型,既满足游客和居民审美的需求,又起到改善环境的作用。利用适生植物配置整齐规则的绿化景观,并与周围环境相协调,达到景点、景观不中断的效果。如图 9-2。

图 9-2　B 段绿化景观带塑造实景照片

具体设计为:以草地或常绿灌木为基调,相隔固定距离(约 500m)夹生不同花期的灌丛,同一花期的灌丛以规则几何图形、符号分布,比如菱形、卐字形(卐代表佛教的符号,体现了佛教文化),形成一条由五颜六色、千姿百态的繁花点缀的绿毯。该段灌木草丛主要选择常绿型和花期长型。

C.西门进山口到万佛洞的规则式绿化景观带

西门进山口到下庄村之间的道路多蜿蜒曲折,需选择路况平直、坡度较缓的部分路段进行规划设计。从下庄村到万佛洞的道路平坦笔直,路况较佳,是塑造绿化景观带的最佳地段,作为此带的重点规划范围。该条绿化景观带大约控制在 3m 宽,每 500m 种植一种落叶灌木(如榆叶梅),灌木下种植地被植物和花草,通过整齐的植物配置,塑造为一段树上花开、树下草盛的生机勃勃的景象。

D.北门进山口到台怀镇中心的规则式绿化景观带

北门进山口距离台怀镇景点密集区较近,且道路宽敞无曲折,所以需精心设计一条长约3~4公里、宽约3~4米的绿化景观带。结合周边环境,充分考虑绿化景观与景点的协调性,用速生草地铺成绿色地毯,加上不同颜色的花雕点缀,形成五彩缤纷的奇观世界,突出植物的色彩变化,给人以清亮明快的美感。

3.植物品种选择

落叶灌木:榆叶梅、珍珠梅、连翘、山杏、黄刺梅、沙棘、红瑞木、紫叶小檗、丁香、文冠果。

常绿灌木:沙地柏、朝鲜黄杨、日本黄杨、水蜡、金叶狄、小叶黄杨。

花草:三裂绣线菊、兰花棘豆、花苜蓿、双子叶菊科、山马蔺、天兰、野菊花、金莲花、苓苓香、串串红、野罂粟、矮牵牛、紫茉莉、孔雀草。

草地和地被植物:达乌里苔草、披针叶苔草、芒雀麦、草地早熟禾、西伯利亚早熟禾、异燕麦、野青茅、大油芒、紫羊茅、贝加尔针茅、大针茅、白羊草、黄背草、铁杆蒿、苔草。

四、建议

(一)尽量选用当地适生树种

绿化植物的选择是绿化景观带设计中一个重要的环节,对景区规划和管理具有重要意义。在选择树种时,必须考虑植物的生物特性和五台山独特的自然条件,遵循"适地适树"的原则,尽量选择当地适生树种,减少不必要的人力、财力投入,降低景观的维护费用,避免给后期的管理工作增加麻烦。

(二)有计划地限制私家车辆进入景区

塑造绿化景观带的主要目的是增加徒步游客可欣赏景观,丰富游客旅途的趣味性,缓解游客生理和心理的疲劳,提高游客旅游满意度。在绿化景观带区域,过多私家车辆的进入将严重影响绿化景观带的功能和使用效果,主要表现在三方面:第一,过多私家车辆的进入,会很大程度地限制游客的活动范围。五台山风景区海拔高、地势险,交通要道的宽度受到限制,不适宜设置专门的机车道、自行车道和人行道。如果允许私家车辆大量进入,尤其是旅游高峰期,景区道路车辆增多,引起交通拥堵,游客的活动范围受到极大限制,严重影响游客满意程度。第二,过多私家车辆的进入,会加重周边环境的污染。目前私家车辆大多燃烧的是汽油、柴油等非环保燃料,这些燃料的燃烧会产生大量的碳、硫氧化物和粉尘,对景区环境造成极大危害。第三,过多私家车辆的进入,会扰乱景区内公共秩序,给游客留下较差的旅游印象。在绿化景观带区域内,徒步游客在欣赏美景、亲近自然的过程中,若时而一辆汽车呼啸而过,时而传来刺耳的喇叭鸣,或者高峰期交通严重堵塞等现象,不仅会破坏游客的愉悦心情,而且会极大影响他们的旅游印象,造成重复购买的概率下降。

基于以上分析,建议当地政府和景区管理人员出台相关规章制度,有计划地限制私家车辆进入绿化景观带区域,加强景区管理,努力为游客营造一个优美而舒适的旅游环境。

(三)重视后期的管理和维护

从很多景区规划建设的案例中可以看到,项目的规划设计阶段、实施建设阶段都受到高度重视,但一旦建成,似乎就大功告成,无人问津,致使新建的景观、设施很快就失去了初建时的效果。

由此看来,后期的管理和维护是至关重要的。

同样,五台山风景区绿化景观带也不例外。因为区内主要以大量灌木、花草、草地为主体,这些绿色植物需要定期修剪、浇水,必要时还需要对个别长势落后的植物施肥。每年管理人员都需定期统计并记录区内各类植物的现存数量、死亡数量、长势等情况,以便及时抢活害虫劣种、补充坏死树种,保证区域景观的整体效果。只有做好后期的管理工作,定期检查维护,景区的绿化景观带才能永葆生机,持续吸引更多游客,促进景区的可持续发展。

参考文献

[1]徐文辉:《杭州市绿道规划建设探索与实践》,《中国城市林业》,2010,08(03),第15—18页。

[2]谭少华、赵万民:《绿道规划研究进展与展望》,《中国园林》,2007,第85—88页。

[3]徐文辉:《杭州市绿道规划建设探索与实践》,《中国城市林业》,2010,08(03),第15—18页。

[4]黄静、刘晓路:《灾后重建城市的道路绿化景观设计——以北川新县城永昌大道绿化景观带设计为例》,《北京园林》,2011,28(101),第13—18页。

[5]傅立新:《浅谈城市过境公路风景林带的绿化设计——以榆林经济开发区平安大道两侧绿化景观带设计为例》,《科技情报开发与经济》(季刊),2009,19(31),第122—124页。

[6]叶文、马有明、杨殷迪:《绿色通道在保护地游憩规划中的应用研究——以西双版纳热带雨林国家公园绿道规划设计为例》,2011,03(01),第32—36页。

[7]王喜平:《"自然、生态、人本"的融合——以广州市帽峰山

景观大道园林绿化设计为例》,《林业科技开发》,2007,21(06),第115—118页。

[8]季汝淑:《合肥市环城公园绿带植物配置存在的问题及对策》,《安徽农学通报》,2014,20(03-04),第116—117页。

[9] 山西省地图集编纂委员会:《山西省自然地图集》,1984年,第130—137页。

第十章　五台山旅游生态环境建设——小动物景观塑造

一、五台山风景区小动物资源条件

五台山区水源丰富、气候凉爽、植被茂盛、环境多样和食物充足,是野生动物栖息繁殖的天然场所,是山西省乃至华北地区不可多得的鸟类繁殖的优良场所,小动物资源丰富。表 10-1 为五台山不同海拔区间的动物种类分布。

表 10-1　五台山区不同海拔区间的物种分布

海拔	<2400m	2400~2599m	2600~2799m	2800~2999m	≥3000m
兽类	8	14	13	10	12
鸟类	2	6	6	7	6
动物种类	10	20	19	17	18

资料来源:山西省地图集编纂委员会:《山西省自然地图册》,1984 年。

五台山山高沟深,林木茂盛,是珍禽异兽栖息和繁殖的天然乐园。在明代以前,这里的森林覆盖率较高,水草丰盛,人迹稀少,五台山森林中有虎、豹、鹿、獐、熊等珍贵野兽。据不完全统计,保护区现有野生陆生脊椎动物 137 种,昆虫 1500 余种,其中国家一级重点保护动物 5 种、二级的 15 种,堪称华北地区的天然动物园和良好的基因库。近年来调查发现,境内的兽类有:刺猬、狼、狐、石豹、艾虎、猪獾、豹猫、狍、草兔、黄鼠、小家鼠等。五台山低山区及北坡鸟类种类和数量较多,主要也是狭垂直分布和亚垂直分布类型的鸟类居多。其中大部分与植被,特别是森林植被关系密切[1]。

根据文献查阅和实地访谈的资料,五台山风景区小动物主要有:

两栖类动物:青蛙,黑斑蛙,金钱蛙,中国林蛙。

爬行类动:蝮蛇,白打锦蛇,团花锦蛇,赤笎链蛇。

哺乳类动物:水麝,大鼠耳蝠,黄鼬,香鼠,花鼠,复齿鼯鼠,小飞鼠,红毛衫耗子,大仓鼠。

留鸟类动物:普通旋木雀,燕雀,北朱雀,红交嘴雀,长尾雀,锡嘴雀,小鸦,池鹭,蜂鹰,雀鹰,秃鹫,胡兀鹫,芦莺,黄腹柳莺。

保护鸟类:秃鹫,胡兀鹫,四声杜鹃,蓝翡翠,黑眉苇莺,黄眉柳莺,鹟,灰斑鹟,红翅旋壁雀,燕雀,北朱雀嘴雀,锡嘴雀,小鸦等。表10-2为五台山风景区主要小动物简介。

表10-2 五台山风景区主要小动物简介

	学名	别称	科属
两栖类动物	青蛙	蛙、蛤蟆	蛙科
	黑斑蛙	田鸡	蛙科
	金钱蛙	爪蟾	蟾科
	中国林蛙	红肚田鸡、哈士蟆	蛙科
爬行类动物	蝮蛇	土球子、土谷蛇、土布袋、土狗子蛇、草上飞、七寸子	蝰蛇科
	白条锦蛇	黑斑蛇、麻蛇、枕纹锦蛇	游蛇科
	团花锦蛇	黑镶锦蛇、花长虫	锦蛇科
	赤笎链蛇	红斑蛇、火赤链、桑根蛇	游蛇科
	大鼠耳蝠		蝙蝠科
	黄鼬	黄鼠狼	鼬科
	香鼠		鼬科
	花鼠	五道眉、花黎棒、花仡伶	松鼠科
	刺猬	刺团、猬鼠、偷瓜獾、毛刺	猬科
	复齿鼯鼠	寒号鸟、橙足鼯鼠、黄足鼯鼠、寒号虫、寒搭拉虫	松鼠科
	小飞鼠		鼠科
	大仓鼠	大腮鼠、灰仓鼠	仓鼠科

续表

	学名	别称	科属
鸟类	普通旋木雀	爬树鸟	雀科
	燕雀	虎皮雀、花鸡、花雀	雀科
	北朱雀		雀科
	红交嘴雀	交喙鸟、青交嘴	雀科
	长尾雀		燕雀科
	锡嘴雀	蜡嘴雀、老西子、老醯儿、铁嘴蜡子	雀科
	小䴘	高梁头、虎头儿、铁脸儿、花椒子儿、麦寂寂	䴘科
	池鹭	红毛鹭、中国池鹭、红头鹭鸶	鹭科
	蜂鹰	蜜鹰、雕头鹰	鹰科
	雀鹰	黄鹰、鹞鹰	鹰科
	秃鹫	秃鹰、座山雕	鹰科
	胡兀鹫	胡子雕、髭兀鹫、	鹰科
	芦莺	嘴莺,树扎子	鹟科
	黄腹柳莺	柳串儿	鹟科
	秃鹫	秃鹰、座山雕	鹰科
	四声杜鹃	快快割麦、光棍好过、豌豆八哥、关公好哭	杜鹃科
	蓝翡翠		翠鸟科
	黑眉苇莺	柳叶儿、口子喇子	鹟科
	黄眉柳莺	树串儿、槐串儿、树叶儿	鹟科
	鹡		鹟科
	灰斑鹡	斑胸鹡	鹟科
	红翅旋壁雀	爬树鸟、石花儿、爬岩树	䴓科
	燕雀	虎皮雀、花鸡、花雀	雀科
	红交嘴雀	交喙鸟、青交嘴	雀科
	锡嘴雀	蜡嘴雀、老西子、老醯儿、铁嘴蜡子	雀科

二、小动物景观欣赏和塑造应遵循原则

(一)适应性、本地性原则

小动物对环境的适应性是各种时空尺度生产布局的原则,是动物生产适应性管理的本质。其主要体现在对当地气候、地形等方

面的适应性。每一特定的小动物总是分布在一定气候区域,具有本地性特征。地形是气候的控制性因素之一,同时也制约着小动物的分布。每一特定的小动物总是分布在一定的气候区域,具有本地性特征。在小动物景观开发中,要遵循适应性、本地性原则。五台山独特的气候、地形同样生长着符合本土的小动物,五台山小动物景观的开发遵循对当地自然环境的适应性与本土性,主要体现在对五台山当地的气候、地形等方面的适应。

(二)可行性原则

五台山风景区丰富的小动物资源和多样的环境、气候条件为塑造各种小动物景观提供了极为有利的条件。小动物资源和其他资源一样,有很大的价值,对其进行合理开发利用具有一定的可行性。

(三)观赏性原则

小动物和其他动物一样,其观赏性体现在很多方面,比如外表、叫声、姿态等。小动物的观赏性不仅体现了动物的智慧,还体现在人类在仿生学的运用,给人以美感,可供赏玩,所以对小动物景观的开发也会有很强的观赏性。

(四)安全性原则

随着五台山旅游业的不断发展,小动物景观开发水平也有很大提高,呈现出动物种类增多的趋势。其中,一些小动物由于性情、外表等方面的一些特征,可能会对某些旅客造成一定程度的心理或身体伤害,在我国其他不少风景区出现过动物伤人的现象。因此,在五台山风景区小动物景观的开发过程中,要充分考虑小动物对游客可能存在的安全隐患,并制定相关的措施,要严格遵循安全性原则。

(五)保护性原则

在旅游资源的开发过程中,要坚持保护与开发并举,经济效益、生态效益和社会效益的统一,这样旅游业才会持续发展。在五台山小动物景观的开发中,由于某些小动物的稀有性、珍贵性,致使我们在开发过程中,要始终坚持保护第一的原则,合理开发利用小动物资源,防止小动物景观遭到破坏。必须强调,在游客游览小动物景观的时候不得伤害小动物,要与小动物和谐相处。

三、五台山风景区小动物景观欣赏线路设计

小动物景观具有独特的生命美、特性的动态美以及心理感悟和沟通的文化属性美。生动活泼的小动物不仅能给景区平添无限生机,而且使景区拥有了返璞归真、纯洁和谐和浑然天成的意境。现代旅游景观注重加强动物生活环境的生态自然性,把动物放在第一位,尊重动物本身的生活习性和心理需求,力求展示动物在自然界中的本来面貌,向人们传达关于动物及其生存环境的自然信息。小动物景观欣赏就是以营造人与自然和谐,人与动物亲近的生态景区为目的,使之成为景区生态系统的一部分,以此满足游客在旅游景区观光多样性的需求。结合上述分析,对五台山风景区小动物景观的旅游线路与景点设计如下:

(一)清凉寺—金阁寺

清凉寺占地约数亩,寺分两院。整个寺庙修筑在山势比较宽阔、平坦的地带,大殿内有两颗著名的云南樱花,树粗一人抱不过来,犹如两条蛟龙,遮满了大殿的庭院。普济寺殿宇之前有一块宽阔的草坪,寺西南侧有一潭清泉,四季涌流,可供游人休憩娱乐。

思路:打破封闭式展馆模式,拟建开放式科普展馆,使动物可以自由出入,融于自然环境。这样可以建立综合动植物和矿石标本展览馆,充分利用旅游区的资源优势,供广大游客参观游览。此外,在清凉寺附近植被里隐藏胡桃、栗子,对小松鼠形成固定的食物引

诱模式从而去吸引小松鼠,进而形成小松鼠景观。

设想图:普济寺的琉璃铜瓦大殿,殿内的樱花满树火红,与寺周洁白的梨花交相辉映,游客与松鼠嬉闹玩耍,整个寺庙热闹祥和,芬芳扑面,分外妖娆。

体验内容:体验喂小松鼠的乐趣,与小松鼠零距离拍照。

游览方式:坐车观光、徒步探秘。

(二)百鸟争鸣之森林浴(碧霞禅寺—普济寺—古佛寺—海会庵)

碧霞禅寺到海会庵沿途植被丰富,空气清新,鸟类繁多,并伴有泉水溪流之声;森林茂密,绿树成荫,气候宜人;林中小道具有松软的落叶层;林中有能够大量挥发芳香物质的松、柏等树种;树形和树叶美观,景色优美。在森林浴中,人们返璞归真,回归自然,与绿色融为一体,将都市生活引起的压力和紧张涤荡得一干二净,其保健效果要比娱乐场和健身房等休闲场所更好。

体验内容:森林鸟语、溪水潺潺、石佛观光游。

交通工具:徒步、骑马。

(三)乌鸦(塔院寺—显通寺—庙顶庵)

设想图:五台山乌鸦众多,每当清晨或傍晚,无论在各寺庙大殿脊岭檐边,还是在孤独耸立的大白塔之顶,乌鸦成群结队,时飞时叫,打破了佛山沉寂和恬静,把人引进"鸟鸣山更幽"的意境之中,当然更增加了文殊菩萨神秘气氛。对此,朱德、董必武等老一辈无产阶级革命家分别写下了"禅宫寥落乱飞鸦"、"无神无佛好栖鸦"的诗句,凭添了游人的兴趣。

游览方式:徒步、骑马。

(四)鸿门岩—东台顶(望海峰)

鸿门岩为五台山的北大门,这个地方是最接近台顶的地方,所以在这个地方也可以领略一下台顶风光从这里可以去五台山的台怀镇、东台顶和北台顶。远望山谷,色彩斑斓,风景怡人。近处还有几头黄牛甚似悠闲,在公路上肆无忌惮的走来走去,形成了独特的风景。在东台的半山上还有一片耸立的嘛呢堆和飘曳的经幡,代表着无数信徒的虔诚信念。

思路:欣赏青羊,藏鼠兔,草兔,黄牛景观。

设想图:夕阳西下,构成一幅牛羊山野图,是否能够领略到一种沧桑感,一种厚重感。

游览方式:徒步。

(五)兔子王国(清凉寺—日照寺)

在清凉寺到日照寺的沿途中,有一处有10平方千米的山坡。由于此坡为阴坡,森林遮天蔽日,早期从山上滚落下来的石头都已布满了绿色苔藓,再加上时代久远的一些石头上面还长满大树,石与树盘错交叉在一起,让人叹为观止的是大部分树木生长在岩石之上,形成石上森林,其中不乏树龄在两百年以上的红松,好似一幅绿色的立体画,置身其中仿佛到达了仙境,又似回到了远古。

思路:拟在本区修建松木悬空步道穿行绿石坡。建立没有围栏的隐性隔离壕沟和全景式的仿生境展区,使兔子自然生境的区域自然化、丰富化。要定时向兔子生活区投放一些可食的硬物如青菜叶子、树枝之类,以满足需要。加深人与小白兔以及自然世界的感情联系。

设想图:游客不干预小兔子活动,能够友善对待兔子,兔子在人与自然界自由活动,人与兔子和谐相处。

游览方式:徒步、骑马。

(六)北台顶

北台顶是五台山中之最高峰,素有"华北屋脊"之称。远望其山巅,呈马鞍形,佛教喻为一身双头的共鸣鸟。台顶气候异常寒冷,通常9月见雪,4月解冻,台背阴面有常年不化的冰,称之为"万年冰"。景观内容丰富既有深谷流水、绿色长廊,又有奇石怪树,还有高峰览胜。另外,攀登该区最高顶——北台顶也是对游客精神意志的一次锤炼。

五台山西北侧受滹沱河上游侵蚀,垂直高差近2000m,峡谷纵横,沟谷切割深,山体破碎度高,多侵蚀三角面,属于地貌侵蚀的壮年期;东南侧山坡则多浑圆山丘。地形较为和缓,谷底宽展,是地貌侵蚀的壮年晚期,因此形成了深山峡谷的地貌特征。东侧的太行山受到山前河流的侵蚀,亦多深山峡谷。

思路:峡谷内遍布巨石,奇松怪石与山泉溪水、树木花草相互搭配,形成许多特色景观,如鲤鱼石、漂流石、天然雄关、石树深情、背树石等等。另外,峡谷内沿山泉溪水有多处树木与之形成奇特景观,比如将军树和中流砥柱等。在东台到北台的路上有耐寒的四声杜鹃,小飞鼠,刺猬。

设想图:此路线适合体力较好的游客。北山常年白雪茫茫,沿途凉气袭人,如果游客在探险游览的途中能够遇到到处自由窜动的小飞鼠,刺猬,聆听杜鹃啼叫,必定能够为游客带来一种意外的惊喜与收获,得到游客的赞赏,激发游客好奇心,调动游客游玩的积极性。攀登该区最高峰——北台顶也是对游客精神意志的一次锤炼。

游览方式:徒步。

(七)灵境寺—锦绣峰(南台)—佛母洞

此路线为重点的山水风光生态旅游路线,其地质的古老性、复杂性、典型性和代表性为古今中外地质学者所推崇,特别是前寒武纪更突出。五台山国家地质公园景观在地质界被称为"活标本",誉为"地球早期历史的博物馆",也是进行地质科普教育的理想场所。

苍松翠柏和青杨为主体的树木最终成为与寺院连在一起的重要景观,其中不乏古树名木。尤其是生长在高山草甸间的奇花异卉,更是显现出一种美不胜收的秀丽景象。人们屈指可数的金露梅,五台山垂体蒲公英、马兰、荣苓等,共同构成了五台山层林尽染、百花争妍的亮丽景观。狍子、山羊、褐马鸡等为主的珍禽异兽栖息其间,这给风景优美的佛国高山凭添了生机与活力。居处于五台山地质公园以内的南梁沟自然风景区更是山光水色秀美,林木花卉争妍,珍禽异兽栖息其间,绘就了一幅动植物尽享物态天光的生动画卷。

思路:生态旅游,减少人为干涉,崇尚自然,净化心灵。

游览方式:徒步、骑马。

(八)鸟类景观

选址:万佛殿环山区

思路:使鸟类的分布呈现集中型,形成特定的景观,不仅选择合适的地理环境显得尤为重要,同时还要通过人为因素例如食物诱导、特定环境创建等,使得特定的地理区域呈现出特定鸟类聚集景观:

山前农区水域:普通燕鸥、黑眉苇莺、大尾莺、蓝翡翠、家燕;

针叶林区:柳莺、褐头山雀、普高旋木雀;

高海拔区:红翅旋壁雀、白顶溪鸲。

设想图:通过对各种鸟类的生活习性与饮食结构的分析,在各种鸟类相应的区域设放相应的巢穴,食物,使得各个区域呈现出特定鸟种分布。低海拔的山前农区水域的蓝翡翠,针叶林区的褐头山雀,高山区的红翅旋壁雀,能够在各自特定的区域大量集中分布,将会是一副非常艳丽的动态风景图。

体验内容:在地势平坦的松林里设置帐篷或蒙古包。野营赏鸟户外游憩,其目的在于享受大自然的野趣,满足了人类"回归自然"

"返璞归真"的需求。

游览方式：徒步。

四、五台山风景区小动物景观塑造

小动物景观塑造就是运用科学的技术手段，对动物景观要素进行合理布局与组合，在某一区域内创造一个具有某一形式、较为独立的、具有一定社会内涵和审美价值的景观。本文在设计小动物景观旅游路线的基础上，拟塑造两处小动物景观，通过对各条路线的地形地貌、生物特征等生态环境的研究，在各线路段设养不同种类的动物，拟形成区域性独特动物景观。

（一）高山草地之和平鸽景观

选址：黛螺顶附近

从黛螺顶向仅界寺村方向下山的沿途约200多米处有一处地形较平坦、没有树木，完全是一米多高的草地区域。该处地势高、视野开阔且能将五台山风景区最重要和美好的景色收入眼底。

思路：为了保护此处独特的自然环境拟在此处修建悬空（离地面1米高）观景广场，设置椅、座、亭、台，养和平鸽，游客不能干涉鸽子的活动，让鸽子回归自然，利于鸽子自由飞翔和健康成长，使鸽子体能更好地适应环境。

设想图：游客自带小麦、荞麦、高粱、玉米、豌豆、绿豆、麻子等喂鸽子，但是不能去惊吓鸽子，鸽子可以毫无戒备的在游客身上停留，宛若天作之图。

体验内容：游客可以友善的给鸽子投食，和鸽子亲密拍照。

实景写生

游览方式：徒步。

(二)清水河赏鱼

选址:清水河

五台山西北侧受滹沱河上游侵蚀,垂直高差近2000m,峡谷纵横,沟谷切割深,山体破碎度高,多侵蚀三角面,属于地貌侵蚀的壮年期;东南侧山坡则多浑圆山丘。地形较为和缓,谷底宽展,是地貌侵蚀的壮年晚期,因此形成了深山峡谷的地貌特征。东侧的太行山受到山前河流的侵蚀,亦多深山峡谷。

沿途一路都是淙淙的清水河。清水河发源于五台山的紫霞谷及东台沟,沿途汇集五台山地区的诸多清流小溪,自北向南,最后汇入滹沱河。在这片人烟稀少的深山里,自然景色和人文故事都丰富迷人,但只有匆匆经过的大货车,无人停下欣赏。

思路:在河里放养鱼苗,要求所养鱼种多种多样颜色鲜艳且形状各异,河流上方建设小桥,河流两岸建造奇石怪树。

设想图:清水河的景色很"瑞士",水清而流急,带着一种漂亮的蓝绿色,在山谷中活泼的一路奔流。美丽的花草树木和泥土碎石,织成生态岸线。在午后暖洋洋的阳光中,洋溢着田野的芬芳和生命的活力。几根木头搭成一座小桥。小心翼翼地走在桥上,看清水河从脚下淙淙流过,河里游动着自由自在轻快的鱼儿,真让人兴奋不已。整条河流既有深谷流水、艳鱼戏水,又有奇石怪树,还有高峰览胜,沿途小动物景观丰富,趣味横生。桥头停了一个小手推车,堆满了农夫不知名的收获,它的主人却不知在哪里。辘轳后垫了一块石头,防止小车滑到坡下。奔流吧,这深山里的小河,珍惜你这因闭塞而得以保存的乡野之美!

体验内容:艳鱼戏水、深谷流水、奇石怪树、高峰览胜、趣味小动物、实地写生

游览方式:徒步、骑马。

五、游客安全保障建议

由于一些主观或客观方面的原因,都有可能出现一些不愿看到、意想不到的安全事故。风景区管理人员更有义务保障每一位游人的生命安全,不仅要有明显标识和大力的安全宣传,更应有严密的防范措施。

安全大于天,安全第一,预防为主,以人为本,珍爱生命,安全是人类社会生存的永恒主题,是所有工作的基础,关系到社会和谐稳定、企业持续发展、家庭幸福平安、员工生命安全。这些是人人皆知的道理,但在实际工作中,由于思想松懈、一时走神、司空见惯、不良习惯,不少自然景区出现安全事故,涉及游客以及野生动物的安全。例如不少动物在幼年期性格温顺,当它逐年成熟,生理上的不断变化,在群体中的地位不断提高,会对同类甚至人类进行攻击,以显示自己的领导地位,扩大自己的领地。

为确保安全,风景区管理人员和游客要在以下方面特别注意:
(1)掌握动物的生活习性及行为表现,风景区增加警示牌;
(2)游客尽量结伴而行,避免单独行动;
(3)某些区域适度增加隔离带;
(4)工作人员必要时要全程陪同游客游览;
(5)必要时为游客配备胡椒枪,以防意外发生;
(6)风景区要建设一支安全应急队伍。

参考文献
[1]朱世忠:《五台山生物多样性的研究》,《山西林业科技》,2010,(02)。

第十一章 五台山旅游生态环境建设——水体景观建设

一、水体景观

水体景观,主要指以自然水体为依靠的景观,有赏玩、康乐、休闲、饮用等旅游功能。水体景观按其性质分为:江河型、湖泊型、瀑布型、泉水型和海洋型等。目前,随着水体景观的发展,人工建造的水体景观也纳入其中,如大小湖泊、人工湖、城市河道等。水体景观有着独特的景观特性,例如水的意境会带来不同的情绪,水的音响因环境变化丰富,水态可以表现出多样化,水的可塑性是无穷的。水体景观还有着独特的功能,例如水的调节功能,调节温度、湿度;美学功能,体现在形、影、声、色、味、奇六方面;疗养功能,水中拥有一定量的矿物质或盐类可治疗一些疾病;体育功能,游水、荡舟、冲浪、滑冰等,不但可以品味大自然风景,而且可以增强体质,造就无畏坚毅品格。水体景观如此重要,被越来越多的国内外学者重视起来。

国内关于城市的水体景观,何奕廷在《城市水体景观设计方法研究》一文中描述了城市水体景观的现状,包括形态过多的拟古洋化;建设尺度不合理;形式平庸,主次不分,识别性差;形态缺少和地域与传统文化的联系四点,提出了水景设计方法,包括空间取向性原则;易识别性原则;优化效应;唤起集体记忆四点[1]。张帅在《西安市公园景观设计中的理水艺术研究》一文从城市公园景观空间水景入手,立足于西安市公园景观,通过调研、分析、考察、讨论,概括了其孕育的生态功效和美学特性,剖析了水体的特质和在公园景观中的功能,逐渐引出了公园水景的概念和特征,经过对水体景观的策划元素、表现方式、设计法则进行深度探讨,得出了公园水体景观建设的一般规则[2]。关于旅游风景区的水体景观,石帅在《对园林水体景观设计的思考》一文中描述了园林水体的景观特点包括动静结合;绘声绘色;增添空间三点,认为水体景观的设计要点在于园林水体景观的层次感;与自然的和谐统一;视听感受三方面[3]。陈钧在《对中国园林水体景观的美学思考》描述了水体景观在中国园林中的重要性和审美特征。文中介绍了水体景观的外在美,包括形式、音乐、色彩、变换四方面,以及水体景观的内在美,包括情感、人性、天人合一、以小见大四方面,认为水体景观策划的最高准绳是自然至上,探讨了园林水体景观中存在的主要问题是重形式轻内涵、重人工轻自然,提出了相应的对策是形式内涵并重、尊重自然[4]。胡娟艳的《为有源头活水来——浅析水体景观设计》一文以我国水体景观建设进入高潮期为背景,对水体的景观特色和开发利用水体进行探讨,以景观设计为角度剖析了水体与滨水景观及园林设计的关系,并思考了需要解决的问题,得出了水体具有流动性、倒影反射、可塑性、声色特性以及水体开发要注重现代文明和地域文化、自然环境的协调的结论[5]。郭荺在《水体景观设计研究》一文中描述了水体景观及其设计中的一些基本概念和历史发展,介绍了水体景观设计的原则有本体性、生态型、文化性、游览性,得出了水体景观设计的方法有控制水体景观形态的外部因素,主要包括空间性质、环境特征;构成水体景观的其他要素,包括建筑物、植物、生态型驳岸、道路的设计、声光设计、视景线与空间的设计，此方法也可以应用于其他景观设计中[6]。李炳南在《基于安全因素的水体景观设计策略研究》一文中提出水体景观虽然存在传统成分的美学和生态学效力，但也存在一定的安全盲区，文章围绕变化材料、照明提醒、变化标高、增设护栏、小件设计、水体设计六方面增加安全系数，最终使水体景观获得技术、美学、安全三方面的完美结合[7]。

总的来说，国内关于水体景观建设的研究主要集中于城市和旅游风景区，城市的水体景观建设的研究集中于居住区和城市公园的水体景观策划，旅游风景区的水体景观建设研究集中于园林的水体景观规划。关于山岳型风景区的水体景观主要集中在宏观层面的规划开发，关于山岳型风景区水体景观的微观层面设计比较少，这里将五台山风景区的水体景观塑造作为研究对象，旨在改善五台山旅游生态环境。

二、五台山风景区水体资源条件

五台山水源丰富，终年不竭，常年流淌的河水，不仅为五台山平添了几分灵秀，也为五台山增添了几份清凉。五台山风景区内重要的河流主要包括滹沱河和清水河。滹沱河发源于五台山北部繁峙县东北泰戏山的桥儿沟，向西流经五台山北麓和西麓，经过代县、原平、定襄、五台等地方，最后流入盂县。清水河发源于五台山南部的台怀镇紫霞谷和东台沟，经过金岗库、石咀、门限石、耿镇、高洪口、陈家庄等乡镇，蜿蜒百余千米，最终汇入滹沱河。五台山的溪流泉水颇多，泉水淙淙，醇香润喉。例如清凉谷中之清凉泉，北台山下之甘露泉，楼观谷里之玉泉，梵仙山之般若泉，台怀镇之万水泉，九龙港之龙泉，以及金阁寺、南山寺、观音洞等地的泉水。更有特色的是山有多高,水就也有多高,流瀑潺潺,池水澄莹,使人赏心悦目。

表 11–1　五台山风景区水体资源概况

五台山水体资源分布	名称
河流	滹沱河、清水河
天池	黑龙池、玉花池、万圣澡浴池、文殊洗钵池、白水池、吕布池、明月池
泉水	清凉泉、玉泉、般若泉、龙泉、八功德水、三珠泉、马跑泉、观音泉、品字泉、卓锡泉、栖贤湖
冰	万年冰

注:表中数据来源于《五台山文化宝典》[8]。

五台山地区环境质量总的评价属于清洁级环境,水质不仅无污染,而且矿泉颇多;矿泉水流量大,水质好,含有多种对人畜健康有益的微量元素,还含有一些具有特殊治疗意义的元素,如锶、锂等对心、脑血管和神经系统的疾病具有预防和治疗效果,为难得的饮用和医药用水,系我国稀有的珍贵矿泉水。

清水河流域,是五台山风景区的寺庙聚集地。在清水河的上游区,集聚了台怀镇寺庙群和一些寺庙圣刹,清水河亦被誉为佛国圣水。清水河属于海河水系中滹沱河的第一支流,贯穿五台县全境,全长 163km,河宽在 50~100m 之间,流域面积 2405km^2,河道纵坡 8.31‰,流域平均宽度 21.2km,河床总落差 1793m,一般清水流量 2.78m^3/s。平时水宽 5m,水深 0.5m,流速 1.2m^3/s,年径流量 25 500m^3。汛期在 7 月到 9 月之间,每年有较大的洪水 3 到 7 次,每次持续时间为 5 到 7 天,水宽 120m,水深 2.5m,流速 2.5m^3/s,百年一遇最大洪峰流量 2800m^3/s。河床较陡,均系沙砾石,两岸靠山,下游多为断崖绝壁。清水河支流与汇水沟谷有 23 条。河水冻结期从每年 12 月到次年 3 月,冰厚约 0.7m。

目前从石咀到南门这段路程有漂流项目，从南门到台怀镇这段路程有多处跌水景观，这都得力于清水河的河道整治工程。另外，栖贤宾馆的旁边有栖贤湖水面宽阔，最深处水深约6m，湖内有多种鱼类，可供游客参观游赏。

对五台山风景区进行实地考察以后发现，五台山风景区的水体资源还处于未开发状态。针对这一实际情况，开发五台山风景区的水体资源时应该考虑以下问题。

第一，结合五台山风景区的地形和气候条件进行水体资源开发。

五台山风景区地势高亢，气候复杂。五台山山势为东北西南走向，是东南风进入此地区的第一个停滞区。因此，五台山迎风区是降雨焦点区域，五台山背风区的繁峙和砂河地区则降水稀少。大气环流直接影响着五台山风景区的气候转变，所以四季变化十分显著。春天是季风由冬向夏交替的转变期，气候暖和，但是风沙比较大；夏天受陆地低压和副热带海洋气团的控制，气温较高，雨水充足；秋天低压很快被高压替换，温度适宜，不过时间比较短；冬天受蒙古西北风气流的影响，天气严寒干燥。由于地形复杂，高低悬殊，气候因子呈明显的垂直分布。五台山风景区内年平均气温介于-5℃~10℃，历史上最低气温出现在1985年1月15日，达-44.8℃之低；五台山境域内气温日差介于9.4℃-12.6℃。海拔2000m以下的山谷地区为低山压，以台怀镇为代表，平均气温最高月份7月，气温为17.9℃，平均气温最低月份1月，气温是-9.2℃。全年降雪日在60~101d之间，积雪日最多可达218d，全年雪暴日平均39.6d，最多可达53d，历年降雪最大深度为29cm，寒冷期长。全年降水量平均年份一般为400~500mm，但是五台山台怀镇可达960mm[9]。

开发五台山风景区水体景观时要加大淡季旅游的开发，以冬季和春季的冰雪旅游为重点。天气较热时五台山雨量丰富，可以借以开发具有观赏性的水体景观，加大文化艺术欣赏等季节性较小的旅游产品的开发力度，避暑需求可以吸引足够多的游客，观赏性水体景观则可以延长游客的停留时间，丰富游客的旅游活动。

第二，五台山风景区以小型水体景观建设为主。

由于五台山的水体景观还未开发，经过考察可知比较适合开发小型水体景观。人工开发水体景观一般使用硬质铺装的水景，这就要求水体必须保持清澈洁净，只要稍有杂质，水底就会反映的很清楚，因此就必须经常换水。五台山风景区处于中国北部，由于空气干燥，空气中灰尘含量相对而言就会高很多，维护成本自然也就高，因此在设计的时候要充分考虑成本问题，不适合塑造大型水体景观。

总的来说，在建设五台山水体景观时务必要全面权衡未来的长远利益，进行合理的建设，在建设规划的一开始就吸收各方的意见，总结各方意见以后，以此为依据再决定建设水体景观时的细节问题。

第三，充分利用五台山自身水体资源，遵循生态原则塑造水体景观。

在一般情况下，水体景观有以下几类问题频繁出现，一是水体的自我净化本领不足，水质易变差；二是严重的渗透和泄漏情况，补多少水都无济于事，时间一长便变为枯竭的水沟；三是建设水体景观需要很多水，选择好的水源就显得格外重要。事实上，这些问题可以从生态角度出发来解决，即如今被广泛使用的"借大水、用中水、造微景"。

在开发五台山的水体资源时，利用五台山风景区中的自然溪泉河流，稍加改造即可作为景观架构的主体部分。五台山风景区既然有规模较大的原生水系,那么在规划设计的时候要尽量地保留,有效地把它保护起来。这样,只在交接地带的河槽底部做防水防渗漏处理后,再铺上泥土就可以了。另外,可以养殖一些适生鱼类,既满足了游客的观赏需求,又可以净化水质。

第四,五台山风景区的水体景观塑造要始终将安全贯穿其中。

多数游客在水边停留,尤其是在炎热的夏天,人群拥挤会使跌倒磕碰甚至溺水事故的发生的可能性变大,因此在建设水体景观时要始终将安全考虑在内。特别需要注意的是小孩子,这就要求我们在设计水景时要特别注意设计护栏。我们可以采用圆头护栏,在护栏上尽量设置竖衬而不是横衬,以防小孩子爬翻护栏而导致危险,并设置警告牌。在处置天然堤岸时,要特别关注靠近岸边的水体。多数游客喜欢亲水临水,所以靠近岸边的区域会出现较多事故,此区应策划成较浅的水面,水底处理使用摩擦力较大的方式,为不小心出现意外情况的人创造上岸条件。水体景观开发必须严格执行国家对儿童戏水池的深度等的规定。

安全问题始终贯穿在旅游活动的全过程,在开发五台山风景区水体景观时必须要将安全因素贯穿在设计的始终。让游客在五台山玩得安全,游得快乐。

第五,提升旅游体验,加快发展水体景观的体验型旅游。

五台山风景区"白天看庙,晚上睡觉"的问题突出,为打破这一尴尬局面,在开发水体景观建设时,需要深度挖掘现代文化娱乐资源,拉动夜间消费,丰富游客旅游娱乐消费份额。五台山风景区的体验型旅游具体开发可以围绕亲水乐水活动展开,也可以设计一个小型的湖面,在湖面上打造一个拥有音乐喷泉和水幕电影技术的现代观赏区,丰富游客的旅游活动,加快体验型旅游的发展。

三、五台山风景区水体景观塑造

水体景观建设一直是景区建设的热点,近年来,人们对水体景观的喜爱不断升温,然而五台山水体景观方面的旅游产品十分稀缺,因此延长游客停留时间与旅游产品不够丰富的矛盾日益凸显,这样一来,开发五台山的水体资源,对于丰富其旅游产品具有极大的意义。水体景观建成以后,不仅可以带来环境价值,既可以改善五台山的局部小环境,调节气候,而且还可以产生经济价值,即可以延长游客的停留时间,从长远角度来看有益于为五台山创造经济效益。当前水体景观建设有以下趋向:一是开发自然水景,致力于营建临水的空间;二是注重游客亲自参与亲水活动,使旅客的休闲更加便利;三是建设水体景观要结合自身的地形地貌气候,使建成的水体景观既体现天然的魅力,又展示出人造的细腻。四是建设水体景观要结合本地区的人文历史文化环境,与所在的地区相得益彰,互相融合。建设五台山风景区水体景观时要将这些与时俱进的观念考虑进去。

(一)设计理念

山水自古互相衬托,相映成趣。山静水动,山因为水而变得柔和,水由于山而变得阳刚。山让人们登高望远,胸怀畅达,水给人们空灵有致,萦绕潺动的感觉,山的阳刚之气和水的阴柔之神互相融合,象征着宇宙万物生生不息。由此可见,水体已成为山体的灵魂和血液,对五台山的水体资源进行开发显得尤为重要。

五台山风景区以人文景观著称,以佛教文化和古建筑群闻名,一直吸引了多数宗教信仰者,然而五台山的自然风光被游客所忽视。通过利用五台山自身的水体资源塑造水体景观,让游客认识一个更加全面的五台山。主要从以下三个角度进行塑造:第一,突出水体景观的主题性和情调性,以亲水为目的。大力宣传五台山的山泉及其典故,与其他地方的山泉一样,五台山的山泉甘甜滋润;与其他地方的山泉不一样,五台山的山泉有着一个个诱人的传说。山泉大多是灵迹,所以也就赋予了它神秘的面纱。每一处山泉都是一段故事,充分突出水体景观的主题性。在此策划曲水流觞的亲水项目,曲水流觞是一种高雅的文化娱乐活动,既可以使游客体验亲水乐趣,也可以使游客互相增进感情,充分突出水体景观的情调性。第二,突出水体景观的文化性和休闲性,以观赏为目的。将五台山以前的水体景观进行电子恢复,主要包括石窟越鱼、龙湾烟雨、金龟驮宝、茹湖落雁,并进行宣传,这些水景以前一直是五台山的著名景观,只是到现在已经消失了。但是这些水体景观依旧给予了我们开发水体景观时的借鉴。目前的工作是集中五台山已有的水体资源开发一个湖面,利用空阔的湖面设计一个音乐喷泉和水幕电影的休闲项目,消除一直以来"白天看庙,晚上睡觉"的模式,丰富游客的旅游活动,延长游客的停留时间。音乐内容以五台山佛乐为主导,电影介绍以五台山旅游宣传为主导,充分体现水体景观的文化性和休闲性。第三,突出水体景观的游乐性和艺术性,以娱乐为目的。从季节角度出发利用海拔落差较大的区域,夏日围绕"极乐地狱"和"湖中冥想"两项水上活动进行建设,冬日则以"勇探人生路"和"冰雪展智慧"为主题进行开发。夏季开发激流勇进的娱乐场地,冬季开发滑雪滑冰娱乐场地,丰富游客的娱乐活动,充分突出水体景观的娱乐性。而人工湖面开发,在湖中的活动"湖中冥想"和"冰雪展智慧"则主要充满艺术感。

(二)五台山风景区水体景观塑造

水体景观在风景区景观中占有独特的地位,一方面水景可以衬托背景景物,另一方面也会给人们一种视觉上的冲击,因此水体景观塑造的设计很重要。

1.以亲水为目的的曲水流觞设计

水是万物之源,这也就决定了水为一般人所喜爱。人们喜欢待在离水很近的区域,当接触到水,用身体感受水的亲近时心情就会很好。人出生前就生活在母亲的羊水中,所以出生后水的声音、形态、温度都直接吸引着人,使人感到安全。由于人们对水有一种天然的亲近感,在五台山风景区内设计与建设水体景观时应该缩短人和水体的距离,在安全方面已做出完善的方案时,可以适当地让人参与到水景活动中去,满足人们的亲水愿望。人们大都愿意接触到水,感受水流过肌肤时的舒畅,小孩子们享受在水中尽情玩耍嬉戏。在一些情况下,人们还可以深入水下,欣赏水下环境的奇妙世界。

五台山风景区现有的水体资源有黑龙池、玉花池、万圣澡浴池、文殊洗钵池、白水池、吕布池、明月池、清凉泉、玉泉、般若泉、龙泉、八功德水、三珠泉、马跑泉、观音泉、品字泉、卓锡泉等泉水。选取这些泉水作为亲水区域,由于这些泉水含有有益于身体健康的微量元素,可以防治一些疾病。可以仿照古代文人雅士传酒杯的形式让游客饮用山中泉水,即旅客在弯曲的溪泉旁聚会,饮漂浮在水面上的小杯子中的泉水,小杯子图案可以设计成一个古代文人饮用泉水的水墨画。人们沿着溪泉隔一米坐一人,随着溪泉的不断流动,我们可以设计障碍物使其停止,也可以自行设定时间使其停止,小杯子停在哪位游客的身旁哪位游客便饮尽此杯泉水,并起身即兴表演。这个曲水流觞的亲水项目既可以使游客体验亲水乐趣,也可以使游客们互相增进情感交流,最终丰富游客的旅游活动,延长游客的停留时间。

以亲水为目的的水体景观主要突出了水体景观的主题性和情调性,泉水所在之地大都是五台灵迹,突显佛教主题,传饮泉水则充分显示了文人情调。

2.以观赏为目的的现代观赏区设计

五台山风景区过去曾有很多水体奇观,例如石窟越鱼,五台县李家村庄清水河南岸附近有一块很大的石窟,临近清明节时分,窟中便有大量的鱼,持续五六天。鱼儿有大有小,多为鲤鱼和鲫鱼,每逢此时,人们便拿着工具到窟口接鱼,十分壮观。龙湾烟雨,五台县城东20km处的太师山下有一座建于明朝的龙王庙,每当快要降雨时,庙内便飞出烟云,十分美丽,所以称为"龙湾烟雨"。金龟驮宝,登上北台顶叶斗峰顶,满坡皆是草。在茵茵绿坪中,有许多地方突然隆起,围10m左右,高1m上下,呈馒头状,就像下面有个生命力要顶破绿毡,破土欲出。当地传说北台顶有金龟驮宝,五百年一现,应者就在这隆包中,见者将会大福大富。用科学解释,这些小土包的地理学名叫作冻胀丘,是地下冰层融化作用形成的一种奇特的古代冰缘地貌,属于气候变化在地貌上打下的烙印。茹湖落雁,五台县城东10km处有一处平地,以前叫濮子坪,现称茹村盆地。四周都是山,水没有出路,夏秋季遇到降雨时,水聚集在一起形成湖面,水中植物繁盛,映带参差,水面上鸟特别多,景色壮观。这些水体景观大都已经消失,但是修复这些水体景观耗费颇多,所以可以采用电子恢复,将这些过去的美景以水幕电影的形式一一呈现在游客面前。

以观赏为目的的项目主要是利用水幕电影和音乐喷泉技术打造一个现代水体景观观赏区。水幕电影拥有独一无二的光学特效,当片子放映时,字幕清楚,色彩新奇生动。它是一束光照射在水面,展示较强立体电影效果的一种多媒体技术。水幕电影拥有更特别的立体感和空间感,片中的人物就像是从天而降,与夜晚的气氛熔为一炉,产生一种特别梦幻的氛围,加上一些激光技巧,场面显得气势磅礴。音乐喷泉使喷泉形状、灯色转变和音乐频率互相融合，从而达到喷泉水型、灯色变化与音乐感情三者的内在统一，使喷泉更好的体现水的艺术，展示出喷泉的内涵。音乐喷泉可以使游客感受视觉和听觉的双重冲击，通常高音区的音符让人体验到豁亮的视觉感受和积极欢愉的情态感受，低音区的音符则让人体验到昏暗的视觉感受和消沉哀伤的情态感受。平缓的节奏一般让人觉得开阔冷静，而快急的节奏则让人觉得躁动拥挤。由于水幕电影和音乐喷泉都需要依赖于流水，所以只能选择建于五台山下气温相对较高的地方。而这样的做法可以在游客一进入五台山境内，就接触到水体，延长游客的停留时间，并通过水幕电影让游客在游览之前就了解全面的五台山。选择五台山上较为开阔的场地，修建一个大坝，集中自然水系及雨水，人工开发一个 $30 \times 60 m^2$ 面积的湖，湖中沿着湖的外围修建一圈喷泉，随着音乐的旋律而不停起伏，音乐内容以五台山佛乐为主，给人以静谧的感觉，喷泉周围可以拍照留念。这个喷泉供免费游览，目的在于延长游客的停留时间，满足游客的亲水愿望。

　　佛教音乐是我国宝贵的音乐文化遗产之一，五台山的佛乐文化源远流长、内容丰富，并有着鲜明的风格特色，成为佛乐文化的重要组成部分。五台山拥有佛教界的音乐绝响－梵乐。五台山佛乐独树一帜，曲调古典幽雅。如今，五台山共存有佛乐曲牌 8 部 87 首，其中青庙曲牌 5 部 47 首，即瑜伽焰口、禅门日诵、吹腔之部、佛事散曲、三昼夜本五部分；黄庙曲牌 3 部 40 首，即禅曲诵经之部、吹腔之部、仪式用曲三部分。现在五台山佛乐包括经文和经外音乐，其中经文音乐主要用于参加佛事活动，由经文与佛曲组成。经外音乐主要指没有词、偈，以乐器演奏为主的音乐，此为五台山庙堂音乐的点睛之笔。总的来说，尽管五台山佛乐流派互有差别、各具特色,但都显示出北方佛音的典型风格,激越雄壮而静穆悠扬。青庙音乐与黄庙音乐在很多方面存在不同。首先,青庙音乐规矩严格,黄庙音乐对此并不刻意要求。其次,两庙采用的调高不一样,黄庙采用管调,青庙则使用角调,青庙较黄庙来说低一个调。再次,两庙使用的主要乐器不一样,青庙使用笙较多,黄庙则使用管子较多。最后,青庙音乐多见汉民族乐曲,黄庙音乐却拥有很多古老的西藏乐曲。因此,青庙音乐的特点是庄重优雅、古典安静,黄庙音乐的特点是强劲粗犷,洪亮激越。

晚上利用这一湖面放映水幕电影,电影内容围绕五台山旅游宣传进行放映,目的在于丰富游客的旅游活动,让游客了解五台山的不同方面。主要包括五台山的地位介绍,奇峰灵崖,佛教盛事,历史传说,寺庙介绍,"又见五台山"等。具体内容如下:

第一,地位介绍:五台山是一个在自然、人文、历史、文化、民俗、建筑、休闲等各方面都占有优势的风景旅游区。地位的介绍可以使游客保持愉快的心情,在地位显著的五台山游览,游客就自觉自己的地位提升了,进而会怀着虔诚的心情来观赏五台山的一切。

第二,寺庙介绍:a.显通寺——五台山历史最久远的寺庙。地处台怀镇中心地,是全中国继洛阳白马寺之后的第二座的寺庙,自此,五台山便享有"释源宗祖"之誉。b.塔院寺——五台山上最具代表性的寺庙。塔院寺地处台怀杨林街显通寺南侧,游客一进入台怀镇便可以看见宏伟的塔院寺白塔,地上部分高 56.4m,不仅公认是五台山的代表建筑,还是我国现存元代覆钵式塔的最高建筑。c.菩萨顶——饱受宠爱和尊重的皇家寺庙。地处显通寺北侧的灵鹫峰上,由下向上看台阶,宛若天梯。此寺仿照皇宫样式设计而成,很是奢华,备受大清朝历代天子喜爱,位居各寺之首。d.南禅寺——东亚现存最有年代的木构寺庙。位于五台县阳白乡李家庄村西的一处高岗上,属于五台山的台外寺庙。其中的大佛殿是世界现存最有年代的唐朝木构殿堂,属于中华珍宝。e.黛螺顶——五台山必到寺庙。夏日五台山风景区内树木繁荣旺盛,墨绿欲滴,所以称为黛螺顶。也称大螺顶,这是因为由上往下看,宛如倒扣大海螺,有著名的1080级台阶。寺内主要供奉大智文殊菩萨,因此1080级台阶亦叫"大智路"。登黛螺顶一般被称作小朝台,是许多信徒及游客的必经之地。f.佛光寺——最具有历史艺术价值的留存最完好的寺庙。地处五台县豆村以北5km处的莲花山中,属于五台山的台外寺庙。佛光寺东大殿有唐朝四绝,即唐朝木构建筑、唐朝泥塑、唐代壁画、唐代题记,被誉为"东方古建明珠"和"亚洲佛光"。g.万佛阁——五台山上规模最小而香火最旺盛的寺庙。俗称五爷庙,很多游客只要到五台山,就一定要到这个小庙烧几柱香,许几个愿,而且有许多人似乎纯粹就是为了这一点而来的。寺庙介绍会增进游客对五台山的了解,每一座寺庙讲述的都是一段历史,使游客产生去更多寺庙的动机。

第三,自然景色介绍:与别具特色的寺庙建筑相比,五台山的自然景色也毫不逊色。当你走进一座充斥着如此北方气息的大山时,必定会觉得它这样高峻雄壮,气势磅礴,稳重魁梧,如同活生生的北方汉子的放大版,自有它所独具的迷人魅力。自然景色包含台顶美景——东台望海,西台挂月,南台锦绣,北台叶斗,中台翠岩;写字奇观——写字崖,是大自然馈赠五台山的一道鬼斧神工的奇观,也是让无数游客和善男信女惊叹不已又始终迷惑不解的自然造化,连许多的专家学者至今也无法弄清它的奥妙所在。这就吸引了人们年复一年,往来如织,蘸水擦字;佛母重生——不管是出于什么原因到五台山旅游,有一个地方人们往往不会错过,就是到佛母洞亲身体验"佛母重生"的滋味。此处景观是五台山自然造化与佛教理念奇妙结合的一个神秘所在;南梁仙景——南梁沟是五台山风景名胜区金刚库乡的一个村庄,是一处风光秀丽、幽雅恬静、人迹罕至的世外桃源,是嘈杂尘世中真正的灵魂休憩地。

第四,佛事活动:a.传戒受戒:主要包括戒律戒诵、传戒仪式等;b.功课修行:早课、晚课、安居、闭关等;c.讲经说法:重要佛事活动,目的是为了弘扬教义,传授佛法,研讨经文;d.佛教节日:主要包括佛诞节、成道节、斋天等;e.僧众斋会:主要包括斋会、念谱佛、放焰口等;f.专门法会:有十寺法会、六月法会、水陆法会、开光大法会、五台山祈祷世界和平大法会等。

佛事活动的放映将游客带入栩栩如生的盛事情景中,一日便可体验多种活动,了解更多知识,延长了游客的停留时间。

第五,神奇诱人的历史传说:在五台山,各种历史传说和民间故事广为流传,散见于大量的野史、方志和文人笔记中,也广为传播在人民群众的口头文化中,真假莫辨,瑕瑜互见,成为人们茶余饭后的趣味谈资,也成了很多文艺创作的一个创作源头。一直到了近年来,依然有不少文化人在辛勤采撷这些历史和民间传说的基础上,已经和正在创作着一部又一部小说、故事和其他文艺作品,有的还拍出了长篇电视连续剧,受到海内外民众的普遍喜爱,同时也为五台山蒙上了一层更加迷人的神秘面纱。主要包括公主建寺、杨五郎出家、顺治弃位、康熙寻父、老尼留偈、康熙遗妃等。这项内容主要为了吸引除了宗教朝拜之外的新客源,即那些文艺创造者。

第六,"又见五台山":是各级领导十分重视的大型情境体验剧,此剧剧场建于五台山风景区的新旅游服务基地,西临五台山游客中心,南临东辉国际大酒店,占地约230余亩,面积约14 000m^2,可容纳观众1700人。此剧以五台山佛教文化为主打,以佛教典故、仪规为基点,将音乐、互动体验融为一体,运用现代科技营建梦幻情境,特别强调观众的亲身体验,使观看传统演出的观众成为演出的真正参与者，亲身体验履行佛教仪规的全过程。这一大型情景剧一定可以吸引更多游客，丰富游客的旅游娱乐生活。

以观赏为目的的水体景观主要突出了水体景观的休闲性和文化性，观赏内容以五台山的各种文化为重点，而且观赏时间不局限于白天，丰富了游客的休闲活动。

3.以娱乐为目的的游乐区设计

水上娱乐活动一直倍受人们喜爱，以落差较大的河流为开发对象，选取400m作为长度设计一段游乐区。

夏日围绕"极乐地狱"和"湖中冥想"两项水上活动进行建设，"极乐地狱"是针对清水河部分落差较大的激流，感受极乐世界与地狱的落差，在上流设计极乐世界相关的内容，激流两旁悬挂面露善色的菩萨，罗汉等塑料画，让游客在安全的心理状态下玩的自由。在下游则设计地狱文化，生动描绘十八层地狱的模拟景象，激流旁边悬挂刀山油锅，营造一种刺激视觉的景象，进而造成心理上的紧张。不但达到娱乐的刺激感，而且还可以扬善惩恶。这项活动的目的主要是培养人们在激流面前的坚韧性和果敢性，并且在水上活动中体验到"在高处放下自己，在低处找回自己"的人生哲学。在上游旁边人工开发一个湖面，湖中设计一个圆形的亭子，将文殊菩萨的雕塑置于中间，请庙中高僧在此诵经，人们可以在文殊菩萨周围打坐、冥想、祈福，亲身体验这种神仙意境，湖中放置几艘小船供游客游玩，营造和谐的气氛，此为"湖中冥想"活动。考虑到安全问题，小孩子比较适合游湖，而不是激流，所以此处这个湖可以针对带小孩子的游客而建。冬日则以"勇探人生路"和"冰雪展智慧"为主题进行开发。在夏日结束以后，天气渐凉，五台山的激流也会变成冰雪，此时便可以充分将其利用起来，设计几条滑道，进行滑雪或者滑冰活动，让人们在冰雪世界的活动中体验清凉佛国的文化。这项活动可以使人的自制性和独立性得到锻炼;"冰雪展智慧"是在夏日的湖中冥想的基础上形成的,此时可以真正领略清凉佛国的魅力。湖面上可以进行冰雕比赛,游客可以发挥自己的聪明才智,尽情享受比赛的乐趣。

以娱乐为目的的水体景观建设突出了水体景观的游乐性和艺术性,通过在夏季漂流冬季滑冰雪来延伸旅游时间,打破季节落差,扩展旅游季,实现了四季可游。通过夏季湖中冥想冬季制作冰雕来提升生活品质,谱写艺术人生。

(三)五台山风景区水体景观建设重点项目

根据五台山风景区的开发对策研究,现以表格形式呈现出未来在五台山风景区重点建设的水体景观,见表11-2。

表11-2　五台山风景区水体景观建设重点项目

名称	设计理念	主要内容
曲水流觞	曲水流觞是一种高雅的文化娱乐活动,既可以使游客体验亲水乐趣,也可以使游客互相增进感情,充分突出水体景观的情调性。	仿照古代文人雅士传酒杯的形式让游客饮用山中泉水,即旅客在弯曲的溪泉旁聚会,盛泉在漂浮在水面上的小杯子中。人们沿着溪泉隔一米坐一人,随着溪泉的不断流动,可以设计障碍物使其停止,也可以自行设定时间使其停止,小杯子停在哪位游客的身旁哪位游客便饮尽此杯泉水,并起身即兴表演。
音乐喷泉	音乐喷泉使喷泉形状、灯色转变和音乐频率互相融合,从而达到喷泉水型、灯色变化与音乐感情三者的内在统一,使喷泉更好的体现水的艺术,展示出喷泉的内涵。音乐喷泉可以使游客感受视觉和听觉的双重冲击,平缓的节奏一般让人觉得开阔冷静,而快急的节奏则让人觉得躁动拥挤,充分体现水体景观的休闲性。	五台山佛乐共存有佛乐曲牌8部87首,其中青庙曲牌5部47首,包括瑜伽焰口、禅门日诵、吹腔之部、佛事散曲、三昼夜本;黄庙曲牌3部40首,主要有禅曲诵经之部、吹腔之部、仪式用曲。

续表

名称	设计理念	主要内容
水幕电影	水幕电影拥有别具特色的光学特效,片子放映时,色彩鲜艳,字幕清楚,具备更好的立体感和空间感,气势非常恢宏。它是一束光照射在水面,展示较强立体电影效果的一种多媒体技术。项目主要是用来宣传五台山风景区的各个方面,充分突出水体景观的文化性和时代性。	水幕电影以五台山的地位介绍、寺庙介绍、齐绝雄浑的自然风光、佛教盛事、神奇诱人的历史传说、"又见五台山"大型情景剧为内容,丰富游客的夜间娱乐活动,增进游客对五台山的了解。
湖中冥想	针对朝拜者设计湖中听经文的项目,亲身体验这种神仙意境,营造和谐的气氛。此项目突出体现水体景观的体验性。	湖中设计一个圆形的亭子,将文殊菩萨的雕塑置于中间,请庙中高僧在此诵经,人们可以在文殊菩萨周围打坐、冥想、祈福,湖中放置几艘小船供游客游览。
极乐地狱	这项活动的目的主要是培养人们在激流面前的坚韧性和果敢性,并且在水上活动体验到"在高处放下自己,在低处找回自己"的人生哲学。突出体现水体景观的游乐性和哲学性。	在上游设计与极乐世界相关的内容,激流两旁悬挂面露善色的菩萨、罗汉等塑料画,让游客在安全的心理状态下玩的自由,在下游则设计地狱文化,生动描绘十八层地狱的模拟景象,激流旁边悬挂刀山油锅,营造一种刺激视觉的景象,进而造成心理上的紧张。不但达到娱乐的刺激感,而且还可以扬善惩恶。
冰雪展智慧	五台山的春季和冬季属于淡季,游客稀少,通过开发淡季旅游来吸引客源,既满足游客的娱乐需求,又带动五台山风景区的经济发展。	在夏日的湖中冥想的基础上形成的,此时可以真正领略清凉佛国的魅力。湖面可以上可以进行冰雕比赛,游客可以发挥自己的聪明才智,尽情享受比赛的乐趣。
勇探人生路	此项活动不但可以培养人的自制性和独立性,还可以打破季节落差,使五台山成为四季可游的旅游胜地。	夏日结束以后,天气渐凉,五台山的激流也会变成冰雪,在此基础上便可以充分将其利用起来,设计几条滑道,进行滑雪或者滑冰活动,让人们在冰雪世界的活动中体验清凉佛国的文化。

五台山风景区水体景观塑造和建设,力图使五台山风景区出

现清水长流的景象和一幅天人合一的旅游画卷,不仅将丰富五台山的旅游产品,而且充实游客的旅游活动,促进五台山旅游生态环境的改善。

参考文献

[1]何奕廷:《城市水体景观设计方法研究》,《考试周刊》,2011,(25),第239—240页。

[2]张帅:《西安市公园景观设计中的理水艺术研究》,西北农林科技大学,2013年。

[3]石帅:《对园林水体景观设计的思考》,《电影评介》,2013,(06),第91页。

[4]陈钧:《对中国园林水体景观的美学思考》,贵州大学,2007年。

[5]胡娟艳、许伟生:《为有源头活水来——浅析水体景观设计》,《科技致富向导》,2012,(11),第218、326页。

[6]郭蒴:《水体景观设计研究》,东南大学,2006年。

[7]李炳南:《基于安全因素的水体景观设计策略研究》,《建筑与文化》,2009,(09),第76—78页。

[8]路华:《五台山文化宝典》,中国社会出版社2010年版。

[9]山西旅游景区志丛书编委会:《五台山志》,山西人民出版社2003年版,第26—27页。

第十二章 五台山旅游生态环境建设——公共厕所整治

一、五台山风景区公共厕所的现状

（一）五台山风景区内公共厕所的设备设施情况

五台山风景区内的公共厕所按建筑形式大致可以分为三类：

（1）附属式公厕。即依托于其他的建筑物，与其他建筑构成同一个整体。具体而言，就是位于五台山每座寺院内部的公共厕所。这种类型的公厕在每个寺庙里都有建造。图12-1为五台山风景区五爷庙内的公厕。

（2）独立式公厕。即不与景区内其他建筑相关联，独自为一个整体的公厕。图12-2为五台山风景区内中心区的一间独立式公厕。

（3）无害化移动公厕。无害化移动公厕是指可以重复使用并且能够方便地移动到需要的地点的公厕。图12-3为五台山风景区内道路两旁的一座无害化移动公厕。

（二）五台山风景区内公共厕所的管理情况

风景区公厕的管理包括公厕的规划、日常管理及制度条例。

公厕的规划和建设比较笼统模糊。如忻州市旅游局在《山西省忻州市旅游规划产业发展规划（2007—2015）》中对风景区环卫设

图 12-1　五台山风景区内附属式公厕

图 12-2　五台山风景区内独立式公厕

图 12-3　五台山风景区内无害化移动公厕

表 12-1　五台山风景区内三种类型公厕现状

公厕类型	附属式公厕	独立式公厕	无害化移动公厕
选址位置	一般位于寺庙西南角	一般位于游客集中区	道路两边
数量	数量多，每座寺庙均有	数量少，10座	数量少，23座
服务人群	寺庙僧人、游客	游客	游客、当地百姓
环保程度	不便于清理作业，对周边环境污染大；水冲式	便于清理，对周边环境污染小；水冲式	污染相对小；水冲式
协调性	与周边环境协调统一	仿古建筑，较协调	外观颜色仿古，建筑比较现代化
卫生状况	有明显异味，脏且乱	通风良好，但也比较脏	稍有异味
设施设备	设施陈旧且不齐全，破损比较严重	设施较新且比较齐全，人性化程度相对高	简易设施

* 数据为实地调查所得。

施规划时指出：针对忻州旅游发展中面临的环卫设施滞后、生态环境保护与建设的任务等问题，规划期内重点是力争规划期末五台山旅游区至少有5个五星级厕所，其他厕所力求按星级标准进行建设[1]。五台山风景区总体规划将公厕作为景区的基础设施进行规划，但并没有做公厕的专项规划或建设方案，没有具体的实施措施。

风景区公厕的日常管理实行分类管理。由于附属式公厕位于寺庙内，所以这一类公厕归各寺庙管理。每日定时打扫清理。独立式公厕与无害化移动公厕由景区环卫部门管理，并派专人打扫。三种类型的公厕均不对外收取费用。

风景区公厕的制度条例主要体现在《五台山风景名胜区环境卫生长效管理制度汇编》和《五台山风景名胜区环境卫生管理办法（试行）》之中，规范了相关单位及个人的环保行为，明确了责任主体，对五台山风景区公厕的管理起到了积极的作用，但是没有具体的实施细则。

（三）五台山风景区内公共厕所的数量和分布状况

经过在五台山风景区实地调查得知，五台山风景区的公共厕所集中分布在台怀镇中心区，而在一些偏远的景点附近则分布疏散，山区地段公厕分布数量少，服务半径较大。通过对五台山风景区环卫处工作人员的访谈得知，目前，五台山风景区内可供游客使用的公共厕所约有142座。其中独立式公厕10座，无害化移动公厕23座，附属式公厕约有109座。另外，据调查，五台山风景区内的大部分公厕男女比例为1:1，无害化移动公厕为无性别公厕。

（四）五台山风景区公共厕所的总体评价

对于旅游目的地来说，厕所一方面代表着旅游地的形象，另一方面也体现出了旅游地的文明程度和科学管理水平，因而，风景区内公共厕所的形象在一定程度上会左右游客对旅游目的地的选择。五台山作为中国四大佛教名山之首，历史文化悠久，自然风光优美，享誉海内外，近年虽然五台山风景区加大对景区基础设施的建设力度，取得了一定的成效，但是仍然存在很多问题。经过实地调查得知，景区内取消了旱厕，新增了独立式公厕，并在离居民区比较近的道路两边新建了无害化移动公厕，但这些公厕大部分集中于台怀镇中心区，在一些比较偏远的景点附近，公厕数量则比较少。还有游客及居民反映，由于冬季为五台山风景区旅游淡季，天气寒冷，游客较少，能够开放的公厕很少，有时还会遇到停水停电现象，导致公厕脏乱不堪，再加上取消了旱厕，常常是游客、居民在一个公厕外排起了长龙。

总体来说，五台山风景区公厕数量不足，分布不合理，建造档次参差不齐，在中心区比较容易找到公厕，而在比较偏远的景点则没有中心区方便，如观音洞、万佛洞周边，大部分公厕卫生条件差，管理缺失，五台山风景区公厕问题令人堪忧。

二、五台山风景区公共厕所存在的问题

为了能够更加真实准确的得到五台山风景区内公共厕所的具体情况,我们于 2014 年 4 月至 2014 年 5 月在五台山风景区内采用问卷调查法为主,社会访谈法、实地调查法等其他方式为辅的调查方式进行调查。此次调查共发放问卷 900 份,收回问卷 815 份,回收率为 90.6%,其中有效问卷 754 份,回收有效率为 83.8%。调查问卷设计中采用了评分加总式量表——Likert scale。将厕所的卫生状况、服务和管理状况、厕所设计与景区环境的协调性、标识系统、选址位置、数量、通风设施、照明设施、人性化程度、环保程度 10 个选项按很满意、满意、一般、不满意、很不满意五种态度设计成矩阵型选择题。被访游客填写时,调查人员亲自指导,让被调查游客根据自己的真实感受在相应的态度下做出标记,提高了问卷结果的真实性和准确性。

（一）厕所管理缺失

实地调查中一位风景区负责人认为,建造一座厕所并不难,难的是建成以后的日常管理和维护。实际上,风景区公厕的干净、清爽关键在于服务和管理,其硬件设施可以因为经济条件或简朴或豪华。简朴但是干净清爽的公厕同样可以赢得游客的青睐。

游客对五台山风景区内公厕服务和管理状况评价统计结果见图 12-4,由图额可知,46.7% 的游客对五台山风景区公厕的服务和管理状况持一般态度,26% 的游客表示满意,4.6% 的游客表示很满意,17% 的游客表示不满意,5.7% 的游客表示很不满意。通过对表示不满意和很不满意的游客进行访谈得知,他们普遍对公厕内脏、乱、差却无人打扫、部分公厕不开放、公厕标识不明显、公厕内不供应手纸等问题表示不满。

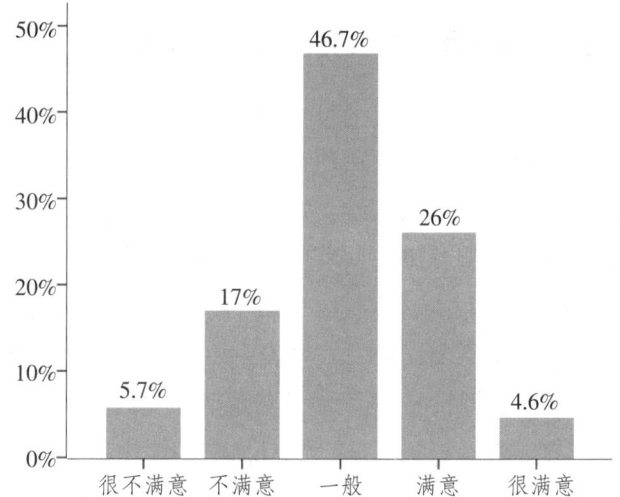

图 12-4 游客对五台山风景区内公厕服务和管理状况评价

(二)环境卫生条件不达标

游客对五台山风景区内厕所卫生状况满意度情况统计结果见图 12-5,可以直观地看到游客对五台山风景区内公厕卫生状况持一般态度的占到了 47.2%,而持满意和很满意态度的总共占到

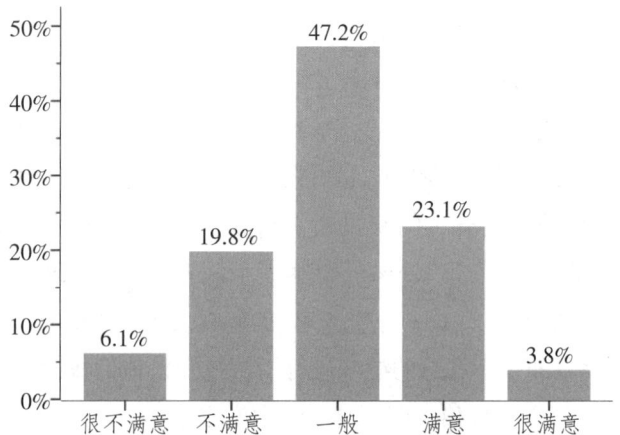

图 12-5 游客对五台山风景区内厕所卫生状况满意度比例

26.9%，值得注意的是对景区公厕卫生状况很不满意的游客占到了6.1%。众所周知，五台山风景区获得"四大佛教名山之首"、"国家地质公园"、"国家森林公园"、"国家AAAAA级旅游景区"、"国家自然与文化双遗产"、"世界遗产"等荣誉。但是，从图中反映出的卫生状况却难以与他的荣誉相媲美。另外，经过实地调查得知，部分公厕卫生状况比较差，主要体现在地面比较脏、污渍遍地、垃圾乱扔、异味明显、洗手台水迹斑斑、清洁物品随意摆放等。

（三）内部设施参差不齐，部分设施破损严重

目前，五台山风景区处于新旧公厕并存的阶段。调查得知，无害化移动公厕由于自身空间狭小、便捷的特点决定其设施比较简易，只有管理间、纸篓、冲水装置、挂钩这些简单的设施。附属式公厕内部设施老化陈旧不齐全，破损比较严重。如普化寺内的公厕主要设施有管理间、纸篓、手动冲水装置、男用小便器（男厕）、挂钩、净手设备、烘干机、手纸架（无纸）、取暖设施、熏香，但是这间公厕存在厕位的门多有损坏、地板破裂、冲水装置部分损坏、有窗无玻璃、管理间像杂物间等问题。而五爷庙内的公厕则仅有定时冲水装置、男用小便器（男厕）和取暖设施。相对于之前两种公厕来说，独立式公厕的设施设备比较统一而且齐全，注重人性化，由外向里依次有盲道、茶几、影视设备、管理间、休息长椅、储物柜、母婴室、烘干机、净手设备、面镜、残疾人专用厕位（内部有坐便器、扶手、独立净手设备、纸篓）、手纸架、纸篓、自动冲水装置、男用小便器（男厕）。

通过三种类型公厕内部设施的对比可以得出，各独立式公厕的内部设施比较统一、齐全、少有破损，这主要是由于这种类型的公厕多为2013年新建或完善后的公厕，设施设备比较新而且齐全。各无害化移动公厕的内部设施统一但是简易。问题最严重的是

附属式公厕,出现豪华与简陋的巨大反差,这主要是因为附属式公厕位于寺院内部,不易翻新;数量众多,耗资较大;历时较长,设施老化严重。

(四)厕所外观缺乏文化特色

风景区公厕有着不同于普通公厕的特殊功能。风景区公厕不仅仅要能够满足游客生理代谢的需求,而且要能够满足初来乍到的游客在异乡之所寻求安全、休息、放松、隐秘、婴儿护理、卫生整理甚至是审美、文化等多种功能。因而,风景区公厕的建设不仅要有技术含量,而且还要有文化含量。

五台山风景区作为一个佛教圣地,景区内的一草一木都被游客看作是"文殊菩萨"的化身,那么它的公厕建筑也应该与寺庙建筑群以及周围自然环境相协调,才能彰显出其独特的佛教文化。图12-6反映出游客对五台山风景区公厕与周边环境协调性的态度,持很不满意的占到3.9%,不满意占15.4%,一般占45.8%,满意占30.5%,很满意占4.4%。公厕与周边环境的协调性相对于卫生状

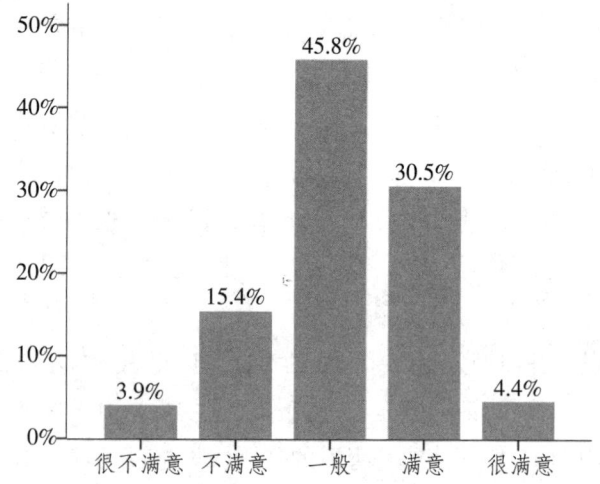

图 12-6　游客对五台山风景区内厕所与周围环境协调性的评价

况、人性化程度来说,其满意度是比较高的,主要原因是附属式公厕占了大多数,与风景区连成一体,很少存在与周边建筑不协调的情况。从图12.1、图12.2、图12.3中也可看出,风景区公厕的外部景观虽然不会对周边环境造成消极影响,但是缺少了文化气息。同时,公厕的建筑形式基本是同一造型,虽然避免了不协调性,但是却略显平淡,千篇一律的公厕很难让游客对五台山佛教圣地有深刻的良好印象。

(五)空间分布不合理

游客对五台山风景区内厕所选址位置合理性评价的统计结果见图12-7,由图可知,游客对五台山风景区内公厕位置选址的合理性持很满意态度的占5.4%,满意的占30.8%,一般的占46.9%,不满意的占13%,很不满意的占3.9%。从调查数据看,对五台山风景区公厕位置满意的游客仅占了36.2%,那么这就能说明五台山风景区内目前的公厕分布状况仍然不能满足大多数游客的需求。这主要是由于五台山风景区属于山岳型景区,有很多寺庙建在山

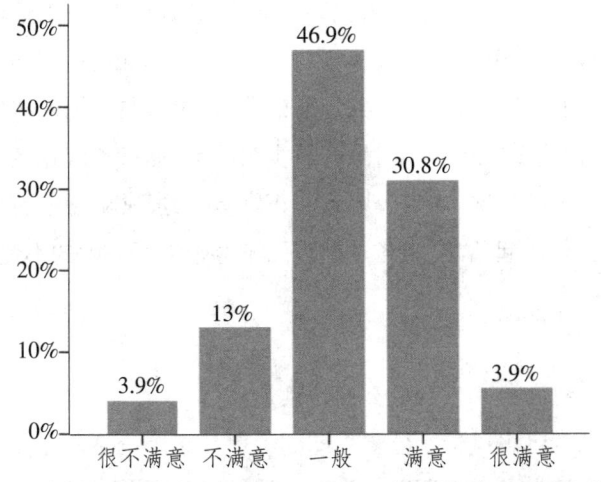

图12-7 游客对五台山风景区内厕所选址位置合理性的评价

腰或山顶,而在上山的途中却无公厕分布,山区地段的公厕服务半径过大。

五台山风景区内游客经常游览的山区寺庙有黛螺顶、佛母洞、灵应寺、南山寺。灵应寺坐落在梵仙山顶部,以正常青年体力需40分钟才能登顶,途中无公厕情有可原。登上黛螺顶需要2个小时左右,中途有一个休息的凉亭,但却没有公厕,山脚虽有一处独立式公厕,但却不开放。佛母洞距台怀镇较远,但依然有很多游客慕名而来,据当地导游讲解,佛母洞有1680级台阶,若以每层楼20级台阶算的话,登上佛母洞不亚于爬一座84层的高楼,本人亲身体验需要3个小时之多,但是,中途并没有一座公厕。南山寺位置也相对偏僻,徒步从山脚到寺内也需2小时左右,中途无可用公厕。虽然山区寺庙的游客比较少,但是也不应该出现盲区,因此,相关管理部门可以适当降低规模,为山区景点建造可用公厕。

(六)淡季公厕使用紧张

在五台山风景区调查期间得知,近年来五台山风景区实行分淡旺季开放公厕。旺季时若无特殊原因,公厕全部开放,而淡季时由于游客数量很少,仅开放少量公厕。在对当地居民进行访谈时得知,五台山风景区取消了公共场所的旱厕,游客与商铺的居民要共用公厕,但是景区在淡季时只开放少数公厕,而且景区在冬季常遇到停水停电的情况,导致公厕无法正常运作,经常出现游客居民在一个公厕外排起长龙,为冬季前来的游客带来了很大的不便。

三、建议

(一)科学确定风景区公厕建设原则

根据五台山风景区公厕目前的管理和建设状况,在公共厕所的规划和建设中应强调以人为本,使景区公厕在空间布局上均衡合理;在规模数量上充足适度;在供给质量上卫生舒适,使景区公厕能够满足游客的生理需求、服务需求、心理需求、社会需求、文化需求。

五台山风景区公厕规划和建设原则应是:

(1)合理布局,尽量与周围景观环境相适应;

(2)完善标识系统;

(3)注重人性化设计。

(二)增加景区公厕数量

结合五台山风景区旅游淡旺季旅游人数、当地人口布局、使用特点、人流密度、地形特征,适当参考《旅游厕所质量等级的划分与评定》(GB/T18973-2003)和《城市公共厕所设计标准》(CJJ14-2005),因地制宜增加风景区公厕数量。

在游客集中的景点增建独立式公厕。如台怀镇中心分布着菩萨顶、广宗寺、圆照寺、罗睺寺、显通寺、广仁寺、塔院寺、万佛阁等寺庙,是五台山风景区必游的景点,也是游客最集中的地方,但是在台怀镇中心的寺庙群目前仅有三座独立式公厕,其中有一座公厕打着现代化公厕的幌子却不开放,只在背后开放脏乱不堪的旱厕。因此,可以在菩萨顶脚下增建一座档次较高的独立式公厕。另外,五台山风景区旅游淡旺季明显,所以,首先考虑适当采用无害化移动公厕,其次才是增建新公厕,以减少不必要的人力、物力、财力。

(三)合理布局山区地段公厕

针对山区地段公厕服务半径过大,可在中途适当增建规模较小的公厕。如在攀爬黛螺顶中途的凉亭,可增建一所小型公厕;从山脚到佛母洞的中途选址增建一座小型公厕;以满足登山游客中途的生理需求。鉴于山区公厕处于半山腰,建造难度大,建成后的维护成本高,排污困难且平时游客量较少,公厕的使用频率低,故而对山区公厕的建造要求不需要太高,可以相应地降低建造规模和档次。这样既能缩小山区地段公厕服务半径,又可以节约成本,减少开支。

由于五台山风景区为山岳型景区,在游览的过程中耗费的体力比较大,所以在规划公厕相间的距离或服务半径时宜小于平原地区景区公厕的服务半径,具体的间距要适当考虑到老人及小孩的体力及使用特点,体现人性化原则。

(四)尽量统一内部设施,提高人性化管理

针对五台山风景区公厕内部设施参差不齐,部分设施破损严重的问题,要受到上级部门及下级部门的重视,下级管理部门应该定期反应公厕问题,上级部门快速予以支持和帮助。对一些老化、超期服役的公厕或设施设备要及时进行维护和更新。针对附属式公厕内部设施差别大的问题,需要政府部门资金上的支持,为公厕内添置统一耐用的一系列配套设施。

环卫人员作为风景区公厕的管理者、保洁制度的执行者、设施设备的维护者,其自身素质及业务水平很大程度上决定了风景区公厕的管理水平。所以,有关部门首先要做的是加强对环卫人员的管理。对于环卫人员的管理要实行人性化管理,从思想上转变传统观念,从业务上加强培训,从机制上加大监管力度,使环卫人员从内到外彻底认识到自身的重要性。

风景区公厕的问题层出不穷一方面与设计者、管理者有密不可分的关系,但是使用主体的不文明行为也是很重要的因素之一。所以要加强对使用主体的人性化管理。五台山风景区公厕的使用主体主要分为三类:游客、当地居民、僧侣。这三类人群中,居民和僧侣为常住人口,而游客的流动性较大,所以本文建议首先做好居民和僧侣的教育宣传工作,其次才是游客。通过居民和僧侣的文明如厕行为,教育游客自觉爱护公厕设备设施,主动维护公厕卫生,影响和带动广大游客积极参与到文明如厕的行动中。另外,在公厕内部设置人性化的提示或标语也可以在一定程度上减少游客的不文明行为。

风景区公厕管理除了要对环卫人员、使用者实行人性化管理,还应制定人性化的管理制度。对于五台山风景区内的公厕,要建立起规范、严格、科学、持久的管理制度和保洁制度,竭尽所能达到国家标准规定的要求,不断提高管理的科学化水平和现代化水平。有必要学习和借鉴国内外的先进技术和经验,进一步加强管理经验的交流,使五台山风景区在制定相关的管理制度和保洁制度时,更加人性、务实、有效,从而使风景区公厕成为推动五台山风景区旅游发展的动力。

(五)新建公厕要体现人性化原则

厕所不仅是人们的"方便"之地,还应融入一些文化的内容,使之成为民族文化展示和人文关怀的平台[2]。所以不仅要注重公厕内部有形的设施,还应该重视其内部所体现出来的人性化。借助公厕内部装饰、顶棚、墙壁、地面作为五台山佛教文化及民俗风情的载体,体现佛国圣境的灿烂辉煌。如西安半坡遗址博物馆设计出了极具仰韶文化韵味的公厕。

目前五台山风景区的独立式公厕以单层仿古建筑为主,色调以红色、青灰、白色为主,能较好地与周边环境相协调,但却显得单调乏味,缺乏文化性,建议有关部门可以在公厕的外观、造型、色调、布局、平面形式上改变和突破当前面貌,使得公厕建筑也能够成为景区浓墨重彩的一笔。在建筑层次上,可以尝试一下两层公厕:一层设置男厕和无障碍厕位、残疾人厕位、老年人厕位,二层设置女厕。地下公厕也可以成为一个不错的选择,既节约土地,又不会影响周边环境。对于五台山风景区的公厕,外部结构的设计不仅针对独立式公厕和移动性公厕,附属式公厕同样要注意其外部结构。如五爷庙内的公厕,可以将外部搭建的简易房拆除,厕所标识设计成仿古牌匾式,这样既美观又协调。

有关调查显示,男性如厕时间平均约为45秒,而女性如厕时间平均约为130秒,约为男性的三倍。由此推理,女厕面积应当是男厕的三倍,女厕位也应当是男厕位的三倍,但事实却非如此。据调查,五台山风景区内男女厕位比例多为1:1,部分公厕男厕位比女厕位多。在景区旅游淡季时,女厕尚能满足游客的需求,但到了旅游旺季,尤其是6、7、8、9月份时,常常会看到女厕外门庭若市,男厕外门可罗雀。因此这一问题应当得到有关部门的注意,合理科学的规划男女厕位。

建议加大女厕面积或增加女厕位,也可以参考《旅游厕所质量等级的划分与评定》(GB/T18973-2003),如表12-2。

表12-2 旅游厕所质量等级的划分与评定男女公厕比例

比例	五星级	四星级	三星级	二星级
男女厕建筑面积	4:6	4:6	5:5	5:5
男女厕位(除小便器)	4:6	4:6	5:5	5:5
座蹲位	5:5	4:6	3:7	2:8

* 数据源于《旅游厕所质量等级的划分与评定》(GB/T18973-2003)

(六)加强公厕管理,及时保洁

风景区公厕的日常管理主要是公厕的保洁。11月到次年4月为五台山风景区旅游淡季,可选择性的开放公厕,但是要以能够满足游客需求为前提,既可以减轻环卫人员的工作负担,又能节省开支。淡季时要求环卫人员白天分早中晚三次进行公厕卫生清理,保持公厕清爽干净。5月到10月为五台山风景区旅游旺季,这段期间游客多,公厕使用频率高,要求公厕全部开放,环卫人员则要循环检查风景区内的公厕卫生状况。

风景区公厕的日常维护依然要分淡旺季来进行。淡季时可以每隔一个月进行一次大检修,每日清扫时可顺便做检查。旺季时除了每日的检查之外,要每隔15天进行一次大检修。如若发现故障,要及时修理,尽量不影响到游客如厕的需求。

风景区公厕也是如此,再高档豪华的公厕,如果没有环卫人员的管理维护和游客良好的习惯,它也无法称得上高档豪华。因此,五台山风景区一方面要做好公厕的日常管理和维护,另一方面要积极主动呼吁游客养成文明如厕的好习惯。只有双方团结一心,才能真正改变公厕脏乱差的局面。

(七)处理好淡旺季公厕使用矛盾

五台山风景区地处华北地区,又是山岳型景区,冬夏温差大,这样的地理位置决定了其有明显的淡旺季。旺季时游客数量多,风景区应将所有公厕全部开放,并且应明文规定,若无特殊原因,不得擅自关闭。而在淡季时,由于游客数量较少,宜开放少数公厕,不仅要满足游客的需求,而且还应考虑到当地商铺的居民;不仅要在数量上满足需求,还应在卫生条件上做好保洁工作。

参考文献

[1]山西省忻州市旅游规划产业发展规划(2007—2015)内部资料:忻州市旅游局,2007年,第54—55页。

[2]李广宏:《浅析旅游业发展新"瓶颈"——旅游厕所》,《商业经济》,2006,(283),第109—110页。

[3]巩合德:《浅析中国旅游厕所发展状况》,《旅游纵览》(下半月),2012,(03),第24—24页。

[4]倪玉湛:《云南旅游厕所设计—策略与方法研究》,昆明理工大学,2006年。

[5]郭莉:《杭州西湖风景名胜区公厕提升改造初探》,《浙江建筑》,2013,30(07),第4—7、54页。

[6]李琦:《杭州市西湖风景名胜区旅游厕所规划设计研究》,浙江大学,2010年。

[7]黄欣:《中国现代城市公厕设计策略研究》,南昌大学,2008年。

[8]黄秋霞:《城市公共厕所及其景观设计研究——以昆明市为例》,昆明理工大学,2011年。

[9]刘童童:《不让厕所"硬伤"再拖累山西旅游》,《中国旅游报》,2006年6月21日(003)。

[10]张晓艳:《旅游厕所:景区里的另一道风景——自治区实施旅游景区厕所建设工程纪实》,《新疆日报》(汉),2010年3月4日(012)。

[11]杨广虎:《景区厕所建设管理的问题与对策》,《中国旅游报》,2004年9月13日。

[12]王宾梅:《优化旅游景区厕所建设的建议》,《实证分析》,第44页。

[13]邹茜:《深圳市公厕现状调查及评估》,华中科技大学,2006年。

第十三章　五台山旅游生态环境建设——旅游网站建设

一、五台山旅游网站数量评价

旅游网站是旅游目的地网络营销的首要手段，是旅游者获取旅游信息的重要渠道，是衡量一个旅游目的地旅游发展水平的一个标志。旅游网站数量的多少往往是营销的关键，更是旅游者获得全面、准确旅游信息的渠道[1]。这里选取旅游网络信息总量和旅游网站数量两个指标，来衡量四大佛教名山旅游网站建设的数量特征情况，对五台山旅游网站数量做出科学评价。

搜索引擎是获取网络旅游信息总量的最佳途径，这里选择谷歌（www.google.com）、百度（www.baidu.com）和搜狗（www.sogou.com）三大搜索引擎作为网络旅游信息的搜索引擎，同时，将它们的均值作为网络旅游信息总量值，搜索关键词为"旅游目的地＋旅游"。旅游网站数量从全球最权威的排名网站埃里克斯（www.alexa.com）中获得[2]，它根据网站访问量为全球网站排名，其排名结果被认为是全球最权威的。结果如表13-1所示。

表 13-1　四大佛教名山旅游网站数量对比分析

旅游目的地	旅游信息总量(万条)	旅游网站数量(个)
五台山	441	24
峨眉山	930	32
普陀山	609	18
九华山	497	23

注：数据采集时间为2014年2月18日。

不论是旅游信息总量还是旅游网站数量，五台山的排名都比较靠后。其中，旅游信息总量排名倒数第一，不足峨眉山的1/2；旅游网站数量排名倒数第二，是峨眉山旅游网站数量的四分之三。由此可见，五台山的旅游信息总量和旅游网站数量是比较缺乏的，这不利于游客获取五台山旅游相关信息。但是，要全面、客观地评价五台山旅游网站建设的水平，仅从数量角度分析是不够的。为此，需进一步从质量方面对比研究。

二、五台山旅游网站质量评价

目前，国内外尚未建立权威的旅游网站质量评价指标体系，一些学者根据其研究目的建立了相应的评价指标。张俊霞[3]提出了旅游网站有效性的定量评价方法，高静等[4]从网站内容设置和网络资源技术组织两个方面建立了评价指标体系，李云鹏和吴必虎[5]从旅游者满意度角度探讨了旅游网站的质量评价体系，孙晓琳和郝俊卿[6]从旅游网站排名、影响力、服务、内容等角度对旅游网站进行了评价。借鉴前述研究成果，同时考虑质量评价指标的客观性和可比性，对旅游网站的质量评价主要体现在网站的影响、链接程度、服务水平和语言版本等方面。据此选择旅游网站排名、网站内容、网站影响力、网站服务以及国际化程度作为四大佛教名山旅游网站质量特征评价的指标。

(一)旅游网站世界排名

在网络化时代,世界排名高低是网站访问量最直观的体现,网站排名越高则表明其访问量越大,即通过该网站获取信息的人数就越多。因此,网站的世界排名是旅游网站质量评价的最直观指标。Alexa(www.alexa.com)是全球最权威的排名网站,它每三个月公布一次新的网站综合排名,即特定的一个网站在 Internet 所有网站中的名次。要确定网站的排名,首先依据 Alexa 的排名结果,确定每个旅游目的地的旅游网站排名;其次,根据谷歌的前 10 项搜索结果对上述网站进行筛选,这是因为在使用搜索引擎的用户中,大部分用户只查看前几条内容[7];最后,确定每个旅游目的地排名前五的旅游网站作为对比研究对象,由于 Alexa 的排名机制是浏览人数越多排名结果越准确,所以选择少量但世界排名较高的旅游网站能提高研究结果的准确性。四大佛教名山旅游网站世界排名比较如图 13-1 所示。

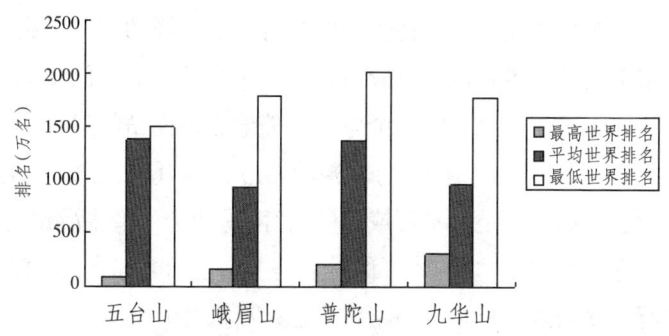

图 13-1 四大佛教名山旅游网站世界排名比较

依据上述方法,五台山选取的五个网站分别是佛教五台山网站(www.chinawts.com)、五台山在线网站(www.wtszx.com)、五台山旅游门户(www.wutaishan.com.cn)、五台山自助旅游网站(www.wu-tai-shan.com)和五台山之光网站(www.wutaim.com)。在这五个网站中,五台山在线网站的世界排名最高,为845 252名,五台山自助旅游网站的排名最低,为14 956 122名,平均排名是7 823 091名,五台山旅游网站的世界排名总体居中。

首先,由旅游网站平均排名比较可知,五台山旅游网站的平均世界排名在四大佛教名山中居于第二位,且与第三位普陀山相差不大,那么在同等条件下旅游者从网络获取五台山的旅游信息在四大佛教名山中处于中位。从这方面来说,作为四大佛教名山之首的五台山的网络旅游吸引力与其自身历史文化地位不太匹配,网络化条件下五台山的国际旅游竞争力稍弱;其次,在旅游网站排名比较中发现,五台山旅游网站最高世界排名在四座名山中最高,这将使其与另外三座佛教名山相比获得较大的网络旅游竞争优势。总之,单从网站排名这项指标观察,五台山旅游网站的网络竞争力与其余三座佛教名山相比,处于中等位置。

(二)旅游网站内容丰富性

根据旅游产业本身的特性和旅游者日益多样的需求,旅游目的地旅游网站的内容设计也应当是丰富多彩的。因此,旅游网站主体内容的丰富程度是反映一个旅游目的地旅游网站的建设及发展程度的重要指标。一般来说,旅游网站应包容万象,食宿、旅游交通、景点、购物娱乐是其不可或缺的内容,另加上一些旅游贴士、预定咨询等人性化的功能,才可称得上是一个全面的综合型网站。若网站所包含的内容只是其中某一主题,则称之为单一型网站。单一型网站具体又分为食宿型、旅行社型、景点型、购物娱乐型网站。由于四大佛教名山的宗教文化突出,又形成了一类佛教文化网站。如果一个旅游目的地既有综合型网站又具备多样的单一型网站,则可评定该地旅游网站内容丰富性强、发展程度高;反之,丰富性差、发展程度低。

对此,本文以食宿型网站、旅行社型网站、景点型网站、佛教文化网站以及综合型网站作为衡量指标,对四大佛教名山的旅游网站进行网站的丰富性比较。具体内容详见表13-2。

表13-2　四大佛教名山旅游网站内容丰富性比较

	食宿	旅行社	景点	佛教文化	综合
五台山	6	10	0	2	7
峨眉山	6	11	3	2	10
普陀山	4	7	1	2	4
九华山	5	7	0	3	8

注:信息采集时间为2014年2月17日。

根据比较表中数据所显示的结果,可观察出四大佛教名山旅游网站内容丰富性并无太大差异。但是,通过进一步研究发现:第一,四大佛教名山的景点网站建设整体较为落后,不论在数量上还是质量上都基本处于初期建设阶段或空白阶段,这极大地制约了旅游者对景点旅游信息的获取。其中,五台山景点网站数量有限,内容单一,只有简单的文字介绍与图片介绍,不够丰富,不能满足游客对各个景点了解的需求。第二,景区食宿型和购物娱乐型旅游网站的缺失,减少了旅游者对食、宿、行的选择性,降低了旅游景区的可进入性,这不能不说是佛教名山旅游发展在网站建设上的一个瓶颈。同比条件下峨眉山的旅游网络可进入性则比五台山具有更强的竞争力,表现尤为明显。

(三)旅游网站的影响力

旅游网站的影响力与网站的营销能力紧密相关,主要是指让更多的旅游者访问并记住这个网站的能力[8]。在各种类型的旅游网站中,游客对具有权威性的官方旅游网站和知名度较高的门户旅游网站更有好感、更加信赖[9],因此本文选择与官方旅游网站链接的网站数量作为衡量标准,来评价旅游网站的影响力。链接的网站数量通过 Alexa 网查询获得,结果如图 13-2 所示。

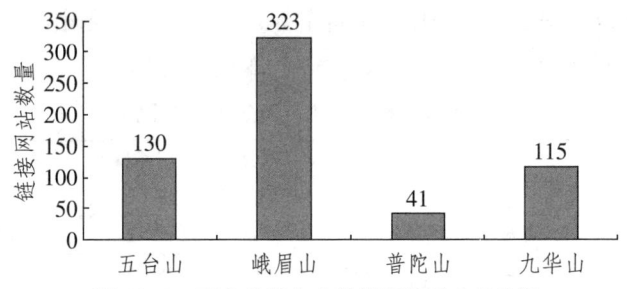

图 13-2 四大佛教名山旅游网站影响力比较

数据显示,峨眉山乐山大佛官方旅游网(www.ems517.com)的网站链接数量最多,达 323 家,五台山的官方旅游网站为佛教五台山网(www.chinawts.com),有 130 家网站与该网站建立链接。普陀山官方网站(www.putuoshan.travel)的链接数量最低,为 41 家,九华山官网站九华山旅游网(www.jiuhuashan.com.cn)链接数量为 115 家。从此数据可以看出,五台山网站链接数量排名处于第二位,但是与第一位峨眉山却相差将近两倍。究其原因,佛教五台山网的世界排名相对落后、搜索率低,不及峨眉山乐山大佛官方旅游网,与之链接的网站数量也就必然不多。

(四)旅游网站服务质量

为用户提供多样化的旅游网络服务是旅游网站建设的宗旨之一,网络服务项目越完善,用户获得的旅游信息越多,旅游网站的服务质量就越高。旅游活动的开展从而更加顺利、便捷。本文以四大佛教名山各自的官方旅游网站为代表,从旅游网络的信息服务(佛教文化、景点、线路、交通、食宿、购物等旅游信息服务)、预订服务(提供酒店、机票、景点、出租车、餐饮等预订服务)和互动服务(提供旅游电话热线、在线咨询、投诉、旅游微博、论坛、电子地图等互动化服务)三个方面来衡量旅游网站的服务质量。四大佛教名山旅游网站服务质量的比较如表 13-3 所示。

表 13-3　四大佛教名山旅游网站服务质量比较分析表

	信息服务	预订服务	互动服务
五台山	完善	一般	一般
峨眉山	完善	完善	完善
普陀山	完善	较完善	较完善
九华山	完善	较完善	一般

注：信息采集时间为 2014 年 2 月 19 日。

　　这里选择搜索率高、代表性强的官方旅游网站进行比较。首先，从信息服务来看，四大佛教名山的信息服务建设都较为完善，但在网站建设质量与制作细节上峨眉山乐山大佛官方旅游网站（www.ems517.com）则远远高于另外三座名山。其次，在预订服务方面，峨眉山乐山大佛官方旅游网站（www.ems517.com）建设最为完善，吃、住、行、游、购、娱面面俱到，且操作便捷。交通、酒店、票务、餐饮、会议等服务项目皆可在网上操作交易，足不出户便可将旅行行程等相关事宜轻松安排，非常人性化。另外三座佛教名山的旅游网站在预定方面只是提供了一些较为简单的，甚至可以说是落后于当代旅游业发展趋势的低级服务。最后，在互动服务环节，客户互动如客服热线、投诉电话、邮箱与在线客服等四个景区网站都已基本具备，差距还是表现在服务质量与细节方面。如峨眉山乐山大佛官方旅游网站，其依然表现优异，该网站在首页设置了"联系我们"栏目，其中包含旅游风景区免费热线电话、电子邮件、业务联系电话、QQ 号、投诉电话以及各个景点、酒店、医院等公共服务设施的联系方式，考虑细致入微。此外，作者于 2014 年 2 月 19 日（星期三）下午三点左右分别联系四个景区官网的客服中心，以是否得到回复、回复问题时间间隔、回复问题态度为主要参照标准。调查结果显示峨眉山、普陀山、九华山的旅游网站在接受问题后得到回复,而五台山旅游官网客服则无回复。回复时间由快到慢依次为峨眉山、九华山、普陀山。在回复态度上,三个网站的客服都较有礼貌。整体来说,峨眉山旅游网站服务质量最佳,普陀山与九华山居中,而五台山旅游网站服务质量表现相对滞后,具有很大提升空间。

(五)旅游网站的国际化程度比较

随着我国国际地位的不断提升,以及奥运会、世博会等大型全球性盛典的举办,我国的入境旅游人数正在逐年增加。而浏览旅游地旅游网站则是入境旅游者了解旅游信息时最常用、最便捷的手段,所以,选取旅游网站的国际化程度作为衡量旅游网站质量的重要指标之一。对旅游网站的国际化程度的衡量,主要是调查旅游网站提供哪些语言版本,能否使旅游者不受语言和文化等的阻碍,从而使旅游者便捷、舒适地使用网站。在这里依然选取各景区的官方旅游网站作为研究对象。考虑到各自主要客源地的语言需要,分别设计中文简体、中文繁体、英文、日文以及韩文为参照标准。

表 13-4 忻四大佛教名山旅游网站国际化程度比较

	中文繁体	英文	日文	韩文	中文简体
五台山					*
峨眉山	*	*			*
普陀山	*				*
九华山					*

注:信息采集时间为 2014 年 2 月 19 日。

四大佛教名山旅游网站国际化程度比较如表 13-4 所示。研究发现,九华山官方旅游网站有 5 个语言版本,普陀山旅游网站有三个语言版本(其中英语版本出现故障),峨眉山旅游网站有两个语言版本,而五台山旅游网站仅具有中文简体一个语言版本。所以,从这个角度分析,九华山旅游网站的国际化程度要高于其他三个佛教名山。而五台山旅游网站的国际化程度最低,仅仅是提供中文简体一种版本,从这方面来看,其严重影响了国际游客了解五台山的旅游信息,降低了入境游客抵达五台山的可能性。

三、结论与建议

(一)结论

通过上述分析可知,五台山风景区旅游网站建设最为落后。具体而言,有如下几个方面。

1.旅游网站的数量与旅游产业的发达程度成正相关,旅游产业越发达,旅游网站的数量就越多。由于峨眉山与普陀山所属省份及地区经济水平较高,开放程度较强,旅游产业较五台山及九华山更为发达,旅游网站的数量也更多。

2.旅游网站的世界排名和旅游网站内容的丰富程度决定着旅游网站的总体质量,其中旅游网站的丰富性又与旅游网站的数量息息相关。这直接影响到游客通过网络了解和熟悉旅游景点、线路和文化的程度。五台山旅游网站内容单一而峨眉山旅游内容丰富,即与旅游网站的数量有关,因此五台山旅游网站的总体质量偏低。

3.旅游网站的服务质量和国际化程度决定着旅游网站的个体质量,并且它也是旅游网站总体质量和影响力提高的关键因素。其中,服务质量具体体现在网站相关信息发布的及时性与准确性、预订服务的全面性和互动服务的实效性,国际化程度体现在语言版本的多样性和对境外游客文化习惯的了解。旅游网站的服务质量和国际化程度的提高,将会在吸引游客市场、打造精品旅游产品方面起到十分积极的作用。

(二)建议

1.充分发挥网络的信息传播作用

五台山旅游信息总量和旅游网站数量相对较少,这不利于旅游者通过网络了解和熟悉五台山旅游景点、线路和文化等相关信息。五台山旅游企业和相关从业人员应充分利用网络,发挥网络的信息传播作用,为旅游者提供准确、丰富的旅游信息。

　　2.丰富旅游网站内容

　　旅游网站的最终目的就是向旅游者与从业者等相关人员传递信息,所以服务内容是旅游网站的立足之本,五台山旅游网站内容丰富性较差,故在今后应加强网站的内容建设,丰富网站内容。

　　3.提高旅游网站的服务质量

　　通过比较研究,发现五台山旅游网站除基本服务功能完善外,客户服务和互动服务水平都较为滞后,网站提供的联系方式较少,且没有在线客服,这使得网站的可用性大打折扣。而且五台山旅游网站的导航设置不合理,用户通过网站查询信息、在线办事很不方便。故五台山旅游网站在今后的建设和维护中,要不断提高网站的可用性。

　　4.提供多语言版本的旅游网站

　　旅游网站是国外游客获取旅游信息的重要渠道之一,但是五台山旅游网站仅提供了中文简体一种版本,甚至没有其重要客源——港澳台地区所使用的中文繁体,这使得境外游客很难通过网络了解五台山旅游信息,增加了国际游客获取旅游信息的难度,故五台山旅游网站应当提供多语言版本的网站,解决语言不通所带来的一系列问题。

参考文献

　　[1]佘菜花:《安徽省旅游网站建设的比较研究》,《旅游论坛》,2011,04(03),第91—95页。

[2] 全球网站排名网站——埃里克斯网:http://www.alexa.com.

[3] 张俊霞:《旅游网站有效性德定量评价方法》,《中国地质大学学报》,2001,01(04),第30—33页。

[4] 高静、肖江南:《中国旅游网站建设评价初探》,《情报杂志》,2005,(04),第38—40页。

[5] 李云鹏、吴必虎:《基于结构方程模型的旅游网站使用者满意度量的比较研究》,《数理统计与管理》,2007,26(04),第589—594页。

[6] 孙晓琳、郝俊卿:《西安旅游网站建设的对比评价研究》,《统计与信息论坛》,2008,23(08),第48—52页。

[7] 冯英健:《了解用户使用搜索引擎的特征》,http//:marketingman.net/wmtips/p126.htm.2006-10-07。

[8] 钟栎娜、吴必虎:《中外国际旅游城市网络旅游信息国际友好度比较研究》,《旅游学刊》,2007,22(09),第12—17页。

[9] 吕萌、曹婷、曾妍:《安徽旅游网站的现状及发展对策》,《青年记者》,2009,(23),第11—12页。

附录一　五台山旅游经济发展评价
——基于四大佛教名山旅游经济发展的对比分析

五台山旅游生态环境研究目的，一是旨在保护和改善旅游生态环境，二是服务于五台山风景区旅游经济的发展，并带动相关产业的发展和地区经济结构的调整。颇负盛名的四大佛教名山"五台山、普陀山、峨眉山和九华山"已成为我国佛教旅游的典范，四大名山都拥有丰富的自然资源和人文特色，享有国家利好的政策支持，形成一定的社会知名度，旅游经济发展态势良好。因此，从旅游接待人次、旅游收入、旅游人均消费、旅游服务设施和旅游门票价格五方面对四大佛教名山旅游经济进行对比分析，进而了解五台山风景区旅游经济发展的整体状况，是具有研究价值的。

一、数据来源与方法

本研究数据来源于三个方面：第一，各地市国民经济和社会发展统计公报；第二，相关学术文献；第三，由于个别数据收集困难，则根据各地发展趋势推算。针对以上数据，本文通过统计制图，采用对比分析法，对四大佛教名山旅游经济发展各项指标进行对比分析，这对于认识五台山风景区旅游经济具有特殊意义。

二、四大佛教名山旅游经济的对比分析

(一)四大佛教名山旅游接待人次的对比分析

旅游接待人次是衡量旅游景区规模的一个重要尺度，它反映的是景区在某一特定时期内接待国内旅游人次和入境旅游人次的总和。本文通过收集数据，对四大佛教名山2004—2012年的每年度旅游人次进行对比分析。

表附-1 四大佛教名山旅游接待人次统计表

时间/各山	五台山	普陀山	峨眉山	九华山
2004	120.00[A]	230.00[A]	215.34[A]	90.80[A]
2005	247.00[A]	247.00[A]	200.64[A]	100.00[A]
2006	335.81[A]	286.62[A]	234.98[A]	135.00[A]
2007	310.00[B]	320.00[A]	256.79[A]	212.72[A]
2008	281.02[A]	350.47[A]	189.80[A]	272.35[A]
2009	320.50[D]	378.49[D]	230.00[B]	350.00[D]
2010	321.40[D]	478.42[D]	285.00[D]	400.00[D]
2011	356.10[D]	519.66[D]	300.26[D]	480.00[D]
2012	406.00[D]	556.46[D]	380.00[B]	500.00[B]

注1：表中带A数据来源：熊明均、郭剑英：《中国四大佛教名山旅游经济发展对比研究》，乐山师范学院，2010，第2237—2238页。

注2：表中带"B"数据来源：根据各地发展趋势推算。

注3：表中带"D"数据来源：各地市国民经济和社会发展统计公报。

结合表附-1和图附-1可以看出：

(1)总体上看，2004年以来，四大佛教名山旅游接待人次整体处于增长状态。其中，普陀山和九华山旅游接待人次一直呈斜线上升趋势，增长较快，另外，五台山在2006年出现接待人次高峰，峨眉山在2008年出现低人次转折点，之后一直平稳增长。2004年四大佛教名山接待人次整体排名为：普陀山＞峨眉山＞五台山＞九

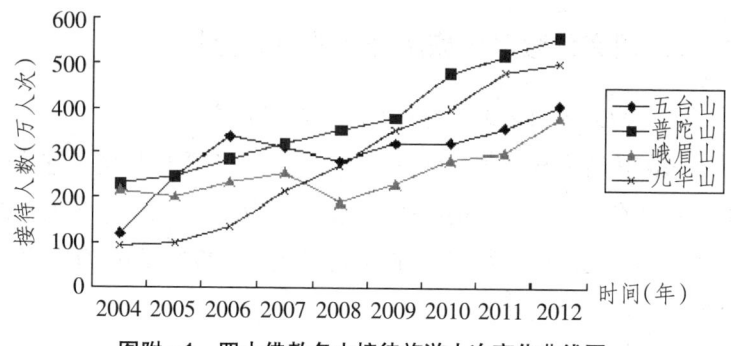

图附-1 四大佛教名山接待旅游人次变化曲线图

华山。

(2)2004—2012年,四大佛教名山接待人次曲线出现三次交叉变化。2005年,五台山接待人次增加,先后超越普陀山和峨眉山,于2006年排四山第一位,为335.81万人次。2007年,普陀山接待人次排名第一,五台山接待人次减少,仅次于普陀山,排名第二。2008年,峨眉山由于受"5·12"地震的影响,接待人次明显减少,为189.8万人次,落居第四,而九华山迅速发展,超越了五台山和峨眉山,仅次于普陀山,排名第二。2008年之后,峨眉山接待人次走出低谷,四山均呈斜线上升趋势。

(3)对比图附-1中曲线,普陀山旅游接待人次一直居高不下。2007年,普陀山海内外游客首次突破300万,达320万人次,是四大佛教名山中接待人次最多的,其他三山均平稳发展。2007—2012年,普陀山接待人次均居第一。四山中九华山发展迅速,2009年开始,九华山由接待人次最少上升为第二大接待人次旅游地,仅次于普陀山。五台山和峨眉山于2008年以后平稳较慢发展。2009年开始,四大佛教名山旅游接待人次整体排名保持为:普陀山＞九华山＞五台山＞峨眉山。

表附-2 四大佛教名山旅游接待人次增长率对比表

时间＼名山	五台山	普陀山	峨眉山	九华山
2005	105.8%^{B}	7.5%^{A}	−6.8%^{B}	10.1%^{B}
2006	35.9%^{B}	15.9%^{A}	17.1%^{B}	35.0%^{B}
2007	−7.7%^{B}	11.8%^{A}	9.3%^{B}	57.6%^{B}
2008	−9.3%^{B}	9.4%^{A}	−26.0%^{B}	28.0%^{B}
2009	14.0%^{B}	8.0%^{A}	21.2%^{B}	28.5%^{B}
2010	0.3%^{B}	26.4%^{A}	15.2%^{B}	14.3%^{B}
2011	11.6%^{A}	8.6%^{A}	5.3%^{B}	20.0%^{B}
2012	14.0%^{A}	7.1%^{A}	26.5%^{B}	4.2%^{B}

注1：表中带 A 数据来源：各地市国民经济和社会发展统计公报。

注2：表中带 B 数据来源：根据表附-1中数据计算所得。

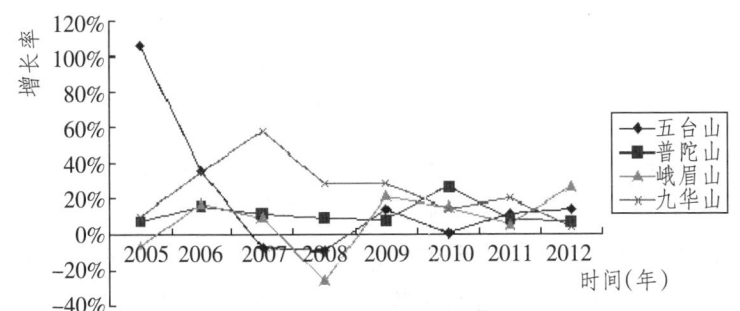

图附-2 四大佛教名山旅游接待人次增长率变化图

表附-3 四大佛教名山旅游接待人次平均增长率对比表

各山	五台山	普陀山	峨眉山	九华山
平均增长率	7.9%	5.6%	3.6%	11.2%

注：表中数据来源：根据表2.1中数据计算所得。

结合表附-2、图附-2和表附-3可以看出：

（1）总体上看，四大佛教名山旅游接待人次增长率都有不同程度的波动状况。其中五台山和峨眉山波动较大，普陀山和九华山波动较小。

(2)对比图附-2中曲线，五台山增长率于2005—2007年呈直线下跌趋势，2007年和2008年呈负增长率状态，发展较慢，2009年以后平稳较慢发展。普陀山旅游接待人次一直居高，其接待人次增长率趋势平稳，没有太大的起伏波动。峨眉山由于受"5·12"地震影响，在2008年呈负增长率状态，之后较缓慢发展。九华山接待人次增长率处于较高水平，近些年来九华山基础设施和交通条件不断完善，使九华山旅游发展迅速，接待人次不断增多，增长率较高，但没有太大的起伏波动。

(3)对比四大佛教名山旅游接待人次平均增长率，2004—2012年，九华山平均增长率最高，为11.2%，峨眉山最低，为3.6%。相对来说，九华山发展最快，其次为五台山、普陀山、峨眉山。

(二)四大佛教名山旅游收入的对比分析

旅游收入是指旅游接待部门(或国家、地区)在一定时期内通过销售旅游商品而获取的全部货币收入，是了解、分析旅游经济状况的重要手段和依据。四大佛教名山旅游经济发展的对比分析，必然离不开旅游收入这一重要尺标。以下本文将依对表附2-1收集四山2004—2012年的每年度旅游收入数据进行对比分析，见表附-4和图附-3。

结合表附-4和图附-3可以看出：

(1)总体上看，2004年以来，四大佛教名山旅游收入整体呈增长趋势，其中，五台山和普陀山旅游收入发展较为稳定，九华山发展较快，峨眉山于2008年开始出现收入低谷，其后也较为稳定发展。2004年，四大佛教名山旅游收入整体排名为：峨眉山＞普陀山＞五台山＞九华山。

(2)2004—2012年，四大佛教名山旅游收入曲线出现三次交叉变化。2005年，五台山旅游收入超过普陀山，排名第二，仅次于

表附–4　四大佛教名山旅游收入统计表

单位:亿元

时间 \ 名山	五台山	普陀山	峨眉山	九华山
2004	6.20[A]	10.00[A]	16.90[A]	3.30[A]
2005	12.36[A]	11.63[A]	19.93[A]	4.00[D]
2006	16.79[A]	14.00[A]	28.52[A]	6.50[A]
2007	16.67[A]	18.00[A]	35.66[A]	19.41[A]
2008	16.67[A]	20.00[A]	31.35[A]	26.56[A]
2009	16.03[B]	25.00[D]	34.00[D]	34.00[D]
2010	21.84[B]	26.81[B]	35.00[D]	39.00[B]
2011	28.68[B]	34.53[B]	37.00[D]	48.46[B]
2012	39.10[B]	38.13[D]	40.00[D]	51.00[D]

注1:表中带A数据来源:熊明均、郭剑英:《中国四大佛教名山旅游经济发展对比研究》,乐山师范学院,2010年,第2237—2238页。

注2:表中带B数据来源:各地市国民经济和社会发展统计公报。

注3:表中带D数据来源:根据各地发展趋势推算。

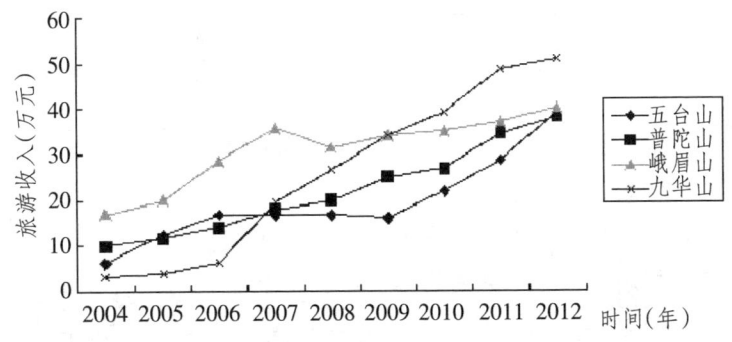

图附–3　四大佛教名山旅游收入变化曲线图

峨眉山。2007年,九华山旅游收入增多,先后超越五台山和普陀山,排名第二,仅次于峨眉山。2009年,九华山发展迅速,超过峨眉山,旅游收入跃居第一,其他三山均平稳发展。

(3)对比图附 -3 中曲线,近些年来,峨眉山和九华山旅游收入相对较高。2007 年,峨眉山旅游收入最高,为 35.66 亿元,超其他三山较多,形成明显对比。2008 年,在遭受"5·12"地震影响的情况下,峨眉山旅游收入仍居第一,为 31.35 亿元。2008 年之后,四川震后重建,旅游业开始回升,一直呈平稳发展状态。从图附 -3 可以看出,2007 年以后,九华山发展迅速,旅游收入几近直线上升,先后超越其他三山。2009 年,九华山旅游收入跃居四山第一名,并持续增长,之后一直保持第一,其他三山均平稳发展,整体排名保持为:九华山＞峨眉山＞普陀山＞五台山。

表附 -5 四大佛教名山旅游收入增长率对比表

时间\名山	五台山	普陀山	峨眉山	九华山
2005	99.4%	16.3%	17.9%	21.2%
2006	35.8%	20.4%	43.1%	62.5%
2007	-0.7%	28.5%	35.5%	198.6%
2008	0	11.1%	-12.1%	36.8%
2009	-3.8%	25.0%	8.4%	28.0%
2010	36.2%	7.2%	2.9%	14.7%
2011	31.5%	28.8%	5.7%	24.2%
2012	36.3%	10.4%	8.1%	5.2%

注:表中数据来源:根据表附 -4 中数据计算所得。

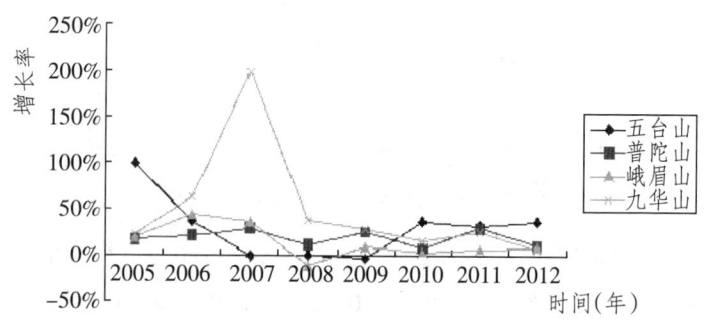

图附 -4 四大佛教名山旅游收入增长率变化曲线图

表附-6 四大佛教名山旅游收入平均增长率对比表

各山	五台山	普陀山	峨眉山	九华山
平均增长率	12.2%	8.7%	5.5%	18.6%

注：表中数据来源：根据表附-4中数据计算所得。

结合表附-5、图附-4和表附-6可以看出：

(1)总体上看，四大佛教名山旅游收入增长率呈现不同程度的波动状况。其中，九华山波动相对较大。

(2)对比图附-4中曲线，五台山呈先下降再平稳后增长趋势，收入发展较为稳定。普陀山和峨眉山旅游收入增长率波动起伏不大，发展较为缓慢。九华山于2007年收入增长率最高，达198.6%，收入较上年增两番，之后增长率曲线也较为平稳，发展良好。

(3)对比四大佛家名山旅游收入平均增长率，2004—2012年，九华山平均增长率最高，为18.6%，峨眉山最低，为5.5%，与四大佛教名山旅游接待人次平均增长率结合来看，相对而言，九华山发展最快，经济增长势头较好，市场扩张能力较强，其次为五台山、普陀山、峨眉山。

(三)四大佛教名山旅游人均消费水平的对比分析

旅游人均消费水平反映特定地区旅游经济发展状况。随着人们物质生活水平的不断提高和闲暇时间的增多，人们参与旅游活动较多，且消费水平日渐提高。以下对四大佛教名山各年人均消费进行对比分析，见表附-7和图附-5。

结合表附-7和图附-5可以看出：

(1)总体来看，五台山和普陀山旅游人均消费较低，且变化起伏不大。峨眉山和九华山旅游人均消费较高，变化起伏较大。

(2)对比图附-5中曲线，峨眉山旅游人均消费最高，2004—2008年一直增长，在2008年遭受地震影响的情况下，峨眉山旅游

表附-7 四大佛教名山旅游人均消费对比表

时间\名山	五台山	普陀山	峨眉山	九华山
2004	516	434	784	363
2005	500	471	993	400
2006	499	488	1213	481
2007	537	562	1388	912
2008	593	570	1651	975
2009	500	660	1478	971
2010	679	560	1228	975
2011	805	664	1232	1009
2012	963	685	1052	1020

注:表中数据来源:根据表附-1和表附-4中数据计算所得。

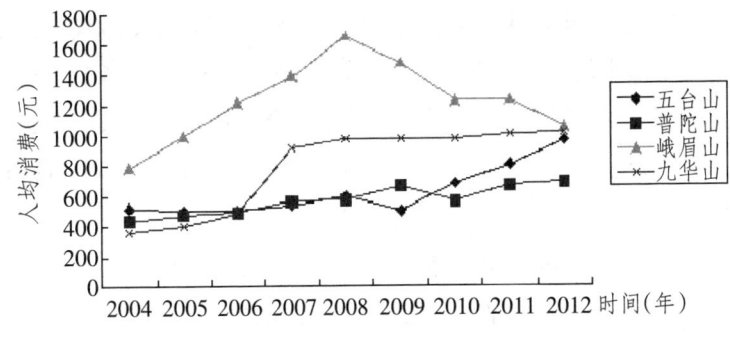

图附-5 四大佛教名山旅游人均消费变化曲线图

人次减少,但收入仍居四山第一,人均消费达到最高值,达1651元,2008年之后,峨眉山发展平稳,人均消费降低,但相对其他三山仍处于较高水平。九华山旅游人均消费也处于较高水平,从2006年开始,九华山发展迅速,人均消费水平提高,超过五台山和普陀山,且保持较高消费水平平稳发展。相较来说,五台山和普陀山人均消费水平不差上下,变化不大,2010年开始,普陀山人均消费水平高于五台山,两山整体水平低于九华山和峨眉山。2012年,四大佛家名山旅游人均消费整体排名为：峨眉山＞九华山＞普陀山＞五台山。

(四)四大佛教名山旅游服务设施的对比分析

旅游服务设施是景区经济发展重要的依托，指旅游行业工作人员通过依托各项物质设施和设备向旅游者提供服务。旅游服务设施包括食宿接待设施、交通运输设施、游览娱乐设施和旅游购物设施等。这些都对地区旅游经济的发展起着至关重要的作用。四大佛教名山的饭店服务设施和旅行社服务设施的数据资料收集困难，这里采用 2010 年数据进行分析，见表附 -8。

表附 -8　四大佛教名山旅游服务设施对比表

	旅游饭店(家)					旅行社(家)		
	五星	四星	三星	二星	总量	国际	国内	总量
五台山	0	5	18	20	200	3	22	25
普陀山	0	2	6	28	120	1	36	37
峨眉山	1	3	4	8	173	1	5	6
九华山	0	2	7	6	18	1	24	25

注：资料来源：熊明均、郭剑英：《中国四大佛教名山旅游经济发展对比研究》，乐山师范学院，2010 年，第 2239 页。

从表附 -8 可以看出：

(1)从旅游饭店上看：第一，在饭店数量上，五台山最多，有 200 家，普陀山和峨眉山较居中，而九华山最少，只有 18 家，与其他三山相距甚远，呈现不平衡态势；第二，在饭店结构上，四大佛教名山的普通无星级饭店偏多，星级饭店较少，寥寥无几，尤其是星级高的饭店数量偏少，五台山、普陀山和九华山没有五星级饭店，峨眉山也只有一家。

(2)从旅行社业上看：第一，在旅行社数量上，普陀山最多，有 37 家，五台山和九华山数量居中，而峨眉山最少，只有 6 家，相差较远;第二,在旅行社性质上,四大佛教名山都有国际旅行社,但数量较少,国内旅行社较多,其中,峨眉山的国内旅行社相对偏少,呈不平衡状态。

(五)四大佛教名山门票价格的对比分析

四大佛教名山在旅游接待人次与旅游收入方面存在差异,在一定程度上也受各山门票价格的影响。现对四山门票价格进行比较,见表附-9。

表附-9 四大佛教名山现行门票价格比较

门票/各山	五台山	普陀山	峨眉山	九华山
旺季票价(元)	168	160	185	190
淡季票价(元)	140	140	110	140

注:表中数据来源:五台山旅游门户网、普陀山旅游网、峨眉山·乐山大佛官方旅游网、九华山旅游网。

对比四大佛教名山门票价格,九华山门票价格相对较高,旺季为190元,淡季为140元,峨眉山和九华山门票价格相差不多,五台山门票价格适中,普陀山旺季门票价格最低,为160元。门票价格的高低也是导致旅游接待人次不同的原因之一,很多游客受价格的影响会选择放弃一些旅游景区,比如门票价格较低的风景区,人们多愿意选择为旅游目的地。现在,很多景区实行门票打折政策,如五台山现行门票8折优惠,很多景区也实行此政策,这在一定程度上促进旅游地的发展。另外,景区对持有有效证件的各类群体实行优惠政策,如学生凭学生证实行半价优惠,对60岁以上老年人、持残疾证人群等特殊群体实行免费制度,这些都在一定程度上影响旅游地的经济发展。

通过上述对比分析可知:2007年以来五台山风景区接待人次排名第三且增长平稳,旅游收入排名第四,旅游人均消费排名第四,而旅游服务设施数量居前列。显然,相比之下,五台山风景区旅游经济发展总体落后。

三、四大佛教名山旅游经济发展差异的因素分析

鉴于四大佛教名山旅游经济发展中存在的差异,以下本文将采用表格对比方式对差异因素进行对比分析,以了解四大佛教名山旅游经济发展过程中的特点,仅供日后研究参考,见表附-10。

表附-10　四大佛教名山旅游经济发展差异因素对比表

名山 各因素	五台山	普陀山	峨眉山	九华山
地理位置	位于山西省忻州市五台县东北隅,属太行山系的北端,周五百余里。且处于山西省和河北省的交界处。周边有宁武关、雁门关、平型关、龙泉关四大名关,地处我国东部经济带和中部经济带的联结处,地理位置优越。	位于浙江省舟山群岛东部海域,属于舟山市,与世界著名渔港沈家门隔海相望。普陀山是历史上"海上丝绸之路"的重要中转站,也是日韩及东南亚佛教黄金纽带的连结点。地理位置优越。	位于四川省乐山市峨眉山市境内,在四川盆地西南部,地处长江上游,屹立于大渡河与青衣江之间,在峨眉山市西南7公里,距乐山市37公里,距四川省会成都120公里。地理位置优越。	位于安徽省池州市青阳县境内。是安徽"两山一湖"(黄山、九华山、太平湖)黄金旅游区的北部主入口、主景区,同时位于上海、杭州、南京、武汉、南昌、合肥等省会城市经济圈内,"长三角"和长江经济带城市群成为九华山发展的主要依托。
景区等级	国家级重点风景名胜区;"中华十大名山"之一;国家地质公园;国家5A级旅游景区;世界遗产;四大佛教名山之首;世界五大佛教圣地之一。	国家5A级旅游景区;全国文明山、卫生山;浙江省唯一的ISO14000国家示范区。	世界遗产;国家重点文物保护单位;国家5A级旅游景区。	国家重点风景名胜区;国家5A级旅游景区;全国文明风景旅游区示范点;被誉为国际性佛教道场。

续表

名山 各因素	五台山	普陀山	峨眉山	九华山
地域文化特点	供奉大智文殊菩萨;我国唯一一个兼有汉地佛教和藏传佛教的佛教道场。	供奉大悲观音菩萨;"人人阿弥陀,户户观世音",观音信仰被世人称为"半个亚洲的信仰"。	供奉大行普贤菩萨;佛教造像丰富。	供奉大愿地藏菩萨;"地狱未空誓不成佛,众生度尽方证菩提"的佛教文化。
旅游禀赋	自然资源:珍稀动植物景观、云海、雾凇、佛光、六月雪、地形雨、清凉山。 人文资源:唐代"四绝"、滴水殿、菩萨顶、没有梁柱的佛殿、照壁、佛乐、佛事等。	自然资源:普陀十二景、千年古樟、沙滩、奇石、洞壑。 人文资源:普济寺、大圆通殿的32观音应身像、法雨寺明故宫藻井、杨枝观音碑、惠济寺。	自然资源:金顶"佛光"、"圣灯"、云海、日出、峨眉十景、珍稀动植物景观、地质地貌景观。 人文资源:报国寺、伏虎寺、清音阁、万年寺、洗象池、金顶"金银铜"殿。	自然资源:珍稀动植物景观、云海、晚霞、雪景、闵园竹海。 人文资源:肉身宝殿、百岁宫、化城寺、九华瑰宝、鱼龙洞、巨型睡佛、高山悬寺、神秘地宫、僧俗共处。
自然气候	五台山属温带大陆性气候,气候寒冷,全年平均气温在4℃以下。夏季短暂而凉爽,冬季严寒而漫长。一年中7、8月最热,1月份最冷。台怀地区最低气温零下30℃,最高气温为30℃,夏季空中云层较低,湿度大,雨量充沛。	普陀山属中亚热带海洋季风气候,四季分明,冬暖夏凉,风大雾多,雨量充沛。年平均气温16.1℃,最冷月(1月)平均气温5.4℃,最热月(8月)平均气温27℃;湿度大,降水量丰富,春夏雨水较多。	峨眉山平原地带属亚热带湿润季风气候。山区云雾多,日照少,雨量充沛。一月平均气温约6.9℃,七月平均气温26.1℃。因峨眉山海拔较高、坡度较大,气候垂直分布明显,呈现"一山有四季,十里不同天"的情况。	九华山属北亚热带湿润季风气候,日照少,雨量充沛。年平均气温13.4℃,阴雨天气较多。随海拔增高,四季变化规律明显。九华山冬季大部分地区平均气温为0℃左右,冰冻时间长。

续表

各因素 \ 名山	五台山	普陀山	峨眉山	九华山
季节变化	指数：★★★★ 在北纬38°50′~39°05′之间，纬度相较其他三山较高，且五台山五峰海拔较高，温度较低，季节变化较大，夏季旅行最好。	指数：★★ 在北纬29°58′3″~30°02′3″之间，纬度较低，季节变化小，一年四季都适合旅行，但春季最好。	指数：★★★★ 在北纬30°附近，纬度较低，但气候垂直分布明显，且峨眉山山体海拔较高，很多景点在高处，适合夏季旅行。	指数：★★ 中心位置九华街地理坐标为东经117°，北纬30°，纬度较低，季节变化小，一年四季都适合旅行。
经济腹地	晋陕豫黄河金三角地区和环渤海经济圈是五台山的经济腹地。山西为黄河金三角的重要一员，同时不断融入环渤海经济圈，五台山发展依托山西，同时带动山西经济发展，山西经济发展又带动整个黄河金三角经济和环渤海经济。	长江三角洲经济圈和长江经济带是普陀山的经济腹地。长江三角洲地区是全国发展基础最好、体制环境最优、整体竞争力最强的地区之一。长江经济带近年发展迅速，成果良好。这两个地区带动普陀山旅游业发展。	成渝经济区和长江经济带是峨眉山的经济腹地。成渝经济区是中国西部经济龙头老大，积极发展工农业，经济增长迅速，带动四川著名旅游景区包括峨眉山的经济发展。四川作为长江经济带的重要一员，其各项发展均受长江经济带的影响。	长江经济带和长江三角洲经济圈是九华山的经济腹地。目前长江经济带地区和长三角地区都是我国农业、工业、商业、文化教育和科学技术最发达的地区之一，大力带动九华山经济发展。
旅游声誉	金五台；"华北屋脊"；清凉圣地；避暑胜地。	银普陀；第一人间清静地；海岛植物园；海天佛国；南海圣境。	铜峨眉；峨眉天下秀；秀甲天下。	铁九华；东南第一山；江南第一山；莲花佛国。

续表

名山\各因素	五台山	普陀山	峨眉山	九华山
旅游产品	五台山旅游产品以观光朝圣旅游为主,其他旅游产品开发不足。五台山佛教文化旅游应该定位在四大产品上:(1)宗教信仰游;(2)科研考察游;(3)避暑养生游;(4)特色购物游。应加大旅游产品开发的力度,凸显佛教文化内涵。	普陀山旅游产品以观音文化旅游资源为主要吸引物,分为四类:(1)观光型,即观赏实物,参加活动;(2)朝圣型,即信徒朝拜、许愿还愿;(3)修学型,即研究观音文化;(4)休闲度假型,即度假疗养,养气宁神。	峨眉山观光旅游产品占多数,多种旅游产品并存。如:(1)春季健康理疗产品,即健康体检康复研究等;(2)夏季避暑休闲产品;(3)秋季运动观光产品,即开展各项山地运动;(4)冬季温泉滑雪度假产品;(5)全时佛教文化体验产品。	九华山旅游产品以观光旅游和佛教文化旅游为主,休闲娱乐产品、参与性产品、特种旅游产品和创新性旅游产品开发不足,缺乏名牌和特色精品。近年来,九华山旅游产品大升级,以99米地藏菩萨露天铜像为中心的地藏王圣像景区建成开放。
基础设施	风景区小交通运行正常,但在一些相距较远的寺庙间,交通不是很便利,且存在停开或间隔时间太长的情况。五台山饭店和旅行社逐渐增多,结构不断合理。2012年,五台山清水河流域河道治理工程开展,森林防火监控项目实施。五台山基础设施建设日趋完善。	普陀山基础设施不断完善,新建了高档次佛茶馆、素斋馆、休闲园等旅游休闲度假设施。普陀山抓好周边的环境整治和绿化美化工程,推进了普陀山生态文明景区建设。近年完成了全山主要景区公厕升级改造和景区部分路段的路灯升级改造的工程,完成了洛迦山道路改造、海水淡化工程。有些景点还建设了木质游步道及沿路观海平台等旅游设施,进一步方便了来山香游客朝圣游览。	峨眉山有一座客运中心,站内停车场宽旷。峨眉山交通便利,可直接通往成都、乐山、重庆、绵阳等地。索道有两条,减轻游客路途艰辛。上山有一条水泥马路。风景区内有多处规模不错的娱乐和购物场所。景区旅游饭店多,但旅行社较少,导致淡旺季旅游企业压力大。	九华山多注重于旅游景点的开发,一些基础设施配套不完善。如九华山相较其他三山,旅游饭店甚少,且档次低,星级饭店稀少;旅游游乐场所、购物场所偏少。"十一五"期间,九华山全面推进景区基础设施和旅游接待设施建设。建成3个游客服务中心和一批休闲广场和生态停车场,道路、管网、供水、供电、垃圾和污水处理等基本健全,现有5座高星级酒店落户。

续表

各因素 \ 名山	五台山	普陀山	峨眉山	九华山
宣传促销	五台山宣传力度不够，仅仅定位于几个著名景点上，比如五爷庙、菩萨顶、大白塔等。政府促销力度不够，缺乏组织活动、营销活动。五台山营销方式主要为电视网络传媒营销。五台山应充分利用节气活动扩张效应，组织旅游企业联合促销。2014中国五台山国际佛文化博览会定于2014年6月26日-7月6日在五台山举行，为期十天。	普陀山利用上海世博会和舟山跨海大桥的辐射带动了旅游人气，并且利用节气效应大力宣传风景区。各地旅行社纷纷推出了以舟山跨海大桥、杭州湾跨海大桥为亮点的旅游线路和普陀山"八大游"新项目，即朝圣之旅、心灵之旅、文化之旅、美食之旅、休闲之旅、养生之旅、修学之旅、科考之旅，吸引了众多海内外香游客。	四川省委省政府投资巨资打造"天下第一山"，改变昔日脏山、乱山、差山的面貌。峨眉山每年举办冰雪温泉节等活动，吸引广大游客。四川举办峨眉山茶国际茶博会，乐山抱团推介峨眉山茶，为峨眉山旅游开市场。且峨眉山通过举办武术比赛、编排《灵秀峨眉》大型节目，这些都对峨眉山发展起到了良好的宣传促销作用。	九华山强化与央视等主流媒体合作，顺利完成央视形象广告时间平移工作。从2005年起，连续9年投发巨资在央视发布形象广告。九华山策划开展九华山两届的"佛教文化节"、每一次的"地藏文化节"。为推进旅游与体育合作，九华山先后举办了摩托艇赛、女子手球赛等比赛，旅游多元化发展。
可进入性	2010年9月30日，忻阜高速公路(山西段)即五台山至忻州高速公路正式通车，方便省内游客进山旅游。五台山到北京的高速公路也已开通，方便京津唐地区游客旅游。正在建设中的五台山机场将开辟8条航线，直通河北、内蒙古、陕西的高速公路，并与太原到大同的高速公路相衔接。大西高速的开通也为五台山打开了客源市场。	舟山背靠上海、杭州、宁波等大中城市和长江三角洲等辽阔腹地，往来交通便利。普陀山到上海、宁波等地可以走高速公路。舟山普陀山机场于1997年8月8日通航运营，可抵达厦门、晋江、北京南苑、深圳、上海虹桥、广东、上海浦东等地，大大增加了游客进入普陀山风景区的便利性。	成昆铁路由北至南贯穿峨眉山市全境，境内有5个火车站，公路四通八达，纵横密布，乐山(眉)快速通道与临境而过的成(都)乐(山)高速公路接通，缩短了峨眉山市与成都和乐山机场的时空距离。成雅、成昆高速、成乐高速可为峨眉山旅游提供立体和以游客为本的交通服务。	2013年安徽省交通建设累计投入700多亿，陆续开通了沿江高速、安景高速、东九高速、铜九铁路及沿江城际铁路，九华山机场修建完善，这些都拓展九华山旅游客源市场，其次，交通建设的完善也使得九华山改变了"南主"的局面，从而打开北方旅游市场。景区内也采取一系列措施加强交通便利性和安全性。

续表

名山\各因素	五台山	普陀山	峨眉山	九华山
周边旅游资源	周边旅游资源丰富。除五台山外，山西拥有的另外两个世界遗产地分别是大同云冈石窟和晋中平遥古城，其中云冈石窟也为佛教艺术，与五台山佛教文化互补，可开辟一条佛教游线路，同时也为五台山旅游形成一定压力。另外，山西存在多处著名旅游景点，如太原晋祠、晋中大院、大同恒山、悬空寺、运城关帝庙、应县木塔等，这些都在一定程度上争夺五台山的客源。	舟山群岛景点众多。除普陀山外，有很多著名的景点散落在岛上，如"列岛晴沙"嵊泗、"东海蓬莱"岱山、"沙雕故乡"朱家尖、"武侠传奇"桃花岛、"文化名城"定海、"渔港城市"沈家门，"蓬莱仙境"岱山，这些景点都与普陀山相辅相成，共同促进地区经济繁荣，同时也形成旅游链，但也会对普陀山的经济发展形成一定竞争。	四川省旅游资源丰富，景区数量众多，如乐山大佛、九寨沟、黄龙、都江堰、贡嘎山、四姑娘山等都为四川省著名景点，均达到世界水平，这些景点发展良好，均对峨眉山旅游客源产生较大影响。峨眉山和乐山大佛一起申报为世界遗产地，两地联合营销，打通航道，使峨眉山旅游业更为兴旺。	安徽省拥有众多著名的旅游景点。如黄山、天柱山、西递宏村、巢湖，其中以黄山知名度最高，在旅游发展过程中给九华山带来了阴影效应。著名的"两山一湖"（由九华山、黄山和太平湖构成）是安徽省旅游业的龙头老大，三地联合营销，九华山位于北部主入口，深受"两山一湖"经济区的带动，经济发展迅速。

正因四大佛教名山在以上诸多方面有自己的特点，导致四山在经济发展过程中存在差异，其差异因素主要来源于地理位置、景区等级、地域文化特点、资源禀赋、自然气候、季节变化、经济腹地、旅游声誉、旅游产品、基础设施、宣传促销、可进入性、周边旅游资源等方面的不同，其中季节变化、经济腹地、旅游产品、基础设施、可进入性为关键因素。

四大佛教名山均处于多方经济联结处，地理位置优越，形成了不同的旅游辐射圈。且四山都是国家 5A 级旅游景区,国内地位尊崇,其中五台山和峨眉山为世界遗产。

四大佛教名山拥有不同的地域文化特点,它们供奉着不同的菩萨,其中,五台山是我国唯一一个兼有汉地佛教和藏传佛教的佛教道场,文化内涵深厚。另外,受电视节目的影响,人们对普陀山观音文化较为熟悉,因此很多游客对观音圣地较为钟情。

资源是风景区的生命,在资源禀赋上,四大佛教名山旅游资源丰富多样,各具特色。游客可欣赏到不同的自然景观,同时也可感受不同的佛教文化氛围。

从自然气候和季节变化上来看,四大佛教名山都为湿润多雨,其中五台山相对靠北,纬度较高,温度较低,且山体海拔较高,季节变化明显,冬季严寒,游客稀少,夏季凉爽,为避暑佳境;普陀山纬度较低,季节变化小,一年四季都适合旅游;峨眉山山体海拔较高,气候垂直分布明显,且多数景点位于高处,适合夏季旅游;九华山纬度较低,一年四季都适合旅游。

在经济腹地上,四大佛教名山均处有利地势,分处不同的经济圈内。其中,长江经济带是普陀山、峨眉山和九华山的经济腹地,长三角经济圈是普陀山和九华山的经济腹地。五台山的经济腹地是黄河金三角地区和环渤海经济圈,峨眉山依托经济腹地成渝经济区。其中长江经济带和长三角地区在全国发展较好,黄河金三角地区相对落后,成渝经济区是西部发展领先地区。经济腹地的发展状况很大程度上影响四大佛教名山的旅游经济发展。

在旅游发展过程中,四大佛教名山都获得了一定的旅游声誉,现今"金五台、银普陀、铜峨眉、铁九华"已成为四山铭牌,而这些声誉也已成为宣传促销的亮点,如五台山"避暑胜地"的声誉吸引大量游客前来避暑度假,普陀山"海天佛国"的声誉招纳四方游客共享海天佛教文化氛围。

在旅游产品上,四大佛教名山均以观光旅游产品为主,其他旅游产品开发相对落后。五台山除观光产品外,其他旅游产品开发不足;普陀山主要是观音文化旅游产品;峨眉山旅游产品较多样,如健康理疗产品、温泉滑雪度假产品等;九华山旅游产品也较为单一,需进一步开发。旅游产品的多样化会增加景区的吸引力。

在基础设施方面,四大佛教名山仍存在道路交通问题、旅游服务设施数量少等问题。近年来,四大佛教名山不断完善基础设施,其中普陀山和九华山较为突出。基础设施的不断完善,景区接待人次会不断增加,进而旅游收入增加。四大佛教名山都注重宣传促销事项,方式各异,但都以网络电视传媒为载体,另外开展一系列活动宣传促销活动。相比而言,五台山在宣传促销中力度不足,只注重个别景点的宣传,如五爷庙、菩萨顶等,导致游客只参观几个景点之后便匆匆离去,对其他景点不为人知。

在可进入性上,近年来,四大佛教名山道路网络系统不断完善,通达性增强,但主要联结地为周边城市地区,还有待继续向外围城市扩展。

四大佛教名山周边旅游资源丰富,其中很多景区颇负盛名,与四山形成优势互补,如峨眉山和乐山大佛联合营销,广开客源市场。另外,很多景区联合营销已经势在必行,如五台山和云冈石窟同为佛教艺术,可以开辟佛教路线游,将更有利于五台山的经济发展。当然,丰富著名的旅游资源同时会对四山接待人次造成一定竞争压力,四大佛教名山应不断通过开辟新型产品、完善基础设施等工作吸引广大客源。

对比四大佛教名山旅游人均消费水平,五台山和普陀山旅游人均消费水平较低,且变化起伏不大,峨眉山人均消费最高,九华山人均消费也逐年增长。由于五台山季节变化明显,且旅游产品种类少、开发不足,基础设施有待完善,导致五台山在发展过程中形成"人数少,收入少"的局面,所以人均消费较低。普陀山作为海天佛国旅游胜地,旅游接待人次一直居高不下,在基础设施、旅游产品、可进入性等方面都较完善良好,总体上,旅游人均消费水平较一般。峨眉山受地质灾害和季节变化的影响,旅游接待人次在四山中属于较低水平,但峨眉山在旅游产品开发过程中,不断更新挖掘新的旅游产品,如温泉、滑雪度假旅游产品等,且风景区内有规模不错的娱乐场所和购物场所,导致峨眉山旅游收入较高,人均旅游消费水平较高。九华山属于后起之秀,近些年来,九华山依托长三角经济圈和长江经济带的发展,旅游接待人次和旅游收入都节节升高,且基础设施建设较突出,宣传促销工作大力开展,交通便利性日益增强,这些都对九华山的发展起到积极的影响,所以九华山人均旅游消费水平也处于较高水平。

四大佛教名山旅游经济发展现状对比和因素分析表明,五台山风景区应采取差异化战略,在旅游经营策略和旅游管理方法等方面以提高自身核心竞争力,大力挖掘旅游发展潜力,提升旅游经济发展水平,在山西省转型发展中发挥积极作用。

参考文献

[1]熊明均、郭剑英:《中国四大佛教名山旅游经济发展对比研究》,乐山师范学院,2010年,第2237—2239页。

[2]五台山旅游门户网,http://www.wutaishan.com.cn/Article/2010/10915.html。

[3]普陀山旅游网,http://www.chinaputuoshan.com/files/2007_9_25/20079251983815528579.asp。

［4］峨眉山乐山大佛官方旅游网,http://www.ems517.com/article/206/7357.html.

［5］九华山旅游网,http://www.jiuhuashan.com.cn/include/news_view.php?typeID=2&viewID=981.

附录二　五台山风景区旅游生态环境调查表

五台山风景区旅游生态环境调查表 1

尊敬的游客朋友：

您好！这是一份有关五台山风景区生态环境的调查问卷。您只需根据您的实际情况填写(在相应的□内打√或填写分值)。希望得到您的支持和帮助，非常感谢！

忻州师范学院旅游管理系

1.您的基本情况(请在相应的方框中打√)

性别	□男　　□女
年龄(岁)	□<20　□20~35　□36~50　□51~60　□>60
文化程度	□初中及以下　□高中或中专　□大专或本科　□研究生及以上
职业	□企业老板　□公务员　□企事业管理人员　□专业技术人员　□服务业人员　□工人　□军人　□农民　□学生　□教师　□离退休人员　□其他
月月均收入(元)	□<2000　□2001~3000　□3001~4000　□4001~5000　□5001~6000　□6001~8000　□8001~10000　□>10000

2.您喜欢五台山风景区的自然风光吗？

□非常喜欢　□喜欢　□还好　□不喜欢　□非常不喜欢

3.您对五台山风景区的卫生情况满意吗？

□非常满意　□满意　□还好　□不满意　□很不满意

4.您在五台山风景区内看到过游客乱扔垃圾的现象吗？

□常常能看到，很讨厌　□常常看到，但无所谓　□偶尔看到　□从没看到

6.在五台山风景区内您能闻到垃圾发出的异味吗？

□常常能闻到　□偶尔闻到　□有异味，但不懂是哪里来的　□没闻到过异味

7.您觉得五台山风景区的绿化好吗？

□很好　□好　□一般，没什么感觉　□不好，但是不介意　□不好，很影响心情

8.您喜欢在欣赏风景时看到小动物吗？

□喜欢,能常常看到　□喜欢,但只是偶尔见过　□喜欢,可是从来没见过　□还好,没怎么在意　□不太喜欢　□很不喜欢

9.您在五台山风景区游览时能听到刺耳的噪音吗？

□常听到，很不喜欢　□常听到，但无所谓　□没在意　□偶尔听到,觉得很吵　□偶尔听到,但并不在意　□从没有听到

10.您喜欢在观光时看到小溪流或者小湖泊吗？

□喜欢,觉得五台山做得挺好　□喜欢,但觉得和水有关的景观还不够　□还好,无所谓　□不喜欢,很危险　□不喜欢,觉得水不干净

11.您听到的哪种声音让您感觉不舒服？（可多选）

□游人吵闹　□汽车声　□导游说话　□没有

□其他：_____

12.假如有表扬的机会,你最想表扬？（可多选）

□自然风光　□佛教文化　□寺庙高僧　□导游服务　□服务设施　□合理的价格　□风景区整体环境　□没有

□其他：_____

12.假如有投诉的机会,你最想投诉？（可多选）

□自然风光不好　□感受不到深厚的佛教文化　□导游服务差　□服务设施不完善　□价格不合理　□整体环境不好　□寺庙僧侣　□没有　□其他：_____

再次感谢您的支持和帮助！

五台山风景区旅游生态环境调查表 2

尊敬的游客朋友们：

您好！这是一份有关五台山旅游生态环境的调查问卷,希望能够得到您的支持和协助。您只需根据您的实际情况填写(在相应的□内打√)。希望得到您的支持和帮助,非常感谢！

忻州师院旅游管理系

1.您的基本信息

性别	□男　　　□女
年龄(岁)	□<20　□20~35　□36~50　□51~60　□>60
文化程度	□初中及以下　□高中或中专　□大专或本科　□研究生及以上
职业	□企业老板　□公务员　□企事业管理人员　□专业技术人员　□服务业人员　□工人　□军人　□农民　□学生　□教师　□离退休人员　□其他
月平均收入(元)	□<2000　□2001~3000　□3001~4000　□4001~5000　□5001~6000　□6001~8000　□8001~10000　□>10000

2.您对五台山风景区的总体印象？

□非常好　□好　□一般　□差　□非常差

3.您对五台山风景区各景点满意吗？

□非常满意　□满意　□一般　□不满意　□非常不满意

4.您认为五台山风景区门票价格(包括进山费)贵吗？

☐非常贵　☐贵　☐一般　☐便宜　☐非常便宜

5.就您而言,来五台山风景区的交通方便吗?

☐非常方便　☐方便　☐一般　☐不方便　☐非常不方便

6.您对五台山风景区内部的交通状况满意吗?

☐非常满意　☐满意　☐一般　☐不满意　☐非常不满意

7.来到五台山风景区,您根据风景区指示牌是否容易找到您想去的地方?

☐非常容易　☐容易　☐不容易　☐非常不容易

8.您认为五台山风景区的住宿条件如何?

☐非常好　☐好　☐一般　☐差　☐非常差

9.您对五台山风景区饭店饭菜的感觉如何?

☐非常好　☐好　☐一般　☐差　☐非常差

10.您认为五台山风景区饭菜的价格如何?

☐非常贵　☐贵　☐一般　☐便宜　☐非常便宜

11.您认为五台风景区的住宿的价格如何?

☐非常贵　☐贵　☐一般　☐便宜　☐非常便宜

12.您认为五台山风景区的旅游纪念品等旅游商品的价格如何?

☐非常贵　☐贵　☐一般　☐便宜　☐非常便宜

13.您认为五台山风景区导游的服务到位吗?

☐非常到位　☐到位　☐一般　☐不到位　☐非常不到位

14.您认为五台山风景区服务人员态度好吗?

☐非常好　☐好　☐一般　☐差　☐非常差

15.对您而言,五台山风景区的旅游生态环境重要吗?

☐非常重要　☐重要　☐一般　☐不重要　☐非常不重要

16.您认为五台山风景区本地居民友好吗?

☐非常友好　☐友好　☐一般　☐不友好　☐非常不友好

17.您愿意再来五台山风景区旅游吗？原因是：_____。
□非常愿意　□愿意　□一般　□不愿意　□非常不愿意
再次感谢您的支持与帮助！

五台山风景区旅游生态环境调查表3

尊敬的游客：

您好！我们对五台山风景区的旅游生态环境满意度进行调查，所有回答只用于统计分析。请在对应"□"内打"√"。感谢您的合作！

忻州师范学院旅游管理系

一、您的基本情况：

性别：□男　□女
年龄：□14岁以下　□15~24岁　□25~44岁　□45~64岁　□65岁以上
职业：□政府工作人员　□专业技术人员　□职员　□技工/工人　□学生　□商贸人员　□服务员/推销员　□退休人员　□家庭主妇　□军人　□教职工　□其他
收入：□999元以下　□1000~2499元　□2500~4999元　□5000~9999元　□10000元以上
受教育程度：□高中及以下　□大专　□本科　□研究生及以上

二、您对五台山的满意度：

请选择您对以下描述的同意程度：

请选择您对以下描述的同意程度：	非常满意	比较满意	满意	比较不满意	非常不满意
五台山风景区外部交通状况	□	□	□	□	□
整个旅游过程中交通安全程度	□	□	□	□	□
不允许游客的私家车进入景区	□	□	□	□	□
景区的道路标识系统	□	□	□	□	□
进山费和小门票的收费方式	□	□	□	□	□
对所有游客统一征收50元观光交通费用	□	□	□	□	□
自然环境质量	□	□	□	□	□
佛教文化氛围	□	□	□	□	□

续表

请选择您对以下描述的同意程度：	非常满意	比较满意	满意	比较不满意	非常不满意
饭菜口味	☐	☐	☐	☐	☐
饭菜价格	☐	☐	☐	☐	☐
住宿条件	☐	☐	☐	☐	☐
住宿价格	☐	☐	☐	☐	☐
酒店服务人员服务质量	☐	☐	☐	☐	☐
管理人员服务质量	☐	☐	☐	☐	☐
导游服务质量	☐	☐	☐	☐	☐
旅游纪念品的种类	☐	☐	☐	☐	☐
旅游纪念品的质量	☐	☐	☐	☐	☐
旅游纪念品是否体现当地特色	☐	☐	☐	☐	☐
旅游纪念品价格	☐	☐	☐	☐	☐

三、您的重游、推荐意愿

请选择您对以下描述的同意程度：	是	否
交通满意度是否会影响您的重游	☐	☐
收费方式满意度是否会影响您的重游	☐	☐
自然环境质量满意度是否会影响您的重游	☐	☐
佛教文化氛围满意度是否会影响您的重游	☐	☐
饭菜满意度是否会影响您的重游	☐	☐
住宿满意度是否会影响您的重游	☐	☐
服务人员服务质量满意度是否会影响您的重游	☐	☐
旅游纪念品满意度是否会影响您的重游	☐	☐
您是否愿意重游五台山风景区	☐	☐
您是否愿意把五台山风景区推荐给您的家人朋友	☐	☐

再次感谢您的支持！

附录二 五台山风景区旅游生态环境调查表

五台山风景区旅游生态环境调查表 4

尊敬的女士/先生：

您好！为了给您更好的旅游服务，我们组织此次调查，真诚希望您能给予大力支持。我们保证对您填写的内容保密且所有信息仅用于科学研究。

忻州师范学院旅游管理系

1.您的基本信息

性别：□男 □女	生活的城市： 省 市
年龄：□14岁以下 □15~24岁 □25~44岁 □45~64岁 □65岁以上	
职业：□政府/事业单位工作人员 □专业技术人员 □职员 □工人 □学生 □商贸人员 □服务员/推销员 □退休人员 □家庭主妇 □军人 □农民 □其他	
收入：□999元以下 □1000~2499元 □2500~4999元 □5000~9999元 □10 000~14 999元 □15 000元以上	
受教育程度：□高中及以下 □大专 □本科 □硕士 □博士	
家庭结构：□单身 □结婚无孩子 □有18岁以下孩子 □有18岁以上孩子 □老年二人世界 □其他	
户口：□城市户口 □农村户口	

2.关于您本次旅游的几个问题

这是您第几次来五台山？□第一次 □第二次 □第三次 □第四次及以上
您此次计划在五台山停留多长时间？ □半天以下 □1天 □2~3天 □4~6天 □7~~14天 □15天及以上
您从哪些渠道获得关于五台山的旅游信息？ □互联网 □报纸 □电视 □广播 □亲人朋友 □旅行代理商 □其他
您此次旅游行程是由谁安排的？ □旅行社 □自己 □公司 □朋友 □其他
您此次来五台山旅游的游伴是谁？□朋友 □家人 □同事 □独自 □其他
您此次从家来五台山使用哪种交通工具____？ A 飞机 B 火车 C 大巴车 D 出租车 E 自驾车 G 摩托车 F 徒步 G 其他
您在五台山景区内部使用哪种交通工具____？ A 自驾车 B 摩托车 C 徒步 D 景区观光车 E 当地居民私家车 F 其他
您此次来五台山的旅游目的是?(可多选) □观光游览 □休闲度假 □购物 □探亲访友 □商务 □会议 □宗教朝拜 □文化/体育/科技交流 □其他

3.您对风景区交通的满意度

请选择您对以下服务的满意程度：

	请选择您对以下服务的满意程度：	很满意	满意	一般	不满意	很不满意
风景区内交通	交通整体状况	☐	☐	☐	☐	☐
	不允许私家车进入景区	☐	☐	☐	☐	☐
	交通安全	☐	☐	☐	☐	☐
	交通费用	☐	☐	☐	☐	☐
	交通标识系统	☐	☐	☐	☐	☐
	交通设备与景区环境的协调性	☐	☐	☐	☐	☐
	乘车环境	☐	☐	☐	☐	☐
	司机等工作人员的服务质量	☐	☐	☐	☐	☐
	观光车数量的充足性	☐	☐	☐	☐	☐
	观光车的班长频率和发车时间	☐	☐	☐	☐	☐
	观光车换乘处的等车时间	☐	☐	☐	☐	☐
	观光车换乘的方便性	☐	☐	☐	☐	☐
	观光线路的设计	☐	☐	☐	☐	☐
	观光车站台的间距	☐	☐	☐	☐	☐

再次感谢您的支持！

五台山风景区旅游生态环境调查表5

尊敬的女士/先生：

您好！为了给您更好的旅游服务，我们组织此次调查，真诚希望您能给予大力支持。我们保证对您填写的内容保密且所有信息仅用于科学研究。

忻州师范学院旅游管理系

1.性别：☐男　☐女　生活的城市：＿＿＿省＿＿＿市

2.年龄：☐14岁以下　☐15~24岁　☐25~44岁　☐45~64岁　☐65岁以上

3. 收入：☐999元以下　☐1000~2499元　☐5000~4999元

☐5000～9999元　☐10 000～14 999元　☐15 000元以上

4. 受教育程度：☐高中及以下　☐大专　☐本科　☐硕士　☐博士

5. 家庭结构：☐单身　☐结婚无孩子　☐有18岁以下孩子　☐有18岁以上孩子　☐老年二人世界　☐其他

6.户口：☐城市户口　☐农村户口

7.您对风景区内门票及其价格的评价

满意程度	很满意	满意	一般	不满意	很不满意
门票价格	☐	☐	☐	☐	☐
门票价格及资源品级相符度	☐	☐	☐	☐	☐
收取进山费	☐	☐	☐	☐	☐
收取小门票	☐	☐	☐	☐	☐
统一收取50元观光交通费	☐	☐	☐	☐	☐

8.您会再来五台山旅游么？

☐会　☐不会

9.您会把五台山景区推荐给其他人么？

☐会　☐不会

再次感谢您的支持！

五台山风景区旅游生态环境调查表6

尊敬的女士/先生：

您好！为了给您更好的旅游服务，我们组织此次调查，真诚希望您能给予大力支持。我们保证对您填写的内容保密且所有信息仅用于科学研究。

忻州师范学院旅游管理系

您的基本信息

性别：□男　□女　　生活的城市：＿＿＿省＿＿＿市
年龄：□14岁以下　□15~24岁　□25~44岁　□45~64岁　□65岁以上
职业：□政府/事业单位工作人员　□专业技术人员　□职员　□工人　□学生　□商贸人员　□服务员/推销员　□退休人员　□家庭主妇　□军人　□农民　□其他
收入：□999元以下　□1000~2499元　□2500~4999元　□5000~9999元　□10 000~14 999元　□15 000元以上
受教育程度：□高中及以下　□大专　□本科　□硕士　□博士
家庭结构：□单身　□结婚无孩子　□有18岁以下孩子　□有18岁以上孩子　□老年二人世界　□其他
户口：□城市户口　□农村户口

1.您喜欢小动物景观吗？

□喜欢　□不喜欢

2.您喜欢哪种小动物景观？

□鸟类　□禽类　□小型哺乳动物类　□其他

3.您觉得五台山风景区开发小动物景观合适吗？

□合适　□不合适　□不清楚

4.如果五台山风景区开发小动物景观，您会去吗？

□会　□不会

5.您觉得小动物景观的发展会有哪些影响？

□与五台山佛教圣地的形象背道而驰

□丰富了五台山景区的旅游产品

□对小动物的生活环境和习性产生不良影响

□对游客的安全构成威胁

□有可能更加亲近自然，有利于激发其对小动物和自然环境的环保意识

□其他

再次感谢您的支持！

五台山风景区旅游生态环境调查表 7

尊敬的女士/先生：

您好！为了给您更好的旅游服务，我们组织此次调查，真诚希望您能给予大力支持。我们保证对您填写的内容保密且所有信息仅用于科学研究。

忻州师范学院旅游管理系

性别：□男 □女

性别：□男 □女　　生活的城市：＿＿＿省＿＿＿市
年龄：□14岁以下　□15~24岁　□25~44岁　□45~64岁　□65岁以上
职业：□政府/事业单位工作人员　□专业技术人员　□职员　□工人　□学生　□商贸人员　□服务员/推销员　□退休人员　□家庭主妇　□军人　□农民　□其他
收入：□999元以下　□1000~2499元　□2500~4999元　□5000~9999元　□10 000~14 999元　□15 000元以上
受教育程度：□高中及以下　□大专　□本科　□硕士　□博士
家庭结构：□单身　□结婚无孩子　□有18岁以下孩子　□有18岁以上孩子　□老年二人世界　□其他
户口：□城市户口　□农村户口

1.您认为下列行为，哪些是不文明的旅游行为？（可多选）

□随处抛丢垃圾、废弃物

□随地吐痰、擤鼻涕、吐口香糖

□上厕所不冲水，不讲卫生留脏迹

□乱攀乱爬，乱涂乱刻乱画

□越位游览，违章拍照

□违章采集，违章野炊、露营

□无视禁烟标志想吸就吸

□乘坐公共交通工具时争抢拥挤

□在教堂、寺庙等宗教场所嬉戏、玩笑，不尊重当地居民风俗

□大庭广众之下脱去鞋袜、赤膊袒胸,衣冠不整,有碍观瞻

□说话脏字连篇,举止粗鲁专横

2.您在旅游过程中,是否存在上述不文明行为?

□存在　□不存在

3.您认为上述不文明行为产生的原因是什么?(可多选)

□旅游者素质不高,环保意识不强□景区基础设施不够完善

□对从业人员的培训与管理不到位,景区管理机制涣散

□宣传力度不够

□游客不了解当地的文化传统、风俗习惯和生活方式

□游客在旅游过程中"道德感弱化",把环境、景观设施作为其寻开心、寻刺激或发泄不满情绪的途径　□其他原因_____

4.如果看见这种不文明行为,您会怎么做?

□不关我的事,无动于衷

□告诉孩子,这是不文明的行为　□上前制止

□很反感,但怕与对方产生冲突,多一事不如少一事

□其他_____

5.您认为这些不文明行为会产生不良影响吗?□会　□不会

6.您认为这些不文明行为会产生哪些不良影响?(可多选)

□影响其他旅游者的游览质量与旅游感受

□使中国人的形象和旅游地的形象在外国游客心目中大打折扣

□破坏景区的环境和居民的生活,抑制景区的可持续发展

□其他_____

7.这些不文明的旅游行为会对您的旅行产生影响吗?

□会　□不会

8.您认为哪些措施可以促使游客养成良好的旅游行为习惯?

□利用各种媒体进行环保宣传和教育

□制定相关法规,加大处罚力度
□导游和景区管理人员积极进行解说和引导
□设置明显、易懂的环保标识系统提醒游客
□完善配套设施和管理,提高服务质量　□其他_____

9.您会再来五台山旅游吗？□会　□不会

10.您会把五台山景区推荐给其他人吗？□会　□不会

再次感谢您的支持！

五台山风景区旅游生态环境调查表8

尊敬的先生/女士：

您好！我们正在做一项关于旅游景区居民的生态环境意识调查，为景区生态环境的改善提供一定的依据（请在相应的□里打√）。希望得到您的支持和帮助,非常感谢！

忻州师范学院旅游管理系

1.您的基本信息：

性别	□男　　□女
年龄(岁)	□≤20　□21~35　□36~50　□51~60　□≥61
教育程度	□初中及以下　□高中及中专　□大专及本科　□本科以上
职业	□工人　□教师　□医生　□军人　□农民　□学生　□普通服务业者　□公务员　□专业技术人员　□企事业管理人员　□离退休人员　□其他
月平均收入(元)	□≤2000　□2000~4000　□4000~6000　□6000-8000　□≥8000
您在本地居住时间	□≤5年　□5~15年　□16~25年　□26~35年　□≥35年

2.您认为五台山风景区的旅游生态环境总体状况如何？

□很好　□良好　□一般　□不太好　□很差

3.您认为五台山风景区的最严重的生态环境问题是什么？

□采矿造成的破坏　□建筑造成的破坏　□汽车尾气　□生活垃圾　□水污染　□噪声污染

4.你认为五台山风景区的旅游垃圾和生活垃圾处理方式合理吗？若是不合理,请说明理由。

□合理　□不知道　□不合理　理由：_____

5.您认为五台山风景区旅游开发,影响到您的日常生活了吗？

□有很大的影响　□有影响,但是不严重　□完全没有影响

6.您认为五台山风景区旅游生态环境的保护重要吗？

□很重要　□比较重要　□无所谓　□不重要

7.您愿意为五台山风景区旅游生态环境的保护出力吗？

□很愿意　□愿意　□无所谓　□不愿意 如果愿意,您将会做：_____

8.您知道五台山风景区和五台山政府对风景区旅游生态环境保护措施有哪些？

□不知道　□知道,但不清楚具体措施　□知道,具体措施有：_____

9.您认为哪些措施可以鼓励当地居民积极参与五台山风景区旅游生态环境的保护？

□给居民在风景区安排旅游服务岗位 □给居民子女在风景区安排旅游服务岗位

□吸引家庭社区参与旅游,强化环保意识 □加大宣传力度,让居民了解生态环境保护的重要性

10.您认为五台山风景区内的居民愿意搬迁出去吗？

□很愿意　□愿意　□无所谓　□不愿意 如果不愿意,理由是：_____

再次感谢您的支持和帮助！

五台山风景区旅游生态环境调查表 9

尊敬的专家:

您好!非常感谢您填写此表。该评价指标设计的目的是对五台山旅游生态环境影响因素做出评价。该表有三个层次:调查目标、影响项目、影响因子,各个影响因子的重要性并不完全相同,请您按各指标的重要程度给每个指标打分。

这里界定的分值含义是:"很重要"—(10—9);"较重要"—(8—7);"一般重要"—(6—5);"较不重要"—(4—3);"不重要"—(2—1)。

调查目标	影响项目	代号	影响因子 (1-10分)
确定影响五台山风景区旅游生态环境最重要的因素	生态条件	D1	山体、水体( )
		D2	动植物资源( )
		D3	微生物( )
	环境条件	D4	大气状况( )
		D5	水质状况( )
		D6	噪音状况( )
	自然条件	D7	气候( )
		D8	地质地貌( )
		D9	土壤( )
		D10	风沙( )
	景观条件	D11	独特性( )
		D12	多样性( )
	交通条件	D13	可达性( )
		D14	连通度( )
	集群状况	D15	景点集中程度( )
		D16	景点规模( )
	基础设施条件	D17	餐饮、住宿状况( )
		D18	娱乐、体育、疗养状况( )

再次感谢您的支持和帮助!

五台山风景区旅游生态环境调查表 10

尊敬的女士/先生：

您好！为了给您更好的旅游服务，我们组织此次调查。我们保证对您填写的内容保密且所有信息仅用于科学研究。（请在相应的□里打√）。希望得到您的支持和帮助，非常感谢！

忻州师范学院旅游管理系

您的基本信息：

性别：□男 □女	生活的城市：_____省_____市
年龄：□14岁以下 □15~24岁 □25~44岁 □45~64岁 □65岁以上	
职业：□政府/事业单位工作人员 □专业技术人员 □职员 □工人 □学生 □商贸人员 □服务员/推销员 □退休人员 □家庭主妇 □军人 □农民 □其他	
收入：□999元以下 □1000~~2499元 □2500~4999元 □5000~9999元 □10 000~14 999元 □15 000元以上	
受教育程度：□高中及以下 □大专 □本科 □硕士 □博士	
家庭结构：□单身 □结婚无孩子 □有18岁以下孩子 □有18岁以上孩子 □老年二人世界 □其他	
户口：□城市户口 □农村户口	

1.您了解垃圾分类的方式吗？

□了解 □不了解

2.在旅游过程中产生的垃圾，你会分类投放垃圾吗？

□会 □不会

3.您认为游客不对垃圾进行分类投放的原因是什么？

□景区没有分类垃圾桶 □游客没有分类投放垃圾的意识

□游客不了解垃圾分类方式 □景区宣传不到位

□其他_____

再次感谢您的支持！

五台山风景区旅游生态环境调查表 11

尊敬的女士/先生：

您好！为了给您更好的旅游服务，我们组织此次调查。我们保证对您填写的内容保密且所有信息仅用于科学研究。（请在相应的 □ 里打√）。希望得到您的支持和帮助，非常感谢！

忻州师范学院旅游管理系

您的基本信息

性别：□男 □女	生活的城市：＿＿＿省＿＿＿市
年龄：□14岁以下 □15~24岁 □25~44岁 □45~64岁 □65岁以上	
职业：□政府/事业单位工作人员 □专业技术人员 □职员 □工人 □学生 □商贸人员 □服务员/推销员 □退休人员 □家庭主妇 □军人 □农民 □其他	
收入：□999元以下 □1000~2499元 □2500~4999元 □5000~9999元 □10 000~14 999元 □15 000元以上	
受教育程度：□高中及以下 □大专 □本科 □硕士 □博士	
家庭结构：□单身 □结婚无孩子 □有18岁以下孩子 □有18岁以上孩子 □老年二人世界 □其它	
户口：□城市户口 □农村户口	

请选择您对以下服务的满意程度

		很满意	满意	一般	不满意	很不满意
五台山风景区公厕	厕所的卫生状况	□	□	□	□	□
	厕所的服务和管理状况	□	□	□	□	□
	厕所设计与景区环境的协调性	□	□	□	□	□
	厕所的标识系统	□	□	□	□	□
	厕所选址位置	□	□	□	□	□
	厕所数量	□	□	□	□	□
	厕所通风设施	□	□	□	□	□
	厕所照明设施	□	□	□	□	□
	厕所设计人性化程度	□	□	□	□	□
	厕所设计环保程度	□	□	□	□	□

再次感谢您的支持！